위대한 보통여행

위대한 보통여행

초판 1쇄 발행 2022. 7. 8.

지은이 윤희정
펴낸이 김병호
펴낸곳 주식회사 바른북스

편집진행 한가연
디자인 김민지

등록 2019년 4월 3일 제2019-000040호
주소 서울시 성동구 연무장5길 9-16, 301호 (성수동2가, 블루스톤타워)
대표전화 070-7857-9719 | **경영지원** 02-3409-9719 | **팩스** 070-7610-9820

•바른북스는 여러분의 다양한 아이디어와 원고 투고를 설레는 마음으로 기다리고 있습니다.

이메일 barunbooks21@naver.com | **원고투고** barunbooks21@naver.com
홈페이지 www.barunbooks.com | **공식 블로그** blog.naver.com/barunbooks7
공식 포스트 post.naver.com/barunbooks7 | **페이스북** facebook.com/barunbooks7

ⓒ 윤희정, 2022
ISBN 979-11-6545-757-0 03190

위대한 보통여행

윤희정 지음

바른북스

우리들의
'위대한 보통여행'을 출발하며

이 책은 여행 중에 시작됐다. 2016년 캘리포니아 샌버나디오 '치노힐스(Chino Hills)'의 평범한 언덕 위에서 이 책을 꿈꾸기 시작했다. 40년 넘게 앞만 보고 살다, 처음 얻은 긴 여행에서였다. 당시 내가 살던 낮은 아파트가 내려다보이는, 산이라고 부르기엔 어딘가 어색한 까까머리 언덕에서 이 책의 머리말을 상상했다. 그때 해가 지기 시작했고, 옅은 더운 바람이 불었다. 어느 때와 다를 것 없는 보통의 저녁, 보통의 여행길 위에서 이 책이 시작됐다.

여행과 관광을 업(業)으로 가르치던 선생이, 여행과 관광을 거시적으로 연구하던 연구자가, 불현듯 우리 개개인의 '여행과 삶'에 대해 말하고 싶어졌다. 여행의 깊은 의미와 다양한 시선들을 차근차근 짚어내고 싶어졌다. 여행에 대한 사적 경험담과 거창한 여행담이 넘치지만, 멀리 가고 오래 머무는 여행이 당연함으로 받아들여지는 요즘이지만, 평범한 우리들의 '위대한 보통여행'을 차분히 담아내고 싶어졌다.

우리들의 보통여행은 실로 위대하다. '위대한'이라는 말을 마땅히 여행 앞에 붙일 수 있다. 어디를 가든, 얼마나 오래 머물든, 모든 여행은 새로움을 탐구하고 자유를 구하는 '위대한 이동'이기 때문이다. 스스로 자기 삶에 파동을 일으키는 '위대한 전환'이자 '위대한 변화'의 시간이기 때문이다. 다양한 타자들과 조우하며 배우고 깨닫는 '위대한 성장'의 시간이기 때문이다. 나를 돌아보고 이해하고 다독이는 '자기 이해'의 시간이자, 스스로 삶의 의미를 발견하는 기회이기 때문이다. '쉼과 힐링', '행복'의 시간이기 때문이다. 무엇보다 여행은 두려움과 불확실성을 넘어 자신이 직접 선택하고 용감하게 실행하는 '위대한 단행'이기 때문이다. 어찌 우리들의 모든 보통여행이 위대하지 않겠는가?

치노힐스의 여행은 나에게도 '위대한 전환'이었다. '메타노이아(metanoia)'였다. 밖으로 향하던 삶의 궤도를 다시 내 안으로 돌려놓자고 결심하던 시간이었다. 인생의 반을 겨우 살아내고, 남은 반을 어떻게 채워가야 할지 답을 구하던 시간이었다. 그 여행에서 나는 평범하기 이를 데 없는 언덕을 자주 올랐고, 자주 걸음을 멈췄다. 자주 멍하니 풍경을 바라봤고 바람을 느꼈다. 평범한 소리를 들었다. 묵은 상처들을 마주했고, 조금씩 아주 조금씩 회복했다. 오랜만에 쉬었고, 자유로웠다. 낯설고 고된 여행이었지만, 그 긴 여행 덕분에 다시 일어섰다. 다시 꿈꿨고 다시 설렜다.

머리말을 쓰는 지금도 치노힐스의 맹숭맹숭한 언덕이 눈앞에 아른거린다. 4월에만 피는 노란 '머스타드 꽃들(mustard blooms)'로 덮인 단조로운 전경도 그립다. 그때 보던 한적한 마을풍경도 각인된 그림처럼 떠오른다. 언덕길을 오르며 들었던 바스락바스락 마른 풀 밟히던 소리, 풀벌레 소리, 쉬쉬 대며 지나가던 방울뱀 소리, 아이들과 웃고 떠들던 소리, 타박타박 걸었던 내 발자국 소리가 지금도 또렷하다. 모든 것이 생소했던 어설픈 이방인을 챙겨주던 이웃들의 넉넉했던 눈빛도 그립다. 그 평범한 길을 걸으며 평범한 내가 무슨 생각을 하고, 무엇을 나누고, 어떤 꿈을 꾸었는지 선명하게 남아 있다. 이 책은 그 꿈 중 하나다.

책이나 여행이나 늘 마음먹기가 어렵다. 본격적인 첫발을 떼기는 더 어렵다. 이 책의 첫발은 긴 여행에서 돌아온 후, 몸담고 있는 대학에 여행 관련 교양과목을 여는 것으로 시작했다. 새로운 수업이었고, 새로운 방식이었다. 만나는 이들도 다양해졌다. 모든 것이 도전이었으므로 적지 않은 용기와 시간이 필요했다. 수업을 준비하고 매 학기 새로운 학생들을 만나며 책의 얼개를 다듬는 데 5년이 걸렸다. 그 과정에서 선생인 내가 가장 많이 배우고 가장 많이 깨달았다. 타인에게 하는 말인 듯 써 내려갔지만, 실상은 내가 나에게 하는 말이 태반이다.

이 책의 밑바닥에는 내 모든 수업을 거쳐 간 더할 나위 없이 훌륭한 많은 학생들이 있었음을 고백한다. 그들이 여행지에서 보내준 엽서가, 안부를 묻는 반가운 연락이, 고마움을 전하는 저마다의 표현이, 눈 마주치며 나누던 속 이야기가, 선생의 새로운 시도를 응원해주던 눈빛들이, 매주 담담하게 써 내려간 많은 글들이, 고스란히 책 거름으로 쓰였다. 혹시 그들 중 누군가 이 책을 발견한다면, 고맙다. 그대들 덕분이다. 주저할 때마다 그대들의 진솔한 말과 글, 따뜻한 얼굴들을 떠올렸다. 어떤 의미에서 이 책은 옛 선생이 전하는 뜨거운 인사이자 영원한 응원이기도 하다.

자리를 잡고 앉아 책 한 권을 쓰고 고치는 데도 거의 1년이 걸렸다. 이 역시 만만치 않은 여정이었다. 매일 맹숭맹숭한 치노힐스의 언덕을 오르듯 그렇게 글의 걸음들을 채워갔다. 가다 자주 멈췄고 자주 헤맸다. 아니다 싶으면 다시 원점으로 되돌아왔다. 그래도 어찌 되었건 책의 완성이라는 목적지에 도착하기는 했다. 치노힐스의 꿈 중 하나가 실현되기는 했다.

이 책을 준비하는 긴 여정 동안 곁을 지켜준 가족과 벗들에게 고마움을 전한다. 그들의 조용한 응원 덕에 긴 여정을 마무리한다. 특히 '영'이 초등학생 때 쓴 자작시, 「우리 동네 에펠탑」은 '우리들의 보통여행'에 단초가 되었다. 거친 초고를 기꺼이 읽어주고 몇몇 문장을 선물한 동생 '소'와 학생 '민'도 고맙다. 글에 대한 고민을 묵묵히 들어주고 수많은 질문들을 감내해준 '현'과 '수'에게도 고마움을 전한다.

이 책을 집어 든 그대, 부디 이 책을 읽으며 그대들의 지난 여행을 다시 소환해주길 바란다. 다음 여행을 꿈꾸며 더 많이 설레고 더 자주 달뜨길 바란다. 지금, 여기에서, 그대답게 보통여행의 첫발을 떼길 바란다. 그대들의 보통여행들로 삶을 가득가득 채워가길 바란다. 그대들의 보통여행이 더할 나위 없이 위대하다는 것을 늘 기억해주길 바란다.

자, 그럼 이제, 우리들의 '위대한 보통여행'을 출발한다.

목차

우리들의 '위대한 보통여행'을 출발하며

우리들의
여행에
대하여

여행, 물리적 수평 이동을 넘어 ··· 15
여행, 그 시작과 성장 ··· 20
여행, 관광에 대한 오해 ··· 25
여행, 선택권과 기본권 사이 ··· 30
여행, 나의 렌즈로 바라보기 ··· 34

미디어 속
우리들의
보통여행

매스미디어, 여행을 담다 ··· 43
영화 속 보통여행 ··· 47
음악 속 보통여행 ··· 53
책 속 보통여행 ··· 60
TV 속 보통여행 ··· 67
온라인 속 보통여행 ··· 71

여행,
위대한
이동

본디, 우리는 이동하는 종족이었다 ··· 79
왜 이동하고 싶은가? ··· 83
당신과 함께 무엇이 이동하는가? ··· 89
여행, 시간과 관계의 이동 ··· 97
여행, 경험의 연속적 흐름 ··· 101

여행,
위대한
새로움 탐구

여행, 스스로 '경계'를 넘어서다 ··· 109
여행, 건강한 스트레스의 시간 ··· 116
여행, 저마다의 새로움 탐구 과정 ··· 120
여행, 새로움 발견의 선순환 ··· 124
뷔자데 렌즈, 일상의 새로움을 알아보는 눈 ··· 129

여행,
자유를 향한
위대한 단행

여행, 진정한 자유로움의 시간 ··· 137
여행, 나 자신이 될 수 있는 자유 ··· 142
여행, 내 삶의 숨비소리 ··· 146
여행, 삶의 영역성 확장 ··· 150
자신만의 풍부화 프로그램 ··· 155
여행의 풍부화 프로그램 ··· 160

여행,   여행, 타자와의 조우 ··· 167
위대한   여행, 평등한 시선으로 ··· 174
관계 맺기   여행, 내부자적 관점으로 ··· 180
             이제, 타자를 배려하는 여행으로 ··· 188
             지금 바로, '지속가능한 여행' ··· 192
             지금 바로, '공정한 여행' ··· 199

여행,   진정한 쉼에 대해 ··· 207
진정한   여행, 신체와 정신의 쉼 & 뇌의 쉼 ··· 212
쉼과 힐링   여행, 멈춤과 채움의 쉼 ··· 218
             여행, 걷는 힐링의 시간 ··· 224
             여행, 쾌망의 기회 ··· 229
             여행, '오티움'의 시간 ··· 233

여행,   행복하고 싶다면, 행복을 먼저 이해할 것 ··· 243
행복으로의   행복의 속성과 여행 ··· 250
여정   여행, 행복으로의 여정 ··· 257
             지금, 우리의 행복지수 ··· 261
             여행, 삶의 자기결정권, 관용성 & 부패인지 ··· 267

여행,   어쩌다, 서툰 어른 ··· 277
위대한   위대한 성장, '그랜드 투어(Grand tour)' ··· 283
성장   위대한 성인식, '그랜드 투어(Grand tour)' ··· 288
             여행, 두려움을 마주하는 성장의 시간 ··· 293
             삶, 가장 위대한 여행 ··· 298

우리들의 '위대한 보통여행'을 마무리하며
출처

우리들의
여행에 대하여

여행, 물리적 수평 이동을 넘어

여행, 듣기만 해도 설레는 단어다. 살면서 설레는 일이 더러 있지만, 여행만큼 우리를 지속적으로 달뜨게 하는 대상도 드물다. 누군가에게 여행은 달콤한 꿈이 되고, 또 다른 누군가에게는 아름다웠던 과거를 기억하는 단초가 된다. 삶의 지혜를 슬쩍 내비치는 살아 있는 강의실이 되기도 하고, 아픔을 회복하는 힐링의 장(場)이 되기도 한다. 여행은 다양한 사람들을 만나는 기회를 허락하고, 그들로부터 다양성과 관용, 다름과 겸손을 체득하게 한다. 그래서 여행은 지금을 사는 평범한 보통 사람들에게 '삶의 목표'가 되기도 하고, '삶의 일부분'이 되기도 한다.

그런데 우리는 여행을 제대로 이해하고 있을까? 혹시 제대로 이해하지 못하면서 '남들처럼', '유행처럼' 여행을 꿈꾸고 있는 것은 아닐까? 여기저기 도장 깨기 하듯 휩쓸려 다니기만 하는 것은 아닐까? 그 의미도 잘 모르면서 여행을 삶의 목표로, 일부로 삼은 것은 아닐까? 여행을 진정 사랑한다고 말하지만, 진짜 여행, 나다운 여행이 무엇인지는 잘 모르는 것이 아닐까? 여행이 주는 진짜 선물을 잘 알아보지 못하는 것은 아닐까?

사전적으로 여행(旅行)은 나그네 '여'에 행할 '행'으로 이루어져 있다. 나그네처럼 '여기저기, 이곳저곳'을 돌아다니는 것을 말한다. 사전적으로는 방랑, 유람과 비슷하다. 영어로 여행을 의미하는 단어는 꽤 여럿이다. Travel, Tour, Trip, Journey, Sightseeing, Itinerary 등이 있는데, 그 의미는 조금씩 차이가 있다.[1] Travel은 포괄적인 여행을 뜻하는데 일반적으로 조금 긴 거리의 여행을 말한다. Tour는 목적이 있는 여행에 가깝다. Trip은 상대적으로 짧은 기간의 여행을, Journey는 주로 타 지역으로 이동하는 긴 여행 혹은 목적이 있는 여행을 의미한다. Sightseeing은 시각적으로 보는 것에 초점을 두는 여행을, Itinerary는 여행 일정 혹은 여정(旅程)을 말한다. 프랑스어로 여행은 Voyage(브야지), 스페인어로는 Viaje(비야헤) 등으로 불린다.[2] 중국어로 여행은 여유(旅游)라는 말로 자주 사용된다.

이 중 흥미로운 점은 포괄적 여행을 의미하는 Travel이 고통과 역경을 뜻하는 Travail에서 파생되었다는 점이다. '집 나가면 고생'이라는 말이 아주 틀린 말은 아닌 셈이다. 다만, 우리가 한 번 더 짚어보아야 하는 것은 이 단어가 이동이 자유롭지 못했던 한참 전 과거에 뿌리를 두고 있다는 것이다. Travail은 집 밖으로 나가는 모든 이동이 두려움이었던 시대에 생겨난 말이고, 지금은 명백히 그때와 다르다. 따라서 그때의 여행과 지금의 여행도 명백히 다르다. 여행은 더 이상 '집 나가면 고생'하는 시간이 아니며, 고통과 인고의 시간만을 의미하지도 않는다. '여행=고생'이라는 관념은 더 이상 유효하지 않다.

더불어 목적 있는 여행을 의미하는 Tour는 '되돌아오다', '순회하다'는 뜻의 그리스어 Tornos에서 파생되었다. Tornos가 Tornus를 거쳐 Tour로 변했다.[3] 어쨌든 떠난 곳으로 다시 돌아온다는 원뜻은 지금도 여전히 유효해 보인다. 여행은 어디를 가든, 얼마나 머물든, 결국 다시 떠난 곳으로 돌아오는 것이다. 원점으로 귀환하는 것이다.

그 어원이 어떠하든, 동시대 우리의 여행은 그 자체로 '여기저기, 이곳저곳'을 일정 기간 이동하는 경험의 과정이다. 이때의 이동은 보통 '공간의 물리적 수평 이동'을 의미한다. 그런데 여행 중 얼마나 멀리 이동하는가는 매우 상대적인 관점이다. 누군가에게 '여기저기, 이곳저곳'은 다른 국가, 다른 도시, 다른 지역일 수 있지만, 다른 상황의 누군가에게는 옆 동네일 수도, 살고 있는 동네의 몰랐던 골목길일 수도, 새로 생긴 도서관이나 카페일 수도 있다.

여행지에서 얼마나 오래 머무르는지 역시 지극히 상대적이다. 누군가는 몇 달은 살아봐야 진짜 여행이라고 말한다. 누군가는 일주일 이상 여행해야 여행했다는 느낌이 들고, 누군가는 하룻 밤 자야, 누군가는 반나절은 넘어야 여행답다고 말한다. 반면 누군가는 아주 짧은 30분만으로도 자신만의 여행을 충분히 경험하기도 한다.

그런데 동시대 여행에 대한 담론을 보면, 멀리 이동하고, 오래 머물고, 이왕이면 다른 문화를 접하는 것이 여행다운 여행이라고 여겨지는 듯하다. 이런 여행이 여행의 전부가 아닐 것인데, '여행의 정형화'가 곳곳에서 읽힌다. 여행에 대한 애착과 함께 여행에 대한 고정관념도 넘치고 있다.

알랭드 보통(Alain de Botton)의 『여행의 기술(The Are of Travel)』에는 사비에르 드 메스트르(Xavier de Maistre)의 『나의 침실 여행』에 대한 내용이 나온다. 알랭드 보통은 자신의 침실을 여행하는 메스트르의 신선한 여행방식을 기술하면서, 여행의 즐거움은 목적지가 아니라 '여행자의 마음가짐'에 좌우된다고 설명한다.[4] 우리가 늘 생활하는 일상 공간을 다른 시선으로, 다른 각도로 경험하는 것 역시 훌륭한 여행이 될 수 있다는 것이다. 내 방이 여행지가 될 수 있으니, 우리 동네가, 뒷동산이, 산책길이, 공원이, 서점이, 시장이, 새로 생긴 카페가 여행지가 못 될 이유는 없다. 공간의 물리적 수평 이동이 없거나 미미하여도 얼마든지 자신만의 여행을 즐길 수 있다는 말이다.

이는 내가 사는 공간을 수직적으로 이동하는 심리적 여행도 기꺼이 여행이 될 수 있음을 의미한다. 이를 '심리적 여행' 혹은 '수직적 여행'이라 명명할 수 있을 것이다. 여기서 '심리적 여행'이란 물리적 이동 없이 마음으로 여행하는 것을 말한다. '수직적 여행'은 공간의 물리적, 수평적 이동은 거의 없지만, 다른 시선과 각도로 대상을 깊게 바라보는 여행을 말한다. 익숙한 공간이라도 새로움은 있게 마련이므로 그동안 못 봤던 것을 발견하는 여행이다. 그 과정에서 익숙한 공간을 자신의 기억 혹은 경험과 연동하며, 다양한 시선으로 다시 나를 경험하는 기회를 갖기도 한다.

여행의 모습은 다양하다. 수평적으로 이동하는 '물리적 여행'뿐 아니라, 수직적으로 이동하는 '심리적 여행'도 마땅히 여행이다. 멀리 이동하여 여기저기, 이곳저곳을 누비는 긴 여행뿐 아니라, 가까운 일상 공간의 여기저기, 이곳저곳을 짧지만 깊게 경험하는 것도 여행이다. 가상 공간으로 들어가는 것도 마찬가지다. 다른 시선으로 보고 더 많이 관찰하고 더 많이 이해하는 모든 과정이 여행이 될 수 있다.

이렇게 여행을 이해하면, '일상을 여행처럼, 여행을 일상처럼'이라는 말을 자연스럽게 삶에 녹일 수 있게 된다. 여행이 더 이상 큰마음을 먹어야 실현할 수 있는 거창한 삶의 목표만이 아니게 된다. 작은 마음으로도 쉽게 또 자주 선택될 수 있는 일상 한편의 순간도 여행일 수 있게 된다. 자주 만나는 재밌는 친구 같은 느낌으로 여행이 다가오게 된다.

마르셀 푸르스트(Marcel Proust)는 "진정한 여행이란 새로운 풍경을 보는 것이 아니라, 새로운 눈을 가지는 데 있다"고 했다. 내가 사는 곳을 떠나 새로운 목적지에 도달하는 것만큼, 새로운 시각과 관점으로 익숙한 공간을 경험하는 것도 중요하다. 일상을 여행자의 마음가짐으로 경험하고 그 과정을 여행이라 여겨도 좋다. 물리적 수평 이동뿐 아니라 심리적 수직 이동 역시 훌륭한 여행이다. 어떤 여행이든, 여행은 일상의 밋밋함을 지우고 새로움에 눈뜨게 한다. 삶을 다채롭게 한다. 평범한 우리들의 '보통여행'이 중요한 이유다.

여행, 그 시작과 성장

여행의 시작점은 언제였을까? 언제부터 시작되었길래 아직도 우리를 이렇게 달뜨게 하는가? 여행은 생각보다 오랫동안 인류와 함께했다. 인류의 번성과 문명의 발전과도 함께했다. 빈프리트 뵈쉬브리크는 『여행의 역사』에서 여행이 주변 세계에 대한 호기심과 모험심, 동경심과 생존본능으로부터 시작됐다고

주장한다. 인류는 여행을 통해 생존했으며 여행을 통해 넓은 세상을 경험했다고 말한다. [5]

찰스 등의 『관광학』에 따르면 여행과 관련된 최초의 기록은 기원전 4000년 전, 그러니까 지금으로부터 약 6000년 전으로 거슬러 올라간다. 그 기록의 주인은 수메르인(바빌로니아인)들이다. 그들은 최초로 무역을 하고 화폐를 만들어 다른 지역으로 이동했다. 이동을 위해서는 지금처럼 교통시설과 숙박시설이 있어야 했고, 잘 모르는 지역으로 이동할 때는 안내역할을 하는 가이드도 필요했다. 기록에 따르면 수메르인들은 세계 최초로 교통과 숙박, 안내 비용을 지불했다고 한다. [6] 기록상 여행 가이드와 숙박업, 교통 관련 업종은 전 세계에서 가장 오래된 직업 중하나라고 할 수 있다. [7]

고대 이집트에서는 신전을 순례하는 여행이 있었고, 그리스 · 로마시대에는 올림픽 경기에 참여하는 일종의 스포츠여행이 성행했다. 온천여행, 바닷가 휴양여행 등도 성행했다. 이후 로마시대에는 세계 최초의 여행 가이드북이 제작되었다. [8] 중세에는 최초의 패키지여행이 만들어졌다. 안전한 여행을 위해 순례자들이 단체로 이동하기 시작한 것이다. 결국 패키지여행의 시작점은 무사히 집으로 돌아오기 위한 일종의 자구책이었던 셈이다. 이후 19세기에 이르러 최초의 여행사가 영국에 등장하였고, 철도여행 상품이 크게 성공하게 된다.

그렇다면 우리나라의 여행 시작점은 언제였을까? 기록에 따르면 신라 화랑도는 '명소 순회 여행'을 했다고 전해진다. 지금으로 치자면 명소를 탐방하는 수학여행과 가까웠을 것이다. 우리 수학여행의 역사가 신라 시대까지 거슬러 올라간다는 점이 놀랍다. 이후 고려와 조선 시대를 거치면서 양반들의 풍류여행, 불교 신도들의 봉축 행사 참여, 지역 축제, 천렵과 뱃놀이 등의 여행이 있었다고 전해진다.

　신라 말 최치원의 『계원필경』, 조선 전기 김종서 등의 『고려사절요(갑인자본)』, 정도전의 『삼봉집』 등에는 여행과 유사한 '관광(觀光)'과 관련된 기록이 있다. 정확하게 말하면 '관광상국(觀光上國)'이라는 기록이 전해지는데, 이는 당시 상국(上國)이었던 중국에서 선진문물을 배워오는 교육적 여행을 의미한다. 여행이 일종의 선진지 탐방 학습이었던 셈이다. 이후 1888년(고종 25) 최초의 서양 호텔인 대불호텔이 인천에 처음 문을 열었다.

　우리나라 여행 정책의 시작점은 1950년 교통부 총무과 소속으로 '관광계'가 신설된 이후라고 볼 수 있다. 이 '관광계'는 1954년 교통부 육운국 소속의 '관광과'로 승격되었다. 전쟁 후 우리의 여행 정책은 전후 관광시설의 복구와 주한 UN군의 휴가 유치에 초점을 두고 있었다. 그 당시 정부는 우리 국민들의 여행을 돌볼 겨를이 없었다. 국민들도 일제 식민지와 전쟁, 가난으로 고통받던 시절에 감히 여행을 꿈꾸지 못했다. 우리의 여행 역사도 나라의 아픈 역사를 피해가지는 못했다.

1970년대부터 전국 대학에 관광 관련 학과들이 생겨나기 시작했다. 1988년 서울올림픽과 1989년 해외여행 전면자유화 정책은 평범한 대한민국 국민의 여행수요 증가를 이끌었다. 2012년 마침내 외래관광객 1,000만 명 시대가 열렸다. 1955년 기록상 최초의 외래관광객인 캐나다인의 방문 이후, 60년 가까운 세월이 걸린 셈이다.

2003년 주5일 근무제 및 주5일 등교제 확대로 여행수요가 다시 폭증했다. 그러나 이때도 우리의 여행은 불완전했다. 과거 독재 시절부터 이어진 통제문화와 과도한 노동강도, 성장에 대한 피로감은 우리 여행을 '유흥'으로 엇나가게 했다. 여행은 힘든 일상의 스트레스 해소제일 뿐이었다. 관광버스에 올라타 여행지에 도착하고 지쳐 집에 돌아올 때까지 술과 춤, 유흥이 빠지지 않았다. 그 당시 우리의 여행은 먼 곳에서 좀 색다르게 먹고 노는 것이었다. 동시대 우리의 여행 단면은 현대사를 처절하게 살아낸 보통 사람들의 고된 삶과 무관하지 않았다.

그래서 많은 이들은 우리의 여행 문화가 아직 성숙하지 못했음을 비판한다. 경제적으로는 분명 선진국의 반열에 올라섰는데, 개인의 삶의 질에 중요한 영향을 미치는 여행 문화는 아직 갈 길이 멀었다고 꼬집는다. 우리의 여행은 여전히 유흥적이고 소비적이라고 말한다. 과시적이며 이기적이라고도 한다. 일 잘

한다고 칭송받는 한국인답게, 여행도 일처럼 하고 있다고 비판한다. 여행이 여가가 아니라 '해야 할 일(to-do list)'로 전락했다고도 말한다. 여행의 의미는 모른 채, 아니 관심도 없이, 유행처럼 '여기저기, 이곳저곳'을 돌아다니기만 한다고 비판한다.

그러나 우리의 여행 역사를 들여다보면, 이러한 비판에 쉽게 동의하기 어렵다. 근현대 우리 여행의 시작점이 보통의 국민이 아닌 타국에서 온 군인들을 대상으로 했다는 점을 다시 주목할 필요가 있다. 이후 오랫동안 여행은 사회와 조직의 목표를 달성하는 데 걸림돌로 치부되었다. 그래서 주말도, 저녁도, 연가도, 휴가도, 당연한 권리를 눈치 봐가며 겨우 보냈다. 평범한 사람들의 보통여행은 1988년 서울올림픽과 1989년 해외여행 전면자유화 이후에나 가능했다. 이제 고작 30여 년이 지났을 뿐이다.

우리의 여행 문화가 아직 영글지 못했음은 당연하다. 유흥적이고 스트레스 해소용이었음도 불편하지만 안쓰러운 사실이다. 그렇게 해서라도 그 시대의 사람들은 버텨야 했다. 살아내야 했다. 그 당시의 평범한 사람들은 여행의 의미를 성찰하고 그 기쁨을 누릴 시간이 없었다. 자신에게 맞는 여행을 경험할 시간은 꿈도 꾸지 못했다. 그럴 기회는 더더욱 없었다. 여행은 어떤 것이라고, 자기만의 여행을 찾아가야 한다고 알려주는 이도 없었다.

우리의 여행은 아직 진화 중이다. 이제 비판과 자조적 시선을 내려놓고, 여행의 의미를 성찰하고 여행을 삶의 길동무로 받아들일 시간이 되었다. 기회도 충분하다. 여행 문화의 물결 앞에서, 넘쳐나는 여행 담론 속에서, 여행의 의미와 가치를, 자기다운 여행을 고민할 때다. 여행이 가르쳐주는 위대한 지혜를 삶속에 녹여내는 연습을 해야 할 때다. 가여운 우리 이전 세대들이 경험하지 못한 여행을, 진정 의미 있는 여행을, 우리가 지금 제대로 경험해야 다음 세대들에게 제대로 전할 수 있을 것이다.

여행, 관광에 대한 오해

"나는 관광자가 아니라 여행자다(I am a traveller, not a tourist)"라는 말이 있다. 블로그나 신문 기사, 심지어는 여행 서적에서도 이 문장이 보인다. 세상을 제대로 보려면 '관광자'가 되지 말고 '여행자'가 되라는 말도 있다. 최근에는 『Always a Traveller, Never a Tourist』라는 책이 출간되기도 했다. 이 책의 제목은 말 그대로 '절대 관광자가 아닌, 항상 여행자로'쯤 될 것이다.

이들은 여행자야말로 세상을 제대로 경험하고 진정한 여행을 실천할 수 있다고 말한다. 타자와 만나며 자기 삶을 성찰하는 의미 있는 행동가라고 이야기한다. 반면 관광자들은 여행의 참맛이라고는 도통 모르는, 타자와 교감하지 않는 사람들로 치부된다. 화려한 볼거리만 선호하는 일종의 소비 중독자 혹은 욕망을 재생산하는 자극 추구자들로 묘사된다.[9]

이는 모두 여행에 대한 예찬이자 관광에 대한 폄하다. 여행자와 관광자를 명확히 나누는 '구분 짓기'의 관점이다. 이분법적 시선이기도 하다.

그런데 이러한 구분 짓기는 정당한 것인가? 언제부터 여행과 관광이 구분되었을까? 언제부터 여행자를 찬양하고 관광자를 하대했을까? 언제부터 관광과 관광자에 대한 부정적인 표현들이 등장하기 시작했을까?

그 기원을 찾아가면 '그랜드 투어(Grand tour)' 시기까지 올라간다. 그랜드 투어는 17세기 중반 이후 영국 상류층 귀족 자제들이 2~3년간 떠났던 교육여행을 일컫는다. 주로 영국에서 유럽 본토까지 이동하는 장거리 여행이었다. 이동 수단이 발달하지 않은 시기라는 점을 고려하면 쉽지 않은 여행이었음은 분명하다. 그러나 그랜드 투어는 누구나 경험할 수 있는 여행이 아니었다. 일반 시민들은 꿈도 꿀 수 없었던 특권층을 중심으로 한 여행이었다. 상류층 남성들의 전유물이었다.

여행과 관광의 역사에서도 그랜드 투어(Grand tour)는 매우 중요한 의미가 있다. 관광을 뜻하는 Tourism이라는 용어가 생겨난 시점이기도 하다. 여행을 의미하는 Tour에 하나의 현상을 의미하는 ~ism이 붙어 Tourism, 즉 관광이라는 단어가 만들어졌다. 즉 영어로 관광이라는 말은 여행이 주요 사회현상이자 문화의 주요 흐름이 되었다는 것을 의미한다. 여행이 대중화 혹은 일반화된 현상을 지칭하는 말이 바로 관광인 것이다.

이후 19세기, 귀족이 아닌 평범한 보통 사람들도 여행에 대거 참여하는 대중여행의 시대가 찾아온다. 토마스 쿡(Thomas Cook)에 의해 세계 최초의 여행사가 설립되고, 기차여행 상품이 판매되기 시작한다. 여행 책자도 출판된다. 젊은 귀족 남성을 중심으로 했던 그랜드 투어가 평범한 보통 사람들에게 확대된 것이다. 이 현상을 '여행의 민주화' 혹은 '여행의 대중화'라 일컫는다. 약간의 시간과 비용만 지불하면 누구나 여행할 수 있었기 때문이다.

당시 특권층들은 이러한 여행의 확장이 달갑지 않았다. 그들만의 전유물이었던 '신성한 여행'이 평범한 사람들의 '보통여행'으로 전락하였다고 생각했다. 일반인들의 여행은 귀족의 여행과 달리 여행 기간이 길지도 않았고 여행지에서 오래 머물지도 못했다. 그들 대부분은 귀족이 아니었으므로 2~3년간 여행하는 것은 불가능했다. 여행을 처음 경험하는 사람들이 대부분이었다.

그래서 그랜드 투어를 경험한 귀족들은 자신들의 신성한 이

동을 '여행'으로, 일반 시민들의 대중적 여행을 '관광'으로 구분
하기 시작했다. 교육을 목적으로 장기간 이동하는 사람들을 '여
행자'로, 처음 여행 상품을 접하고 비용을 줄이기 위해 여럿이
이동하는 사람들을 '관광자'라고 구분 지었다.

당시 귀족들은 "어제의 야만인이 오늘날의 관광객이다", "진
짜 여행은 이제 불가능하다. 이제 오직 관광할 뿐이다", "관광
이란 타인과의 진정한 접촉을 방해하는 것으로 가득 찬 경험이
다"라는 혐오 섞인 표현들을 쏟아냈다.[10] 그리고 '여행은 마땅
히 어떠해야 한다' 혹은 '어떠했으면 좋겠다'라는 귀족들의 관점
과 고정관념이 기록에 남았다. 귀족들의 특권의식이 기록에 남
았다. 그들만 사유화하고 싶었던, 보통 사람들과 공유하고 싶
지 않았던, 여행에 대한 시선이 기록으로 남았다.

귀족들은 여행의 대중화와 민주화가 가져온 순기능은 보지
못했다. 자신들의 여행이 스스로 얻어낸 것이 아니라 부모의
경제력과 지위, 출신으로부터 무상으로 얻어낸 것임도 고려하
지 않았다. 여행이 사회현상 혹은 하나의 문화가 되었음을 의
미하는 관광(tourism)의 본뜻도 폄하했다.

이것이 여행과 관광 사이, 여행자와 관광자 사이의 오랜 오해
의 발단이었다. 결국 관광의 폄하는 2~3세기 전, 특권층인 귀
족 남성들이 그들만 누리던 여행을 보통 사람들도 경험하는 것
이 못마땅하여 쏟아낸 기록들로부터 시작되었다. 그리고 그 오

해는 지금도 계속되고 있다. 동시대 평범한 보통 사람들이 여행과 관광이 영글기 전, 특정 귀족들이 쏟아낸 잘못된 관점과 특권의식을 그대로 계승하고 있는 것이다.

그렇다면 우리말의 관광은 어떤 의미일까? 관광(觀光)이라는 말은 볼 '관', 빛 '광' 자로, '빛을 보다'는 의미다. 이 말은 '관국지광(觀國之光)'*이라는 단어에서 유래하였는데[11], '나라를 보는 빛'이라는 뜻이다. '관국지광'이라는 단어는 기원전 8세기, 주나라 역경(易經)에 기록된 2800년 이상의 긴 역사를 갖고 있다. 여기서 이야기하는 '빛(光)'은 태양 빛이나 달빛이 아니라, 새로운 문물을 경험한 이후의 깨달음 혹은 성장과 연계되어 있다. 또한 '본다(觀)'는 것은 시각적으로만 본다는 것이 아니라 모든 감각을 활용하여 자극을 받아들이고 인지하고 이해한다는 것을 의미한다.

결국 우리말의 관광은 성장을 목표로 하는 교육적 의미의 경험을 말한다. 개인의 즐거움만을 위한 것이 아니다. 쉽게 폄하될 수 있는 대상은 더더욱 아니다. '빛을 보다'라는 그 의미를 이해했다면, 관광의 긴 역사를 살폈다면, 함부로 폄하되어서는 안 되는 대상이다. 여행과 관광, 여행자와 관광자 사이의 불필요한 구분 짓기가 이제 마무리되어야 하는 시점이다. 관광에

---

* 『역경』에 기술된 전체 문장은 "관국지광이용빈우왕(觀國之光利用賓于王)"으로, 이는 나라의 빛, 즉 새로운 문물을 보러 오는 사람들에 대해 나라의 임금을 모시듯 환대했다는 뜻이다.

대한 이유 없는 홀대 역시 마찬가지다.

여행, 선택권과 기본권 사이

실로 여행 예찬의 시대다. 여행의 의미가 넘쳐난다. 누군가에게 여행은 쉬었다 가는 정거장이자, 피로 회복제다. 바쁜 일상 중 큰 숨을 쉬게 하는 숨통 같은 시간이기도 하다. 흑백의 단조로운 삶을 채색하는 색연필 같기도, 지우고 싶은 것을 쓱싹 지울 수 있는 지우개 같은 시간이기도 하다. 여행은 소중한 누군가에게 주는 선물 같은 시간이 되기도 한다.[12] '죽기 전에 후회하는 몇 가지' 중 여행 관련 항목이 없는 경우는 거의 없다. 멋진 휴가와 여행을 즐기기 위해 열심히 돈을 버는 이들도 적지 않다. 도서관이나 서점에는 여행 관련 책들이 즐비하게 진열되어 있고, 많은 온라인 크리에이터가 저마다의 여행 경험을 공유하고 있다. 그리고 더 많은 이들이 그 여행 콘텐츠를 소비하고 있다. 모두 여행이 우리 삶에 중요한 의미로 다가오면서 나타나는 현상들이다.

맥커넬(MacCannell)과 어리(Urry)는 여행이 '문화적 체험' 기회로 활용된다고 주장한다. 더불어 여행하는 것 혹은 이동하는 것 자체가 하나의 '문화현상'이 되었다고 주장한다.[13] 여행하는 것이, 여행을 매개로 다양한 경험을 하는 것이 동시대 문화현상이 되었다는 것이다. 주요 흐름이 되었다는 것이다. 이는 평범한 우리가 얼마나 여행을 꿈꾸고 있는지, 어떻게 삶의 일부로 받아들이고 있는지 본다면, 쉽게 납득할 수 있는 주장이다.

많은 이들은 여행을 통해 다양한 삶을 조망하고 삶의 지혜를 배운다고 말한다. 여행을 통해 자신다움을 찾고, 삶을 깊게 살아가는 법을 배운다고 이야기한다. 세상을 넓게 두루두루 경험하고 그 가운데 깨달음을 얻는다고 말한다. 여행이 위대한 이유가 분명 있다고 말한다.

아우구스티누스(Augustinus)의 말처럼, "세상은 한 권의 책과 같고, 여행을 가지 않는 사람은 그 책의 한 페이지만 읽는 것과 같다"고 생각할지도 모른다. 그래서 지금을 사는 보통의 우리는 살아 있는 동안 더 많은 페이지를 읽기 위해 고군분투하고 있을지도 모른다.

철학자 프란시스 베이컨(Francis Bacon)도 "여행은 젊은 사람에게 교육의 일부고, 연장자들에게는 경험의 일부"라고 말했다. 그의 말처럼 평범한 우리는 여행과 배움, 여행과 경험의 깊은 상관성을 삶에서 증명하고 있을지도 모른다. 우리 삶을 더 많은 여행의 배움과 경험으로 가득가득 채워나가고자 노력하고 있을지도 모른다.

그런데 이러한 여행 예찬 뒤에는 여행을 '개인의 선택으로 볼 것인가?' 혹은 '권리로 볼 것인가?'라는 오랜 논쟁이 숨어 있다.

대부분의 사람들은 여행이 시간과 경제적 여건, 신체적 조건, 심리적 조건, 언어와 용기 등의 전제조건이 갖추어졌을 때 '자발적으로 선택하는 개인행동'이라고 생각한다. IF(만약)가 충족되어야 비로소 실행할 수 있는 선택이라고만 생각한다.

이를 역으로 생각해보면, 시간과 경제적 여력이 없다면, 몸이 불편하거나 언어소통이 어렵다면, 떠날 용기가 부족하다면 여행이 불가능하다는 것을 의미한다. IF의 조건들이 모두 충족되어야 비로소 우리의 여행이 가능해진다는 것을 의미한다.

정말 그럴까? 우리의 여행은 오로지 선택의 문제인가?

유럽에서는 여행과 관광을 인간의 기본권으로 이해한다. 인간이라면, 시간과 경제자산의 정도, 신체적, 언어적, 심리적 조건과 상관없이, 누구나 여행을 누릴 수 있어야 한다고 이해한다. 그래서 이동의 자유를 보장하고, 삶의 질을 높이기 위해 다양한 여행 정책을 도입한다. 경제적 여력이 충분치 않아도, 몸이 불편해도 여행할 수 있는 최소한의 기회가 제공된다.

우리나라 역시 여행과 관광을 기본권에 가깝게 해석한다. 의외라고 생각하는 독자들도 많을 것이다. 그러나 명백히 사실이다. 우리나라는 「관광기본법」에 '국민관광'이라는 용어를 명시하고 있다. 이는 매우 의미 있는 법적 용어로[*], 대한민국 국민이라면 누구나 최소한의 여행과 관광을 누릴 수 있어야 함을 의미한다. 또한 우리 국민들은 해외로 출국할 때마다 '출국납부금'을 납부한다. 이는 '관광진흥개발기금'의 주요 재원으로 지난 40년간 한국관광 발전에 막대한 공헌을 했다. 국민의 주머니에서 나온 기금이 지금의 여행과 관광산업의 기초가 됐음은 부인할 수 없는 사실이다.

그래서 우리나라는 여행 바우처 등의 제도를 통해, 여행 취약 계층에게 최소한의 여행 기회를 부여하고 있다. '사회복지관광(social tourism)'의 개념을 현실 정책에 도입하고 있다. 매년 여행 주간을 설정하여 국민에게 다양한 혜택을 주고 있다. 다양한 온·오프라인 콘텐츠를 통해 간접 여행 경험 기회도 부여하고 있다.

우리는 국민으로서, 공적 기금 납부자로서, 기여자로서, 마땅히 여행을 향유할 자격을 지닌다. 그럼에도 현실에서의 여행은 개인의 선택인 경우가 대부분임을 인정할 수밖에 없다. 그러나 시간과 경제적 여력이 조금 부족해도, 심신이 불편해서 이동이 힘들어도 여행이 삶에서 완전히 배제되어서는 안 된다.

---

* 「관광기본법」 제13조(국민관광의 발전)에는 "정부는 관광에 대한 국민의 이해를 촉구하여 건전한 국민관광을 발전시키는 데에 필요한 시책을 강구하여야 한다"고 기술되어 있다.

무엇보다 우리는 우리 자신의 '여행기본권'에 대해 알고 있어야 한다. 그래서 여행이 IF가 전제된 풍족한 이들의 전유물이 아니라, 누구든, 언제든 누릴 수 있는 대상으로 이해되어야 한다. 여행을 우리 삶의 당연하고 마땅한 시간으로 받아들여야 한다.

아프면 병원 가듯, 떠나고 싶을 때 떠날 수 있어야 한다. 물리적으로든, 심리적으로든 스스로 경계를 넘을 수 있어야 한다. 수평적이든, 수직적이든, 스스로 이동의 거리와 깊이를 조절할 수 있어야 한다. 구슬 주머니에 각양각색의 구슬을 넣어두듯, 다채로운 여행 대안을 준비해두고 있어야 한다. 긴 여행이 필요할 땐 큰 구슬을 꺼내고, 짧은 여행이 필요할 땐 작은 구슬을 꺼내며, 자연스럽게 삶에서 각양각색의 여행을 향유할 수 있어야 한다.

여행, 나의 렌즈로 바라보기

환경심리학이라는 분야가 있다. 심리학(Psychology)은 인간의 행동과 심리를 연구하는 학문이다. 환경심리학(Environmental Psychology)은 물리적 환경요인에 영향을 받는 인간의 행동과 심리에 초점을 두고 있다. 인간과 환경과의 관계성에 주목한다. 자연환경, 인공환경, 주거환경, 업무환경 등 외부 환경 안에서 인간이 어떻게 생각하고 행동하는지 연구한다.[14]

환경심리학의 흥미로운 모형 중 하나는 브룬스윅(Brunswik)의 '렌즈 모형(lens model)'이다. 렌즈 모형은 렌즈가 빛을 모아서 비추는 것처럼, 인간이 환경의 다양한 정보를 지각하고 인지하는 과정에서 자신의 시선과 사상이 투영된 렌즈로 경험한다는 이론이다.[15] 개인이 어떤 렌즈를 끼고 있는가에 따라 세상을 보는 시선이 달라지고, 그 시선에 따라 선택과 행동 역시 영향을 받는다는 것을 의미한다.

이는 실제 환경의 본모습과 개개인이 경험하는 환경이 다를 수 있음을 함의한다. 렌즈의 상태에 따라 누군가는 환경을 긍정적으로 경험하고 누군가는 그렇지 않을 수 있음을 의미한다. 렌즈의 두께에 따라 누군가는 환경을 더 잘, 더 자세히, 더 선명하게 보고, 누군가는 그렇지 못함을 의미한다.

렌즈 모형은 다양한 환경을 경험하는 여행에도 중요한 시사점을 준다. 여행의 주체가 되는 여행자의 시선과 사상의 중요성을 되짚어볼 수 있기 때문이다. 여행자는 자기 생각과 시선이 담긴 렌즈를 통해, 환경 자극을 수용하고 이해한다. 외부 세상을 경험한다. 깨끗한 렌즈를 끼고 있으면 선명하게 볼 수 있고, 잘 보이는 렌즈를 끼고 있으면 멀리까지 넓게 볼 수 있다.

그런데 루틴하게 반복되는 일상생활에서는 나의 렌즈 상태를 점검하기 어렵다. 나의 렌즈 상태가 어떤지 모르는 경우가 많다. 반면 여행 중에는 자신의 렌즈 상태를 점검할 수 있는 기회를 자주 접한다. 새로운 환경에서, 새로운 자극을 대할 때, 다양한 시선을 가진 사람들을 만날 때, 새로움을 발견하고 받아들이는 과정에서, 다름을 이해하고 인정하는 과정에서 나의 렌즈가 선명한지, 넓게 잘 보이는지, 왜곡은 없는지 살피게 된다.

새로운 풍경을 처음 접하는 두 여행자가 있다고 가정해보자. 두 여행자의 눈앞에 펼쳐진 풍경은 명백히 '새것'이다. 그 둘의 렌즈가 다를 경우 그들의 경험도, 만족도 달라진다.

첫 번째 사람은 새로운 풍경을 보고 늘 보던 풍경과 비슷하다고 말한다. 그는 새로움 속에서 익숙함을 먼저 발견하는 성향으로, 익숙함에 가려 새로움을 잘 찾지 못하는 사람이다. 자신의 렌즈 위에 먼지가 덮여 있는 것처럼 흐릿하게 세상을 보는 사람이다. 렌즈가 선명하지 않아서 무엇이 새롭고 흥미로운지 발견하지 못하는 사람이다. 첫 번째 사람의 렌즈는 그의 여행을 만족스럽지 못하게 할 것이다. '굳이 여기까지 와서 봐야 하는가?', '거기서 거기다', '사진만 못하다', '괜히 고생만 했다'라는 생각을 자주 했을 것이기 때문이다.

반면 두 번째 사람은 새로운 풍경을 보며 수많은 새로움을 발견한다. 산의 스카이라인 곡선, 완만한 언덕의 높낮이, 하늘과 바위의 빛깔, 신기한 건물의 색채와 외벽 질감, 조금 다른 빵 냄새, 시장의 생소한 채소와 과일, 왠지 다른 것 같은 바람, 나뭇잎에 깃든 햇살의 강렬함, 구름 모양, 고운 모래 질감, 풀 냄새, 나무 모양과 나무껍질의 질감, 저마다 다른 그늘 모양, 누군가의 환한 미소, 그 옆의 나의 동반자, 같이 먹었던 음식, 그와 나눈 어떤 이야기, 그때 나의 모습 등, 그 공간, 그 시간의 자신을 더할 나위 없이 새롭게 느낀다. 여행의 시간을 왜곡 없이 있는 그대로 받아들인다. 그의 여행은 설레고 흥미로웠을 것이다. 만족스러웠을 것이다.

두 번째 사람은 선명한 렌즈를 끼고 있었다. 그래서 왜곡 없이 새로움을, 그 여행의 가치와 의미를 발견했을 것이다. 가시 범위가 넓은 렌즈를 끼고 있어서, 두루두루 넓게 보며 생각을 확장했을 것이다. 누가 씌워준 렌즈가 아닌 자기 자신의 렌즈여서, 자기 생각과 시선대로 여행을 경험했을 것이다.

그는 특별했던 여행의 순간을 평생 간직할 가능성이 크다. 새로운 환경에서 새로움을 잘 발견했듯이, 루틴하게 반복되는 일상에서도 또 다른 새로움을 찾아낼 수 있을 것이다. 그가 어디에 있든 넓고 또 깊게 주변을 경험할 것이다. 삶이, 일상이, 자주 여행 같을 것이다. 그의 렌즈 덕분에.

그래서 동시대 평범한 여행자인 우리는 스스로 어떤 렌즈를 끼고 있는지 점검해봐야 한다. 내가 제대로 된 렌즈를 통해 제대로 여행을 경험하고 있는지 살펴야 한다. 어떤 여행지를 얼마나 많이, 얼마나 멀리, 얼마나 자주 방문할 것인지 선택하기 전에, 끼고 있는 '렌즈 점검'이 먼저다. 나의 렌즈가 선명하고 밝은지, 먼지가 잔뜩 끼어 있지 않은지, 뿌옇게 보이지 않는지, 두루두루 잘 보이는지, 넓고 깊게 잘 보이는지, 왜곡은 없는지 점검해보는 것이 먼저다.

내 렌즈가 나에게 맞는지도 살펴야 한다. 혹시 누군가가 씌워준 렌즈가 아닌지, 누군가의 렌즈를 분별없이 쓰고 앉아서 내 것인 양 착각하고 있지 않은지도 점검해보아야 한다. 나의 렌즈가 진정 나의 것이 맞는지 재차 확인해봐야 한다.

『보물섬』과 『지킬 박사와 하이드』의 저자인 소설가 로버트 루이스 스티븐슨(Robert Louis Stevenson)은 "낯선 땅이란 없다. 단지 여행자가 낯설 뿐이다"라는 말을 했다. 낯섦과 새로움을 느끼는 것은 여행자 자신의 시선뿐임을 강조한 말이다. 프랑스의 소설가 아나톨 프랑스(Anatole France)도 "여행이란 우리가 사는 공간을 바꿔주는 것이 아니라 우리의 생각과 편견을 바꿔주는 것"이라고 말했다.

이는 여행이 우리의 렌즈를 바꿔줄 수도 있음을 의미한다. 여행이 세상을 바라보는 시선과 생각을 바꿔줄 수 있음을 의미한다. 더 선명하게 왜곡 없이 세상을 보는 눈을 갖게 할 수 있음을 의미한다. 편견에 사로잡혀 한쪽만 보지 않도록, 한쪽의 이야기만 듣지 않도록, 우물 안 개구리처럼 살아가지 않도록, 렌즈의 가시범위를 넓혀줄 수 있음을 의미한다.

결국 여행은 나의 렌즈를 점검하고 업그레이드할 수 있는 기회가 된다. 더 선명하게, 더 깊게, 더 넓게, 더 촘촘히, 더 너그럽게, 있는 그대로 볼 수 있는 렌즈로 말이다. 더 나답게 볼 수 있는 렌즈로 말이다.

미디어 속
우리들의 보통여행

매스미디어, 여행을 담다

동시대 우리의 하루는 매스미디어로 시작해서 매스미디어로 끝난다고 해도 과언이 아니다. 대중매체라고도 불리는 매스미디어(mass media)는 일반 대중에게 대량의 정보 및 이슈 등을 전달하는 매체다. TV 또는 라디오를 포함하는 방송, 신문, 서적, 잡지, 영화, 광고, 음악, 온라인매체 등이 포함된다. 매스미디어는 더 다양해지고 있고 노출 빈도는 더 증가하고 있다. 이제 매스미디어는 우리 삶의 일부가 되었다. 가치관의 기초가 되고, 선택과 행동의 이유가 되고 있다.

여행은 매스미디어의 단골 소재 중 하나다. 미디어 수요자들이 여행을 원하고 있고, 미디어는 다양한 여행을 수요자에게 제공하여 그들의 잠재수요를 높인다. 미디어에서 특정 여행지가 나오면 수요자들의 관심도 증가한다. 미디어 속 여행이 어떻게 표현되었는지에 따라 수요자들의 실제 여행도 달라진다.

이러한 현상을 여행과 관광 분야에서는 '필름관광(film tourism)'이라고 한다. '스크린관광(screen tourism)' 혹은 '영화기반관광(movie-induced tourism)'이라고도 불린다. 영화, 드라마, TV 예능 프로그램 등의 매스미디어를 통해 특정 장소가 노출되면, 미디어 수요자들은 직접 경험하지 못한 장소에 관심이 생긴다. 가보지 않은 곳에 대한 긍정적 이미지도 덧대진다. 그리고 그 장소를 직접 방문한다.[16] 이는 과거에 존재하지 않았던 문화관광의 새로운 유형이다. 한국 역시 필름관광의 수혜를 많이 받은 나라 중 한 곳이다. 2000년대 초반 여러 드라마의 성공으로 많은 외래관광자들이 한국을 방문했기 때문이다. 한류의 시작에 필름관광이 있었다.

영화 「러브레터」(1995) 촬영지인 일본 홋카이도 오타루시, 「반지의 제왕」(2001~2003)의 뉴질랜드 마타마타, J. K. 롤링(J. K. Rowling, 1965~)의 동명 소설을 영화화한 「해리포터」(2001~2011)의 옥스퍼드, 「서편제」(1993)의 청산도, 드라마 「겨울연가」(2000)의 춘천 남이섬, 「대장금」(2003~2004)의 대장금 테마파크, 「태양의 후예」(2016)의 파주 캠프그리브스, 「베토벤 바이러스」(2008)와 「시크릿 가든」(2010~2011), 「별에서 온 그대」(2013~2014)의 촬영지인 가평의 쁘띠 프랑스, BTS 「Butter」(2021)의 앨범 재킷 촬영지인 삼척 맹

방해수욕장까지 다양한 사례가 존재한다.

루시 모드 몽고메리(Lucy Maud Montgomery)의 『빨강머리 앤(Anne of Green Gables)』의 배경지인 캐나다 프린스 에드워드섬이나, 김승옥 (1941~)의 『무진기행』(1964) 속 상상의 도시와 닮은 순천, 김유정 (1908~1937)의 『봄봄』(1936) 속 춘천 실레마을처럼 문학작품의 배경지가 여행지가 된 사례도 많다.

이 중 「반지의 제왕」 촬영지인 뉴질랜드는 영화 상영 후 여행자들이 천만 명 이상 증가했다. 경제적 효과는 약 4조 6천억 원에 이른다고 알려져 있다.[17] 이를 영화 주인공 이름을 본떠 '프로도 효과(Frodo effect)'라고 부른다. 「러브레터」의 오타루시는 영화 하나로 경제적 파급 효과가 1조 2천억 원을 넘었다. 오타루시가 인구 12만 명 정도의 작은 소도시임을 고려하면 그 효과는 가히 폭발적이었다. 현재 전 세계를 강타하고 있는 한류의 파급 효과는 측정이 불가할 정도로 어마어마하다.

매스미디어의 영향을 받아 여행지를 선택하는 데에는 몇 가지 이유가 있다. 우선 미디어의 스토리 혹은 영상을 통해 배경지에 대한 긍정적 기대가 형성된다. 미디어 속 여행 콘텐츠가 '고(高)감성 자원'으로 기능하기 때문이다. 미디어의 콘텐츠가 감성 혹은 정서에 각인되어 오랫동안 수요자에게 긍정적 이미지를 만들어낸다. 이 이미지는 다음 여행지 선택에 영향을 미치게 된다.

예를 들어 한류의 시작점 중 하나인 「겨울연가」에는 춘천 남이섬의 메타세쿼이아 길과 잔디밭이 나온다. 그곳에서 두 주인공은 눈사람을 만들고 행복한 시간을 갖는다. 이를 본 시청자들은 감동받은 드라마의 촬영지인 남이섬을 궁금해하고 그곳에 대해 긍정적 이미지를 갖게 된다. 드라마의 감동을 실제 여행으로 연장하고 싶어 한다. 실제 여행에서 감동을 다시 느껴보고 주인공처럼 행동하고 싶어 한다. 시청자 중 일부는 기꺼이 다음 여행지로 남이섬을 선택한다. 메타세쿼이아 길에서 주인공들처럼 행동하고 사진 찍는다. 이전에 보았던 드라마의 감동이 여행지에서 연장된다. 여행의 또 다른 감동이 더해져 특별한 경험이 된다.

이것이 '고감성 자원'이 갖는 힘이다. 정서적 감동은 오랫동안 기억되며 우리의 선택에 영향을 미친다. 인간은 감동을 오래 간직하고 싶어 한다. 소중한 경험이기 때문이다. 드문 경험이기 때문이다. 드라마의 감동도 마찬가지다. 드라마 속 여행지를 방문하여 다시 한번 그때의 감동을 상기하고, 또 다른 특별한 경험을 만들기 위해 기꺼이 그곳으로 가는 것이다.

우리 삶의 일부인 매스미디어는 평범한 우리의 보통여행과도 무관하지 않다. 우리는 매스미디어를 통해 자주 여행을 간접 경험한다. 미디어 속, 나 아닌 누군가의 여행을 대리 경험하며, 그들의 여행에 마음으로 공감한다. 같이 설레고 같이 즐거워한다. 실수하면 안타깝고, 위기를 극복하면 같이 뿌듯해한다. 미디어 속 간접 여행 역시 필름관광처럼 '고감성 자원'으로 받아들여지고 있다. 우리의 다음 여행지 선택과 여행지에서의 행동에 영향을 미치고 있다.

따라서 우리의 보통여행을 이해하기 위해 매스미디어 속 여행이 어떤 모습으로 표현되고 우리에게 전달되고 있는지 살펴볼 필요가 있다. 우리가 왜 여행 가고 싶은지, 어디를 가고 싶은지, 가서 뭐 하고 싶은지 등에 대한 힌트를 엿볼 수 있기 때문이다. 여러 매스미디어가 있지만, 이 책에서는 영화, 음악, 책, TV, 온라인매체에서 여행을 어떻게 담아내고 있는지 살펴보고자 한다. 그 여행의 단상들이 우리의 보통여행과 분명 닮았을 것이다.

영화 속 보통여행

영화 「버킷리스트(The Bucket List)」(2007)는 삶의 마지막 순간, 여행을 매개로 삶의 의미를 되짚어보는 이야기다. 가난하지만 평생 가족을 위해 헌신한 정비사 카터(모건 프리먼)와 괴팍한 백만장자 사업가 애드워드(잭 니콜슨)는 시한부 선고를 받고 우연히 같은 병실을 쓰게 된다. 그들은 죽기 전 꼭 하고 싶은 일을 적은 버킷리스트(bucket list)를 만든다. 그 안에는 다양한 여행도 포함되어 있다. 여행을 계기로 서로의 진심과 아픔을 공유한다.

「원위크(One week)」(2008) 역시 시한부 선고를 받은 벤(조슈아 잭슨)의 이야기다. 젊은 남성이었던 벤은 병원을 나와 이끌리듯 낡은 모터사이클을 산다. 그리고 캐나다 전역을 일주일간 홀로 여행한다. 영화 내내 한적한 캐나다의 길들이 참 많이 나오는 로드무비다. 그 길 위에서 삶의 끝자락에 선 벤은 자신의 일, 꿈, 사랑에 대해 돌아본다. 벤은 독백을 통해 "힘든 삶에 간혹 구명보트가 나타난다고, 우리는 그 구명보트를 잡아야 한다"라고 말한다. 그에게 구명보트는 일주일간의 '나 홀로 여행'이었을 것이다.

「베스트 엑조틱 메리골드 호텔(The Best Exotic Marigold Hotel)」(2012)은 영국 노인들이 허름한 인도 호텔에 머물며 생기는 에피소드를 담고 있다. 주인공들은 여행지에서 살아보는 긴 여행을 선택한다. 생소하고 불편한 호텔에 머물며 죽음과 나이 듦의 서러움 대신, 다시 시작하고 사랑하는 용기에 관해 이야기한다. 생물학적 나이와 무관하게 자기 삶에 당당히 주인공으로 살아가는 이들의 선택을 통해, 누구나, 언제든, 다시 시작할 수 있음을 강조한다. 여행이 그 기회와 용기를 줄 수 있다고 말한다.

영화 「와일드(Wild)」(2014)는 실화를 바탕으로 한 치열한 '도보여행기'다. 어머니의 죽음 이후 자기 삶을 파괴하듯 살아가던 한 여성의 '나 홀로 여행기'이자 '힐링여행기'이기도 하다. 주인공 셰릴(리스 위더스푼)은 홀로 미국 서부의 4,000km가 넘는 PCT(Pacific Crest Trail)를 걷는다. 영화 내내 걷고 또 걷는다. 가끔 위험과도 직면한다. 주인공은 이 긴 여정을 통해 자기 삶을 직면한다. 그 길이 곧 삶임을, 당연히 순탄치만은 않음을, 그럼에도 훌훌 털고 나아가야 함을 말한다. 험한 길 위에 서 있어도, 온몸으로 버텨 서서 '진정으로 내 것인 삶'을 살아야 한다고 강조한다.

이 영화들은 죽음 혹은 나이 듦에 직면한 이후 여행이라는 매개를 삶에 적용한 이야기라고 할 수 있다. 영화의 주인공들은 여행을 통해 삶을 되돌아보고, 아픔을 치유할 기회를 얻는다. 여행 과정에서 자신다움을 찾고, 과거와 미래 대신 마땅히 현재를 살아가야 함을 알게 된다. 언제든 다시 시작할 수 있음도 알게 된다. 그리고 다시 일어서 담담하게 삶을 이어간다.

꼭 죽음이나 나이 듦 같은 상황이 아니더라도 여행을 통해 삶의 궤도를 수정하고 자신다움을 발견하는 영화도 있다.

「먹고 기도하고 사랑하라(Eat Pray Love)」(2010)에서 주인공 리즈(줄리아 로버츠)는 성공한 저널리스트다. 어느 날 그녀는 모든 것을 내려놓고 1년간의 긴 여행을 떠난다. 사회적으로 성공했으나 삶이 공허했기 때문이었다. 여행에서 그녀는 타인의 시선과 스스로에 대한 강박에서 벗어날 기회를 얻는다. 이탈리아에서는 '달콤한 게으름'을 즐기고, 인도에서는 명상과 기도로 시간을 보낸다. 발리에서는 자유롭게 사랑하며 진정한 행복을 느낀다. 영화에서 리즈는 "머무는 것보다 힘든 건 떠나는 것", "어깨를 스쳐 간 많은 이들이 삶의 진실을 알게 해준 고마운 스승"이라고 말한다. 용감하게 떠나 타자와 소통하고 그들로부터 삶의 지혜를 배운다. 배운 것으로 끝내지 않고 과감히 삶에 적용한다. 리즈에게 여행은 진정한 자기다움과 삶의 혜안을 찾는 기회였다.

「월터의 상상은 현실이 된다(The Secret Life of Walter Mitty)」(2013) 역시 여행을 통해 한 인간의 배움과 '전환의 순간'들을 담아내고 있다. 잡지사에서 필름 관리자로 일하는 소심한 남자, 월터(벤 스틸러)는 잡지 폐간을 막기 위해 유명 사진작가 숀(숀 펜)을 찾아 나선다. 숀에게서 중요한 사진을 받아야 하기 때문이다. 월터에게는 그 여정 자체가 큰 도전이자 모험이었다. 역경 끝에 숀을 찾았으나, 뜻밖에도 숀은 이렇게 말한다. "어떤 때는 안 찍어. 아름다운 순간이 오면 카메라로 방해하고 싶지 않다네. 그저 그 순간 속에 머물고 싶을 뿐."

'그저 그 순간 속에 머무는 느낌'은 참 특별한 느낌이다. 여행의 가장 큰 선물 중 하나이기도 하다. 많은 이들이 여행을 두고 '현재를 사는 연습의 시간'이라고 말한다. 현재를 즐기고 현재에 집중하는 것이 얼마나 중요한가! 현재를 산다는 것은 삶을 그저 흘러가는 대로 내버려 두는 것이 아니다. 과거에 집착하는 것도 아니다. 미래를 위해 과도하게 현재를 희생하는 것은 더더욱 아니다. 기록하기 위해 과하게 애쓰는 것도 아니다. 그저 현재 나의 경험과 감정에 충실하고, 현재 나의 선택을 존중하는 것이다.

그 외에도 「노팅힐(Notting Hill)」(1999), 「비포 선라이즈(Before Sunrise)」(1995), 「비포 선셋(Before Sunset)」(2004)처럼 여행을 통해 진정한 사랑을 찾아가는 이야기도 많다. 기차에서, 길거리에서, 여행지에서 우연히 운명 같은 이들을 만나고, 그들을 통해 자기다움을 찾아간다. 그들이 사랑하게 되는 사람들은 여행자인 주인공들을 있는 모습 그대로 본다. 그래서 사랑에 빠진 주인공들이 온전한 자기 자신으로 설 수 있게 응원한다.

조금 독특한 여행을 다룬 영화도 있다. 「미드나잇 인 파리(Midnight in Paris)」(2011)에서 주인공 길(오웬 윌슨)은 약혼녀와 함께 파리를 여행하던 중 1920년대 파리로 가게 된다. 우연한 기회에 시간여행을 하게 된다. 그곳에서 자신이 동경하던 예술가들을 만나고 진정한 사랑도 찾는다. 현실에서는 불가능한 이 여행을 통해 자신이 무엇을 하고 싶고 무엇이 되고 싶은지 되돌아본다. 주인공 길에게 시간여행은 자기다움을 찾아가는 과정이었다.

「어바웃 타임(About time)」(2013) 역시 「미드나잇 인 파리」처럼 시간여행을 다루고 있다. 주인공 팀(도널 글리슨)은 아버지로부터 과거로 돌아갈 수 있는 시간여행 능력을 이어받았다. 팀은 사랑을 이루기 위해 시간여행을 하고 엇나간 궤도를 조금씩 수정한다. 그리고 마침내 행복한 가정을 이룬다. 이 영화에는 많은 이들이 좋아하는 명대사가 있다. "인생은 모두가 함께하는 시간여행이야. 하루하루 사는 동안 우리가 할 수 있는 건, 최선을 다해 이 멋진 여행을 만끽하는 거지."

「어바웃 타임」은 시간여행이라는 매개를 통해 '현재의 삶'을 강조한다. 영화 후반부, 주인공은 과거로 돌아갈 수 있음에도 불구하고 더 이상 시간여행을 하지 않는다. 현재의 총합이 곧 삶이므로, 최선을 다해, 바로 지금을 살아간다. 불완전했던 과거도, 불안한 미래도 아닌, 지금 자기 모습 그대로, 현재를 살아내라고 말한다. 오롯이 자기답게 살아가라고 강조한다. 삶 자체가 긴 여행이므로, 여행처럼, 최선을 다해 하루하루를 살아내라고 조언한다.

이처럼 많은 영화 속 여행은 '전환의 순간'으로 기능했다. 죽기 전이나 더 나이 들기 전에, 삶이 공허할 때, 상처를 도무지 어쩌지 못할 때, 나다움을 잃어갈 때, 위기를 극복하기 위해 여행이라는 '전환'을 선택했다. 그도 아니면 그저 우연한 기회에 여행을 선택했다. 영화 속 인물들이 선택한 여행은 '진정한 나'로 나답게 살아가는 법을 체득하는 기회의 장(場)이 되었다. 현재를 사는 연습의 시간이 되었다. 타자로부터 배우고 깨닫는 시간이 되었다. 영화 속 여행은 우리의 보통여행과 다르지 않다.

음악 속 보통여행

여행은 대중음악 속에서도 다채롭다. 짧은 음악 안에도 여행의 다양한 시선과 의미가 포함되어 있다. 무엇보다 우리말 노래는 우리 정서를 담은 보편적 노랫말을 통해 동시대 우리들의 보통여행을 대변하고 있다. 부디 아래 곡들을 귀로 듣고 입으로 흥얼거리며 글을 읽어주길 바란다. 노랫말을 책 속의 글로 치환하며 누군가의 또 다른 보통여행을 함께해주길 바란다.

조용필이 부른 「여행을 떠나요」(1985)[18]에서는 "도시의 소음과 수많은 사람, 빌딩 숲속"을 벗어나는 여행을 담고 있다. "푸른 언덕에 배낭을 메고 황금빛 태양이 있고 축제를 여는 광야와 계곡"으로의 탈출을 노래한다. 이 곡에서 여행은 도시탈출이자 자연해방이다. 현대인들의 바쁜 삶이 응축된 도시에서의 삶이 얼마나 팍팍하게 느껴졌으면 이렇게 자연으로 떠나고 싶은가 자문하게 된다.

WINNER가 부른 「ISLAND」(2017)[19] 속 여행 역시 "회색 빌딩 감옥"으로부터 구출 혹은 탈출을 의미한다. 사랑하는 연인을 도시의 감옥으로부터 구출해 태양(sun)과 바다(sea), 모래(sand)가 있는 섬으로 데려간다. 그 섬에서는 "파란 하늘 모래 위에서 그냥 쉬어 가면 된다"라고 노래한다. 전형적인 '3S(sun, sea, sand)' 유형의 여행을 담고 있다.

김현철의 「춘천 가는 기차」(1989)[20]에서의 여행도 일상으로부터의 탈출을 담고 있다. "쫓기는 듯한 생활에 지쳐 계획도 없이 혼자, 춘천 가는 기차"에 올라타면서 노랫말 속 여행이 시작된다. 여기서 춘천이라는 도시는 "오월의 내 사랑이 숨 쉬는 곳"으로 표현된다. 춘천이라는 여행지가 옛사랑과의 추억이 가득 찬 장소인 셈이다. 노랫말 속 화자는 춘천으로 기차를 타고 이동한다. 물리적 이동이다. 더불어 옛사랑과의 추억여행, 즉 '심리적 이동'도 병행한다. 목적지에 닿는 것만큼, 기차를 타고 이동하는 여행의 과정 역시 중요한 의미를 지닌다.

볼빨간사춘기가 부른 「여행」(2018)[21] 역시 답답한 일상과 일로부터 벗어나는 여행을 담고 있다. 노랫말 속 화자는 여행지에서 새처럼 '자유로운 여행'을 꿈꾼다. 특히 여행의 여러 설레는 순간 중, 공항으로 떠날 때의 들뜬 감정이 고스란히 노랫말에 담겨 있다. 여행 중인 자신을 찾지 말라는 당부도 잊지 않았다. 노트북을 끄고 일상의 의무와 구속으로부터 자유로워지자고 노래한다. "답답한 일상을 벗어나기만 하면 빛날 것 같은 자신의 청춘과 젊음"에 대한 애정도 보인다. 평범한 우리 여행 속 보통의 설렘과 갈망이 고스란히 담겨 있는 곡이다.

가수 태연이 부른 「Weekend」(2021)[22] 역시 어디로든 훌쩍, 자유롭게 떠나는 여행을 담고 있다. "그냥 이끌리는 대로 해도 괜찮다"라고 노래한다. "발길 닿는 대로", "바로 지금" 떠나도 좋다고 말한다. "걸어도 좋고 짧은 드라이브도 좋고", "가까운 바다도 좋고, 혼자 영화관"을 가도 좋다고 말한다. "함께 걷는 태양과 발을 맞추고, 뒤이을 달빛을 따라 돌아오고 싶은", 다시 돌아오기 위한 짧은 주말여행을 담고 있다. 이 곡은 어디든 무엇을 해도 다 괜찮은 '자기만의 여행'을 담고 있다. 주말에 잠깐 시간을 내어 떠나는 '리프레시 여행'을 담고 있다. 떠날 수 있는 용기가 필요한 순간, 어쩌면 글을 읽고 있는 지금, 이 순간, 딱 맞춤인 노래가 아닌가 싶다.

선우정아가 부른 「도망가자」(2019)[23]라는 곡 역시 일상탈출의 여행을 담고 있다. 노랫말 속 화자는 멀리 가는가가 중요한 것이 아니라 일상을 떠나 어디로든 편한 곳으로 가자고 노래한다. 가볍게 가서 천천히 둘러보자고 말한다. 여행 중에는 "아무 생각 없이 실컷 웃자"고 제안한다. 천천히 여행시간을 보내고 회복하여 "씩씩하게 다시 돌아오자"고 말한다. 어떤 의미에서는 이 책의 여행 시선들이 가장 잘 응축된 노랫말이 아닌가 싶다. 멀리 가지 않아도, 특별한 여행지가 아니더라도, 가볍게 떠나 천천히 쉬고 잘 돌아오고 싶어 하는 우리들의 보통여행을 강조하고 있기 때문이다.

이상의 곡들은 현실과 일상을 떠나는 '탈출'에 가까운 여행을 담고 있다. 일상의 부담스러운 관계로부터, 일로부터, 해야만 하는 역할과 의무로부터, 부담을 주는 공간과 시간으로부터,

나를 바라보는 주변의 시선으로부터의 용감한 탈출 같은 여행
이다. 탈출을 목적으로 하는 여행이므로 여행지에서는 자유롭
길 바란다. 맘껏 쉬고 싶어 한다. 잘 쉬고 잘 회복하여 일상으
로 더 잘 돌아오자고 말한다. 물리적 이동에 국한되지 않고 심
리적으로 떠나거나 멀리 가지 않아도 자기만의 여행을 자기답
게 누리자고 강조한다.

우리말 노래 안에는 일상탈출 외에도 다양한 보통여행을 담
고 있다.

김동률이 부른 「출발」(2021)²⁴은 여행의 기대감과 더불어 천천
히 여행하는 배낭여행자의 모습을 담고 있다. "촉촉한 땅바닥,
앞서간 발자국, 처음 보는 하늘, 그래도 낯익은 길"이라는 가사
처럼, 여행 중 눈여겨보게 되는 소소하지만 의미 있는 시각적
풍경에 대해 강조한다. "작은 물병 하나, 먼지 낀 카메라, 때 묻
은 지도를 가방 안에 넣고서" 떠나는 가벼운 배낭여행의 시작
이 그려진다. "멍하니 앉아 쉬기도 하고, 가끔 길을 잃어도 서
두르지 않는" 느긋한 배낭여행자의 모습도 눈앞에 그려진다.
이 곡의 화자는 "이 길이 곧 나에게 가르쳐 줄 테니까"라는 노
랫말처럼 길 위의 여행이 삶의 지혜를 선물할 것을 알고 있다.
이 곡을 찬찬히 듣다 보면, 부드러운 곡선으로 연결된 긴 길을
터벅터벅 자신의 속도대로 천천히 걸어가는 배낭여행자의 모습
이 떠오른다.

노리플라이(No reply)가 부른 「낡은 배낭을 메고」(2011)[25]라는 곡
도 힘든 여행을 자처하는 젊은 배낭여행자의 모습을 담고 있
다. "청춘이 아까워, 텐트, 지도, 나침반이 든 무거운 배낭을 메
고", "잊혀진 오래된 옷을 꺼내 입고" 출발하는 청춘들의 여행
이다. "자꾸 배는 고프고 다리는 후들후들거리지만" 그래도 여
행이 즐겁다고 노래한다. "예전엔 미처 알지 못했던 것, 물 한
모금도 달디달다"는 노랫말처럼, 일상에서 잘 느끼지 못하는
작고 평범한 것들의 소중함을 길 위에서 깨달아간다고 노래한
다. 이 노래 속에는 과감하게 일상을 뒤로하는 호기로운 청춘
과 여행 과정의 소소한 즐거움이 고스란히 녹아 있다.

　버스커 버스커의 「여수 밤바다」(2012)[26]는 특정 여행지에 대한
긍정적 이미지를 만들어준 곡이다. 김현철의 「춘천 가는 기차」
가 춘천을 낭만과 청춘의 도시로 만들었듯이, 이 곡은 여수의
밤바다를 걸어보고 싶은 로망의 장소로 재탄생하게 했다. 이
곡은 여행의 공간 혹은 시간보다 함께 여행을 떠나는 동행자에
대해 강조한다. "너와 함께 걷고 싶다" 혹은 "바다 이 조명에 담
긴 아름다운 얘기가 있어 네게 들려주고파"와 같은 노랫말이
그렇다. 사랑하는 누군가와 걷고 싶고 이야기 들려주고 싶다고
노래한다. 어디를 가고 가서 무엇을 보고 무엇을 하는가 보다,
누구와 함께 여행하는가, 어떤 이야기를 나누는가, 어떤 경험
을 공유하는가가 더 중요하지 않은가 반문하고 있다.

버즈가 부른 「나에게로 떠나는 여행」(2005)[27]은 철학적인 여행음악 중 하나다. 노랫말 속 여행은 자신을 돌아보고 이해하는 "좀 더 자신을 사랑하는" 기회가 된다. 여행이 그저 놀고먹는 시간이 아니라, 일상에서 발견하지 못한 자신의 본모습을 찾는 시간이라고 말한다. 이 곡에서 여행은 자기다움을 발견하는 기회이자 아름다웠던 과거를 추억하는 '노스탤지어(nostalgia)'의 시간이다. 과거의 기억을 따라 회상하는 일종의 '기억추적여행(memory tracking travel)'이기도 하다.

반면 이선균이 부른 「바다여행」(2007)[28] 속 여행은 타인을 이해하는 시간이다. 노랫말 속 화자는 "아주 먼 어느 날 아름다운 너에게로 떠났던 내 여행"을 기억해달라고 말한다. "눈부시게 푸르른 너는 내게 바다"라고 노래하며, 이제 곧 "깊은 바다여행"을 떠나야겠다고 다짐한다. 이 곡에서 '바다'는 연인을 상징하며, '깊은 바다여행'은 사랑하는 연인을 진심으로 이해하기위한 '심리적 여행'에 가깝다.

페퍼톤스가 부른 「공원여행」(2009)[29]에서는 집 앞 작은 공원이멋진 여행지가 될 수 있다고 노래한다. 집 앞 아카시아꽃을 알아보는 눈, 벤치에 앉아 바람을 느끼는 여유, 이를 통해 느끼는 작은 행복에 대해 담고 있다. 특히 "눈을 감고 다섯을 센 뒤" 공원풍경을 바라보면 "최고의 오후"를 만날 수 있다는 노랫말은 매우 인상적이다. "거봐 너 아직 그런 미소 지을 수 있잖아"

라는 노랫말을 통해, 일상의 보통여행에서도 어느 멋진 여행지 못지않게, 즐겁게 웃을 수 있음을 강조한다. 행복할 수 있음을 강조한다. 최고의 시간은 공간을 천천히 경험할 때 가능하다는 것, 시간에 대해 여유로워질 때 가능하다는 것을 강조한다. 삶에서 진정 소중한 것은 우리 곁의 평범한 것들임을 다시 한번 상기하게 하는 노랫말이다.

이상은의 「삶은 여행」(2007)[30]에서는 우리 삶 자체가 긴 여행이라고 노래한다. "수많은 풍경 속을 혼자 걸어가는 걸 두려워했을 뿐, 혼자 비바람 속을 걸어갈 수 있어야 했던걸", "삶은 여행이니까 언젠간 끝나니까, 강해지지 않으면 더 걸을 수 없으니"라는 노랫말처럼, 담대하게 삶이라는 긴 여정을 기꺼이 살아내라고 말한다. 혼자라는 두려움을 이겨내고 자신의 길을 꿋꿋하게 가라고 말한다. 언젠간 끝나게 될 우리 모두의 긴 여행이 오롯이 자기 자신의 용감한 선택에 기초해야 함을 강조한다.

우리 모두 한 번의 여행 기회밖에 부여받지 못해 서툴기 그지없지만, 스스로 강해져서 주어진 길을 완주하자고 노래한다. 우리는 모두 우리 삶이라는 여행의 첫 번째 방문자다. 첫 번째 이방인이다. 그래서 서툴러도, 실수해도, 길을 잃어도 다 괜찮다고 말해주는 듯하다.

음악, 4분 남짓의 노래, 노랫말 속 여행 단상과 의미는 지금도 끊임없이 변주되고 재해석되고 있다. 음악 속 여행에 대한 함축과 상징도 점점 늘어난다. 이 짧은 시간 안에 표현된 여행도 이렇게 각양각색인데, 실제 우리의 여행은 어떠하랴.

우리의 여행은 지금도 변하고 있고 앞으로도 그럴 것이다. 우리의 여행은 나이 듦에 따라 경험이 늘어남에 따라 재해석되고 재발견될 것이다. 여행의 함축된 의미와 상징, 은유도 계속 변해갈 것이다. 그 의미와 상징을 만드는 것도, 발견하는 것도 결국 여행자 자신이다. 그래서 오롯이 여행자 자신의 시선으로, 자신의 언어로, 자신의 리듬으로, 자신의 여행 곡들을 완성해나가야 한다. 그래야 그 여행 곡들이 진짜 자신을 노래하게 된다.

책 속 보통여행

생각해보면 우리는 글을 읽기 시작하면서부터 여행을 접했다. 여행을 읽었다. 어쩌면 글을 읽기 이전부터, 말을 하고 누군가의 이야기를 듣기 시작했을 무렵부터 여행담을 들었을지도 모른다. 『보물섬』(로버트 루이스 스티븐슨, 1883), 『피터팬』(제임스 매튜 배리, 1911), 『80일간의 세계일주』(쥘 베른, 1956), 『걸리버 여행기』(조나단 스위프트, 1726), 『잭과 콩나무』(영국 민담, 연도미상), 『톰소여의 모험』(마크 트웨인, 1876), 『헨젤과 그레텔』(그림 형제, 1812), 『15 소년 표류기』(쥘 베른, 1888), 『서유기』(오승은, 연도미상), 『눈의 여왕』(한스 크리스티안 안데르센, 1845) 등 우리가 읽었던 수많은 동화책 속에 여행이 있었다. '탐험'이나 '모험'에 가까운 험난한 여정이 있었다. 위험을 극복해나가는 '도전'으로서의 여행이 있었다.

이 동화책들 속의 주인공들은 어떤 연유로 미지의 세계로 떠난다. 악당을 만나고 위기를 이겨내고 누군가 혹은 무엇인가를 구하고 위풍당당하게 집으로 돌아온다. 등장인물들은 여행 중 다양한 사건을 마주하고 사건은 등장인물들의 여행을 이끌어가는 서사가 된다. 그 여정 안에서 주인공들은 성장한다.

우리의 여행도 이와 다르지 않다. 플롯(plot)의 주인공인 여행자들은 경험이라 불리는 다양한 사건을 만나고, 그 사건을 해결하기 위해 자기만의 스토리를 만들어나간다. 새로운 경험을 하거나 길을 잃거나 기차를 놓치는 것처럼, 여행의 스토리는 탐험과 모험, 도전이 된다. 여행 스토리는 위대한 경험이 되어 또 다른 경험의 밑거름이 된다. 그 과정에서 여행자는 성장하고 발전한다. 우리 잠재의식 속 여행의 일부가 탐험과 모험, 도전으로 인식된 것은 어쩌면 동화책 속 여행의 잔상이 남아 있기 때문일지도 모르겠다.

『어린 왕자』(앙투안 드 생텍쥐페리, 1943) 역시 일종의 여행담이다. 어린 왕자의 여행은 자신이 살고 있던 소행성을 떠나는 것으로 시작된다. 우리의 긴 여행이 그렇듯, 어린 왕자도 여행 전 소행성을 말끔히 청소하고 소중한 장미에게 인사를 건넨다. 그는 지구를 포함하여 총 일곱 개의 별을 여행하는데, 방문하는 별마다 새로운 존재들을 만난다. 그들이 살아가는 방식을 관찰하고, 대화하고 질문한다.[31] 여행지에서 어린 왕자는 질문을 통해 세상을 배우고 깨닫는다. 타자들의 답을 수용하는 데 그치지 않고, 자신의 생각을 보태어 자기만의 시선을 만들어간다.

『갈매기의 꿈』(리처드 바크. 1970)도 비슷하다. 갈매기 조나단의 여행은 처절하고 치열한 비행 연습의 과정이다. 연습과 자기 수련, 배움과 깨달음의 과정이다. 갈매기 조나단은 다른 갈매기들의 조롱과 배척에도 완벽한 비행술을 터득한다.[32] 여행이 끝났을 때 무한한 자유를 느낀다. 시공간을 초월하기도 한다. 『어린 왕자』와 더불어 배움과 깨달음으로서의 여행의 의미를 가장 잘 보여주는 책 중 하나다.

우리 전래동화에도 다양한 여행담들이 담겨 있다. 『심청전』(작가미상. 연대미상)의 심청은 아버지 심봉사의 눈을 띄우기 위해 인당수(印塘水)에 빠지고 바닷속 용궁을 여행한다. 심청에게 여행은 가족을 돕고 나쁜 이를 벌할 기회였다. 이 작품에서 여행은 착한 사람은 복을 받고 나쁜 사람은 벌을 받는다는 '권선징악'의 고전적 서사를 만들어가는 데 중요한 역할을 한다.

『별주부전(토끼전)』(작가미상. 연대미상)도 마찬가지다. 어느 날 육지에 살던 토끼는 주부(자라)에 속아 바닷속 용궁으로 여행을 떠난다. 간을 꺼내라는 용왕의 말에 뭍에다 꺼내두고 왔다고 둘러댄 후

육지로 다시 돌아온다. 토끼에게 여행은 자칫 생명을 잃을 수도 있는 위험한 시간이었다. 한 번도 가본 적이 없어 여행지와 여행지에 사는 존재에 대해 무지했다. 그러나 토끼는 용궁이라는 여행지에서 기지를 발휘하고 어려움을 극복한다. 여행이 위기 자체이자 위기 극복의 소재로 활용된 것이다.

성인이 되어 접하는 여행책들은 더 다양하다. 여행은 소설, 시 등의 순수문학에서도 단골 소재다. 생소한 여행지를 이해할 수 있는 여행 가이드북과 여행 산문집, 여행 시집과 여행 인문학 서적까지 그 폭이 방대하다.

여행 가이드북의 역사는 11세기까지 거슬러 올라간다. 여행 가이드북은 여행지에 대한 정보를 제공하는 최초의 전문 여행 서적이라고 할 수 있다. 11세기『산티아고 순례 안내서(The Guide for Pilgrims to Santiago)』, 15세기『윌리엄 웨이의 여정(The Itineraries for William Wey)』, 18세기 토마스 뉴전트(Thomas Nugent)의『그랜드 투어(Grand Tour)』까지 많은 여행 안내서가 등장했다. 이 책들은 본격적인 여행 경험담이기도 했다. [33] 평범한 우리의 보통여행이 가능해진 것은 어쩌면 이 위대한 기록들의 누적 덕분일지도 모르겠다.

여행 산문집들은『여행의 기술』(알랭 드 보통. 2011),『여행자의 책』(폴 서루. 2011),『당신의 여행에게 묻습니다』(정지우. 2015),『여행하는 인간』(문요한. 2016),『그랜드 투어』(설혜심. 2020) 등 그 폭이 매우 넓다.

이 책들은 여행의 의미를 되짚어주고 여행의 본질적 동기에 대해 고찰하고 있다. 여행 관련 정보와 여행 사상, 가치관, 여행 단상들이 여행 산문집이라는 활자를 통해 공유되는 것이다. 더불어 여행과 행복, 여행과 삶의 질의 화두를 던지고 여행이 일시적으로나마 행복의 매개가 된다고 주장한다.

그 외 『끌림』(이병률, 2005), 『바람이 분다 당신이 좋다』(이병률, 2012), 『나에게 미안해서 비행기를 탔다』(오영욱, 2011), 『나는 더 이상 여행을 미루지 않기로 했다』(정은길, 2015), 『여행의 이유』(김영하, 2019) 등과 같은 여행 산문집들 역시 독자들의 사랑을 받았다. 이 책들은 사적인 여행 경험을 독자들과 공유하고 간접 여행의 기회를 선물한다. 다만 이들은 대부분 독자의 흥미를 끌 수 있는 해외여행 경험담을 담고 있다. 그래서 일부 전문가들은 여행 산문집을 통한 사적 여행 경험과 사유의 과도한 범람, '여행=해외여행'이라는 고정관념의 고착화, 무분별하게 복제되는 여행과 자신다운 여행의 실종에 대해 우려를 표하고 있는 것도 사실이다.

여행은 시집 안에도 다양하고 함축적으로 나타난다. 여행이 음악 장르에서 함축과 상징성을 갖는 것처럼, 시라는 장르에서도 그러하다. 정호승 시인의 「여행」(정호승, 2013)이라는 시에는 "사람이 여행하는 곳은 사람의 마음뿐"이라고 표현한다. 여행 목적지는 물리적인 공간만이 아니라는 것이다. 어딘가에 가서 무엇인가를 보는 것만이 여행이 아니라, 자기 자신을, 사랑하는 누군가의 마음을 들여다보고 헤아리는 것도 여행일 수 있음을 말하고 있다. 「바다여행」이라는 노래의 '깊은 바다여행'의 함의와 유사하다.

용혜원 시인의 「겨울여행」(용혜원, 2014)에는 커피 한 잔과 함께하는 겨울여행의 즐거움이 담겨 있다. 어느 계절이든, 어떤 날씨든, 여행은 그저 여행자가 즐거우면 그만인 것이다. 이해인 수녀의 「여행길에서」(이해인, 2000)는 늘 무엇인가를 찾기 위해 떠나는 우리들의 여정이 잘 그려져 있다. 시인은 우리가 여행에서 새로움을 찾아 헤매기만 할 뿐, 여행 과정 중에 마주하는 행복은 놓치고 있는 것이 아닌가 반문한다.

『순례길』(파울로 코엘료, 2011)의 서평에는 이런 문장이 있다. "비범한 삶은 언제나 평범한 사람들의 길 위에 있다."[34] 코엘료는 우리 자신이 걸어가는 평범한 길 위에서 많은 것을 깨달을 수 있다고 말한다. 목적지 도착에 무게추를 두는 '결과 중심적' 여행에서, '과정 중심적' 여행으로 변해가야 한다고 강조한다. 여행의 모든 과정에 의미를 두어야 한다고 강조한다. 이 책은 목적지에 도착하기 위해 최대한 빠르고 효율적으로 움직여야 한다고 생각했던 우리의 이동에 대해 의미 있는 시사점을 던져준다.

최근에는 '여행의 일상성', 즉 멀리 가지 않아도 일상에서 여행을 즐기고 그 경험을 공유하는 책들도 출간되고 있다. 『모든 요일의 여행』(김민철, 2016)이 대표적이다. 이 책에는 "대학로 그 밤의 여행", "단골집을 따라 떠나는 여행", "망원동 여행", "한 시간짜리 도시 마니아의 여행"처럼[35] 일상에서 누릴 수 있는 작은 여행 경험들을 강조하고 있다.

나는 이 일상적 여행을 '소소여행'이라고 명명하고 싶다. 소소하지만 확실한 행복의 줄임말인 '소확행'처럼, 소소하지만 더없이 소중한 일상여행이다. '소소여행'은 평범한 우리들의 '보통여행' 중 하나다.

우리는 오랫동안 책을 통해 누군가의 여행 기록을 읽고 공감했다. 그 자체로도 물론 의미가 있지만 '나다운 여행'이라 부르긴 어렵다. 타인의 여행 기록이 그저 읽어 내려가는 활자로만 남지 않으려면, 읽었지만 기억나지 않는 책장 속 책으로만 남지 않으려면, 자신의 여행 속에 그 기록들을 녹여야 한다. 활자들을 나의 여행에 적용해야 한다. 남의 여행이 나의 여행으로 전환되는 과정을 거쳐야 한다. 나에게 맞게 수정되고 보완되어야 한다. 넘쳐나는 여행책들 속에서 나다운 '보통여행'과 나다운 '소소여행'을 찾아가야 한다.

우리들의 여행이, 평범한 우리들의 '보통여행'이, 소소하지만 더없이 소중한 '소소여행'이, 더 자주, 더 소중하게, 더 의미 있게 기록되어야 한다. 나의 여행도 남들 여행만큼 충분히 기억될 가치가 있기 때문이다. 여행의 모든 과정에서, 문득 찾아

오는 깨달음의 순간도, 타자로부터의 배움도, 어려움을 이겨
낸 기특한 당신도, 당신이 바라보는 모든 시선도 기억될 가치
가 있다. 여행 과정의 느낌과 깨달음, 행복한 감정이 잊힌 기억
들과 함께 증발해버리지 않도록 말이다. 당신의 '여행 일기(trip
diary)' 안에 '보통여행'과 '소소여행'이 가득가득 기록되고 기억되
길 고대한다.

TV 속 보통여행

한국인의 여가시간을 차지하는 대부분의 활동은 'TV
시청'이다. 그만큼 TV는 우리 삶과 가깝다. 적나라한 삶의 모습
을 가장 많이 투영하고, 닮고 싶은 미래 모습을 가장 많이 반영
한다. 우리의 보통여행도 예외는 아니다.

TV 속 여행의 시작점은 '여행 다큐멘터리 프로그램'일 것이
다. 「걸어서 세계속으로」(KBS, 2005~), 「세계테마기행」(EBS, 2008~) 등
의 여행 다큐멘터리는 여행을 좋아하는 사람이라면, 여행에 관
심 있는 사람이라면, 익숙한 프로그램일 것이다. 이 프로그램들
은 주로 이국의 여행지를 객관적 시선으로 담아낸다. 낯선 여행
지의 풍경이나 생경한 생활문화 등이 편견 없이 담겨 있다. 주로
여행깨나 해본 전문가들이 진행하는데 그들의 내레이션(narration)

이 여행 가이드의 해설같이 느껴지기도 한다.

이들 프로그램은 이국의 광활한 자연, 이름도 생소한 타국 어느 도시, 먹고 자고 입는 방식이 생판 다른 사람들의 삶을 있는 그대로 담고 있다. 언어와 문자 역시 생소하지만 흥미롭다. 이 프로그램들은 해외여행을 일생일대의 목표로 삼았던 많은 이들에게 간접 해외여행을 선물했다. 그리고 그곳으로의 여행을 꿈꾸게 했다. 타국, 타문화를 경험하게 하고 다름을 수용하게 했다. 이질적인 그들의 삶을 엿보며 우리 삶을 돌아보게 했다.

이후 '여행 예능 프로그램'들이 등장했다. 그 시점부터 TV 속 여행이 조금씩 바뀌기 시작한다. 「1박 2일」(KBS. 2007~), 「패밀리가 떴다」(SBS. 2008~2010), 「아빠 어디가」(MBC. 2013~2015), 「꽃보다 누나」(tvN. 2013~2014), 「꽃보다 청춘」(tvN. 2016), 「짠내투어」(tvN. 2017~), 「스페인 하숙」(tvN. 2019), 「윤식당」(tvN. 2017~2018), 「윤스테이」(tvN. 2021), 「어쩌다 사장」(tvN. 2021~) 등이 대표적이다. 여행 예능 프로그램의 증가는 급증하는 여행수요의 증가와 대리만족 욕구의 증가와 맥을 같이한다. 이 프로그램들은 객관적 정보를 제공하는 이전의 다큐멘터리 프로그램과 달리, 요리와 음식, 놀이와 게임, 도전과 벌칙 같은 '재미형 콘텐츠'들이 더해지는 경우가 많았다. 먹고 마시고 자고 걷고 소통하고 도와주고 노동하는 '생활밀착형 콘텐츠'들도 더해졌다.

이전의 여행 다큐멘터리 프로그램이 생소한 타자들의 삶을 관찰자로서 조금 멀리서 엿보는 방식이었다면, 여행 예능은 출연자의 주체적 참여에 초점을 뒀다. 출연자들은 타자(others)들과의 소통도 중시했다. 이때 타자는 여행을 같이 간 동행자이기도, 또 다른 여행자이기도, 여행지에 살고 있는 평범한 이웃이기도 하다. 여행 예능 속 출연자들은 이방인처럼 여행지의 생소함과 생경함만을 탐닉하지 않는다. 현지인처럼 먹고 생활한다. 음식을 만들고 나눠 먹는다. 때로는 일상처럼 일한다.

여행 예능의 출연자들은 힐끗힐끗 보는 것으로 끝내지 않고, 적극적으로 여행지 주민들의 삶에 개입한다. 일상에서도 얼마든지 할 수 있는 놀이와 게임을 여행지에서 즐긴다. 어려운 도전을 선뜻 수용하고 벌칙도 기꺼이 받아들인다. 형편상 여행하지 못했던 이웃들의 생업을 대신하며 그들에게 선뜻 자유시간을 선물한다. 누군가에게 의미 있는 시간을 선물하기 위해 출연자들의 여행이 활용된다.

여행 예능 프로그램 속 여행은 일상적이고 주체적이다. 소통이자 나눔의 대상이다. 여행의 나날이 일상의 그것과 크게 다르지 않으나, 더없이 소중한 시간으로 다가온다. 이타적 의미가 더해져 출연자들의 여행이 더 특별해진다.

최근 여행 예능은 더 세분화되고 더 일상화되어가고 있다. 「한국인의 밥상」(KBS, 2011), 「백종원의 스트리트 푸드 파이터」(tvN, 2019) 등은 맛을 찾아 떠나는 여행, 즉, 미식여행, 식도락여행 혹은 향토음식 여행을 담고 있다. 여행에 음식 혹은 미식이라는 테마가 보태진 세분된 여행이다. 음식을 소통의 매개로 삼고 지역의 고유한 문화와 연계한다. 이들은 '빵지순례', '전국 짬뽕 여행' 등과 같이 '개인 취향 맞춤형' 여행, 혹은 '개취존중^{(개인 취향}^{존중)}' 여행의 등장에 영향을 미쳤다.

여행의 일상성이 강조된 예능도 증가하고 있다. 「바퀴 달린 집」(tvN. 2020~)은 전국을 유랑하며 소박한 풍경 속에서 소중한 이들과 먹고, 마시고, 이야기하는 프로그램이다. 자연 속에서 하루를 직접 '살아보며', 출연 인물들의 진정성 있는 삶의 방식을 공유한다. 집의 의미와 자연 속 힐링의 가치도 다시 한번 돌아보게 한다.

「김영철의 동네 한 바퀴」(KBS. 2018~)는 하루하루를 열심히 '살아내는' 우리 주변의 평범한 이웃들을 담아낸다. "다 같이 돌자 동네 한 바퀴, 아침 일찍 일어나 동네 한 바퀴"[*]라는 동요 가사에서 프로그램명이 유래한 것으로 보인다. 삶의 현장인 동네와 동네 안에서 보통의 삶을 살아가는 평범한 이웃들을 만나는 '일상 기행' 프로그램이다. 방영된 곳을 방문해 인증샷을 남기면 작은 선물을 주는 일종의 '지역사회 기여형' 여행 프로그램이기도

---

* 윤석중(1911~2003) 선생이 프랑스 동요 「Le coq est mort(수탉이 죽었다)」를 한국어 버전으로 개사한 돌림노래형 동요이다.

하다. 특별하고 차별적인 콘텐츠가 넘쳐나는 시기에 이웃들의 평범한 이야기를 통해 그들의 위대한 삶을 담고 있다.

TV 속 여행 프로그램의 변화는 우리 여행의 변화와도 닮아 있다. 전문가의 객관적 정보에 의존하던 여행에서 자기만의 방식대로 '참여하는 여행'으로 변하고 있다. 슬쩍 엿보는 관찰자의 시선에서 살아보고 해보는 '주체자의 시선'으로 변하고 있다. 여행은 여전히 특별한 시간이지만, 일상의 소소한 삶의 모습을 진정성 있게 경험하는 비율도 늘어나고 있다. 여행자만의 즐거움은 소통과 나눔의 즐거움으로, 여행지의 타자들에게 도움이 되는 여행으로 확장되고 있다. 여행은 더욱 세분되고 있다. 취향이 다양해지는 만큼, 저마다의 여행 양상도 다양해지고 있다. 모두 여행이 우리 삶과 더없이 가까워짐으로써 나타난 현상이다. 그래서 가끔 TV 속 보통여행이 참 고맙다.

온라인 속 보통여행

온라인 미디어는 이미 우리 삶 속에 깊숙이 들어왔다. 생산자이자 소비자를 뜻하는 '프로슈밍(prosuming)'형[36] 콘텐츠인 온라인 미디어는 이미 매스미디어의 반열에 올라섰다. 대중에게 미치는 영향력은 나날이 증가하고 있다.

온라인 속 여행도 마찬가지다. 특히 유튜브에는 많은 여행 콘텐츠들이 생산·소비되고 있다. 「서른, 결혼 대신 야반도 주」, 「빠니보틀」, 「여락이들」, 「여행가 제이」, 「희철리즘」, 「비보이의 세계일주」, 「딩고트래블」, 「캠핑카조아」와 같은 여행 크리에이터들은 이미 유명인이 된 지 오래다. 개인이 제작한 콘텐츠뿐 아니라 한국관광공사에서 제작한 「Feel the Rhythm of KOREA」 영상 역시 많은 흥미를 끌었다. '한국의 리듬을 느껴보라'는 타이틀답게 여행지의 이미지에 춤과 노래를 융합하여 국내외적으로 많은 관심을 불러일으켰다. 코로나 팬데믹(corona pandemic) 시기, 이들 콘텐츠는 여행 갈증을 해소하는 데 많은 도움이 되었다.

온라인상의 여행 콘텐츠들은 음악과 노래, 춤과 영상, 다양한 텍스트들이 복합되어 있다. 생생한 여행 경험이 공유되고 이용자들은 여행의 생생함을 간접 경험한다. 대리만족한다. 작은 핸드폰 하나만 있으면 언제든, 어디서든 가능한 '방구석 여행'이다. 돈도 들지 않는다. 그저 시간과 핸드폰만 있으면 된다. 어찌 보면 가장 가성비가 높은 효율적인 여행일 수 있다.

온라인 여행 콘텐츠의 생산자들은 객관적 정보를 제공하기보다 여행지 자체 혹은 여행지에서의 행동에 대한 흥미를 먼저 촉발한다. 이용자들은 힘든 현실에서 탈출하듯 온라인으로 접속하여 그들의 여행에 동참한다. 일종의 '온라인 탈일상성'이라고 명명할 수 있을 것이다. 현실을 벗어나는 약간의 도피성 여행이기도 하다.

이 콘텐츠들을 접하게 되면 여러 가지 상반된 생각이 든다. 먼저 '참 대단한 여행을 하는구나!', '대단한 사람들이 대단한 용기를 냈구나'라는 생각이다. 그도 그럴 것이, 여행 크리에이터들은 보통 사람들이 자신의 커리어를 쌓느라 바쁜 시기에 훌쩍 긴 세계여행을 떠난다. 엄청난 용기이자 도전이다. 때로는 극심한 고생을 하기도 한다. 여행지에서 숨겨진 재능과 지식을 뽐내며 박수갈채를 받기도 한다. 그들의 여행은 분명 흥미롭고 색다르다. 용감하고 도전적이다.

반면 일부 온라인 여행들은 지극히 '신변잡기적'인 측면이 있다. 생산의 주체에게만 의미 있는 사소하고 사적인 그리고 일시적인 여행 경험들이 과도하게 이용자들에게 노출된다. 한 개인의 여행 경험과 생각들이 마치 정답인 양, 프로토타입인 양, 그래야만 하는 것처럼, 안 그러면 이상한 것처럼, 당연한 것처럼 대중들에게 전달된다. 누구나 저마다의 방식이 있는, 정답이 없는, 정답이 없어야 하는 우리 개인의 여행에 대해 사적 의견이 여과 없이 공유되기도 한다.

'꼭 가봐야 하는, 꼭 먹어봐야 하는, 꼭 해봐야 하는, 꼭 사야 하는'과 같이 무의식적 강박을 여행에 얹는 경우도 많다. 그래서 종종 형편상 그런 여행을 못 하는 대중들이 부러움을 넘어 자괴감과 허탈감을 느끼기도 한다. 그들처럼 여행하고 싶지만, 현실의 무게를 저버리기가 쉽지 않기 때문이다. 광고와 연계된 콘텐츠들이 많아 그들의 여행이 불필요한 소비를 유도한다는 지적도 피할 수 없다. 보여지는 여행이 진정성 있는 진짜 여행인지 혼란스러운 경우도 적지 않다. 어떤 이의 '여행 철학'은 공공성을 과하게 위반하기도 한다.

온라인의 여행은 철저하게 이용자의 선택과 조회수, 재생시간에 의존한다. 이용자들에게 선택받기 위해 술과 춤, 나이트 라이프(night life)와 같은 유흥적 요소가 포함되기도 한다. 선택받아야 생존 가능한 미디어의 속성상, 자극적인 콘텐츠들이 포함되는 일도 더러 있다. 매스미디어로서 가져야 하는 공정한 시선과 책임감, 대중에게 미치는 파급력에 대한 안일한 시선과 태도도 아쉽다. 물론 일부 콘텐츠들에 해당하는 말이다.

세계 곳곳을, 전국 방방곡곡을 누비는 여행 크리에이터의 영상은 분명 멋지고 닮고 싶은 마음을 갖게 한다. 그들 여행에 나의 여행을 대입해보고, 다음 여행을 기대하게 한다. 그들의 용기에 찬사를 보내는 한편, '나의 여행은 너무 초라하고 심심한가?', '여행을 위해 내가 포기하는 것이 너무 적은가?', '나의 여행이 특별해지기 위해 자극적인 양념이 필요하지 않은가'라는 자조적인 생각도 하게 한다. 온라인 여행 콘텐츠에 대해 양면적 감정들이 생기는 것은 어쩔 수 없다.

어떤 경우에는 지나간 나의 평범한 '보통여행'들이, 지금 누리는 '소소여행'들이, 일순간 별 볼 일 없는 경험으로 느껴지기도 한다. '나다운 여행'에 대한 고민 없이 '대단한 누군가와 닮은 대단한 여행'을 꿈꾸게 한다. 그들처럼 대단한 여행을 못 하면 자신의 여행이 왠지 초라해 보인다. 자신의 여행을 평가절하하기도 한다. 모름지기 여행이란 그들처럼 남들이 안 가는 곳으로, 남들이 모르는 곳으로, 현지인만 아는 곳으로, 되도록 멀리 가는 것이라고 착각하게 한다. 특별한 곳에서 특별한 선택과 행동을 해야만 '여행답다'라고 느끼게 한다.

크리에이터들의 여행은 분명 매력적이고 흥미롭다. 간접 여행 경험이 되고 대리만족의 대상이 되기 때문이다. 힘든 하루를 버티게 해준다. 다음 여행을 기대하고 꿈꾸게 한다. 그러나 그들의 콘텐츠에는 그들이 보여주고 싶은 여행만 들어 있다. 대부분의 여행시간이 누락되어 있다. 걷고, 보고, 먹고, 쉬고, 이동하고, 이야기하고, 생각하는 보통의 여행시간이 생략되어 있다. '여행의 일상성'이 생략되어 있다. 누구나 쉽게 경험할 수 있는 보통의 여행은 희소성이 적기 때문이다. 차별적이지 않기 때문이다. 매력적이지 않아 이용자들에게 선택되지 않기 때문이다.

그러나 의미 있는 여행의 시간은, 나다운 여행의 시간은, 평범한 여행의 시간으로부터 비롯된다. 걷고, 보고, 이야기하고, 생각하는 보통의 여행시간 속에서 나에게 더 집중할 수 있기 때문이다. 나의 여행이 평범하다고 해서, 내 여행의 의미까지 평범한 것은 아니다. 나의 보통여행의 가치가 낮아지는 것은 더더욱 아니다. 누군가의 그럴싸해 보이는 대단한 여행보다, 지금 바로, 당신이 하고 싶은 대로 선택하는 일상의 '보통여행'이 훨씬 더 값질 수 있다. 다른 누구도 아닌, 당신의, 당신만의, 당신을 위한 여행이기 때문이다. 당신의 선택이기 때문이다.

여행,
위대한 이동

본디, 우리는 이동하는 종족이었다

우리는 모두 호모 사피엔스(Homo sapiens)의 자손들이다. 정확히 말하면 호모 사피엔스 사피엔스(Homo sapiens sapiens)의 후손들이다. 호모 사피엔스는 라틴어로 '지혜가 있는 사람' 혹은 '슬기로운 사람'이라는 뜻이다. 현재까지 생존해 있는 유일한 인간종이기도 하다. 우리 인간은 현재 단일 종(species), 단일 아종(subspecies)으로 존재하고 있다. 유럽지역에 거주했던 네안데르탈인 혹은 호모 네안데르탈렌시스(Homo neanderthalensis or Homo neanderthalensis), 아시아에 거주했던 호모 에렉투스(Homo erectus), 아프리카의 호모 에르가스테르(Homo ergasther) 등의 인간종은 멸종했다. 호모 사피엔스의 아종인 호모 사피엔스 이달투(Homo sapiens idaltu), 호모 사피엔스 네안데르탈렌시스(Homo sapiens neanderthalensis)

등도 모두 멸종했다.

그런데 왜 호모 사피엔스만 살아남았을까? 다른 인간종들은 왜 모두 멸종하였을까? 알려진 바에 의하면 호모 사피엔스는 다른 인간종보다 신체 능력이 좋지 않았다고 한다. 비슷한 시기에 살았던 네안데르탈인(호모 네안데르탈렌시스)은 호모 사피엔스보다 키와 뇌용량이 월등히 컸고, 덩치가 큰 매머드나 고래 등을 사냥했다고 한다. 그럼에도 그들은 살아남지 못했다. 현존하지 못한 고(古) 인류가 되었다.

호모 사피엔스의 생존전략에 대한 학설은 여러 가지가 존재한다. 뛰어난 기술력과 조직력, 인지 혁명으로 인한 의사소통 능력, 언어 능력, 허구를 창조할 수 있는 상상력 등이 그것이다. 최근 여기에 새로운 가설이 하나 더 보태졌다. 「네이처 인간 행동(Nature Human Behaviour)」 저널에 게재된 연구에 따르면, 호모 사피엔스는 '공간의 이동'을 통해 생존 가능성을 높였다고 한다. 그들은 열대, 사막, 극지 등 열악한 환경까지도 기꺼이 이동했고 생존이 위협받는 위험한 환경에서도 탁월한 적응력을 보였다고 한다. 이동 중 다른 인간종 혹은 이방인들과도 유연하게 협력했다.[37] 그리고 그 과정에서 다름 혹은 새로움을 적극 수용하고 도움이 될만한 것을 배워나갔다.

이 연구에 따르면, 현생인류인 우리 모두는 '이동하는 종족'의 후예가 된다. 공간의 이동으로 살아남았으며, 이동으로 새로움을 경험하고 난관을 극복했다. 이동으로 영역을 넓히고 종족 번식에 성공했다. 이동하며 타자와 소통하고 협력했다. 이동하며 보고 배우고 깨달았다.

그 시기 인간의 이동은 당연히 '걷기'를 통해 가능했다. 걷기는 생존전략이자 유일한 탐험 수단이었다. 직면한 어려움을 해결하는 효율적 방법이기도 했다. 우리 인간은 수십만 년간 끊임없이 걸으며 이동했고 그 결과로 생존했다. 셀 수 없을 만큼 많은 걸음을 걸었고 그 걸음이 우리를 살아남게 했다. 이동의 본능이, 그 이동을 가능하게 했던 걸음의 누적이, 걷기가 우리 DNA에 고스란히 새겨져 있다.

여행 역시 명백한 이동이다. 김영하가 『여행하는 이유』에서 언급한 것처럼, 여행은 "인류가 현대에 남긴 진화의 흔적이자 문화"[38]일지도 모르겠다. 여행이라는 이동을 통해 새로운 곳을 발견하고, 다름을 받아들이고, 적응하고 협력하며 진화했으니 말이다. 여행이라는 이동 자체가 인류 보편의 생활상을 의미하는 문화가 되고 현상이 되었으니 말이다.

철학자 가브리엘 마르셀(Gabriel Marcel)은 인간을 '호모 비아토르(Homo viator)'로 명명했다. '비아토르(viator)'는 '걷는 자', '지나가는 자' 혹은 '나그네'라는 뜻이다. 결국 '호모 비아토르'는 '이동하는 인간', '걷는 인간' 혹은 '여행하는 인간'을 말한다. 인류학자들의 추정에 따르면 고대인들은 하루 평균 12,000보에서 18,000

보를 걸었다고 한다. 어떤 학자들은 30,000보 이상이었다고 주장한다. 매일 이렇게 걷고 이동하는 것이 얼마나 어려운 일인가는 우리 모두 잘 알고 있다. 10,000보 걷기가 많은 이들의 하루 목표니 말이다.

문화인류학자이자 작가인 엘리자베스 토마스의 소설, 『세상의 모든 딸들(Reindeer moon)』에는 구석기 시대, 생존을 위한 고대인들의 이동이 잘 묘사되어 있다.[39] 물론 걷기를 통한 이동이다. 그들의 이동은 추위와 더위를 피하기 위한 피한과 피서의 이동이자, 사냥감이 많은 땅을 찾기 위한 이동이었다. 전쟁과 혼인, 종족 번식을 위한 이동이기도 했다.

소설 속 고대인들의 이동은 혹독한 현실을 기꺼이 살아내기 위한 처절한 선택이자, 목숨을 건 도전이었을 것이다. 모든 것이 불확실했기 때문이다. 자신뿐 아니라 가족과 공동체의 생존 여부를 결정하는 위험한 선택이었을 것이다. 그러나 그들은 기꺼이 이동을 선택했다. 책 속에 묘사된 고대인들의 이동목표는 분명했다. '무슨 일이 있어도 살아남는 것.', '살아남아 소중한 사람들을 지켜내는 것.'

현대사회의 이동은 당연히 고대사회와 다르다. 여행, 교육, 친지 방문, 무역 등을 목적으로 한다. 더 나은 삶을 살기 위한 이동에 가깝다. 자신의 목숨을 걸지도, 사랑하는 누군가의 생존을 담보하지도 않는다. 모든 것을 버리는 가혹한 이동도 아니다. 이동의 불확실성도 조금 줄어들었다.

그러나 어떤 의미에서 지금 우리의 이동도 나름 치열하다. 물리적 위험요인은 현격히 줄었지만, 정신적으로 어딘가를 더 많이, 더 자주, 더 오래 헤매고 있는지도 모르겠다. 이동의 이유는 더 다양해졌다. 벗어나기 위해, 이겨내기 위해, 상처를 극복하기 위해, 성장하기 위해, 쉬기 위해, 행복하기 위해, 나다움을 찾기 위해, 삶의 의미를 찾기 위해, 더 잘 살기 위해, 저마다의 답을 찾기 위해 이동한다. '길 위'로 올라선다.

우리는 여전히 이동하고 있다. 기꺼이 '길 위'에 올라 이동의 이유에 대해 답을 찾고 있다. 수십만 년 전 과거의 길이 조상들에게 답을 주었듯이, 오늘의 길도 지금을 사는 우리에게 그럴 것이라 믿고 있다. 진정 호모 사피엔스의 후예답다.

왜 이동하고 싶은가?

그렇다면 우리는 왜 이동하고 싶은가? 평안하고 안전하게 살고 있는 익숙한 생활영역을 떠나 기꺼이 낯선 공간으로, 생경한 풍경과 문화 속으로 왜 여행하는가? 이 물음에 답을 줄 두 개의 이론을 소개한다.

먼저 '추진−유인이론(push and pull theory)'이다. 이 이론은 이동하

고 싶게 만들어주는, 혹은 여행하고 싶게 하는 동기(motivation)에
대한 이론이다. 1970년대부터 다양한 분야에 적용되고 있는
저명한 이론이기도 하다. 이 이론의 추진요인(push factor)은 단어
그대로, 여행자가 이동할 수 있도록 일상생활권으로부터 밀어
내는 요인을 말한다. 떠나도록 부추기는 일상생활의 요인을 말
한다. 일상 환경으로부터의 탈피, 탈출, 자아 탐색, 자기 계발,
스스로에 대한 보상, 휴식, 명성, 과시, 도전, 흥미, 건강, 대인
관계 강화, 가족 간 친밀감 강화, 사회적 교류, 타인으로부터의
인정욕구 등이 주요 추진요인이다.[40]

　반면 유인요인(pull factor)은 여행자를 끌어당기는 여행지와 관
련된 요인을 말한다. 여행자가 기꺼이 시간과 비용, 노력을 들
여 이동하도록 만드는 요인인 셈이다. 여행지의 매력성, 신기
성(새로움), 교육성(배울만한 가치), 리조트나 호텔 등의 시설 편리성,
아름다운 경관, 역사문화적 자원, 축제나 이벤트, 접근성, 쇼
핑, 여행지 이미지 등이 주요 유인요인에 포함된다.[41]

　여행을 떠나도록 밀어내는 추진요인과 여행자를 끌어당기는
유인요인은 여행자 개인의 상황에 따라 다를 수 있다. 내가 사는
곳을 떠나고 싶은 이유도, 특별한 어딘가로 훌쩍 이동하고 싶은
이유도 제각각임은 당연하다. 그 모든 이유는 합당하다. 다만,
중요한 것은 여행을 떠나기 전, 나를 밀어내는 추진요인과 나를
끌어당기는 유인요인을 찬찬히 들여다봐야 한다는 점이다.

그냥 탈출하고 싶었다면 자유를 갈구하는 자신의 욕구를 수용해야 한다. 휴식이 필요하다면 무조건 잘 쉬다 와야 한다. 자기 탐색을 목적으로 한다면, 많이 보기보다 나의 모든 선호와 선택에 집중해야 한다. 도전이 목적이라면 새로운 것, 안 해본 것에 집중해야 한다. 나를 떠나게 한 이유가 여행지에서 충족되어야 한다. 되도록 그렇게 여행의 시간을 보내야 한다.

특별한 어딘가가 콕 집어 가고 싶을 때는, 왜 그런 생각이 들었는지 곰곰 살펴야 한다. 왜 그곳이 나에게 매력적으로 다가왔는지 되짚어보아야 한다. 광고만 보고, 사진 한 장 보고, 누군가의 말만 듣고 목적지를 선택한 것이 아닌가 자문해야 한다. 그곳에서 어떤 경험을 하고 싶은지, 그곳이 정말 내가 좋아하는 곳인지 재차 되물어야 한다. 그래야 여행지가 나를 끌어당긴 이유를 만날 수 있다. 그 이유를 만나야 내가 진짜 보고 싶었던 것을 보고, 하고 싶었던 것을 하고 올 수 있다. 내가 여행지에 끌린 이유를 모르면, 불편한 손님처럼 여기저기 기웃거리다가 올 뿐이다. 헤매다 올 뿐이다.

다음은 '공존(co-presence)에 대한 구속력(obligation)'의 관점에서 이동을 설명하는 이론이다.[42] 저명한 사회학자이면서 관광과 이동성 분야에 많은 연구를 수행한 존 어리(John Urry)로부터 촉발된 이 이론은, 인간의 이동 욕구가 '공존성', 즉 함께 살아남고자 하는 속성에 대한 반작용이라고 설명한다. 우리는 모두 사회적 인간이다. 타자와의 관계를 중시한다. 좋아하는 사람들과 함께, 혹은 나에게 도움이 되는 사람들과 같이 잘 살고 싶은 욕구가 있다.

그런데 이 공존성은 상황에 따라 '구속력'으로 변할 수 있다. 예를 들어 가족, 친구, 연인, 공동체, 학습, 일, 의무 등은 공존성의 필수요소지만 때때로 우리를 구속한다. 이들은 꼭 필요한 공존의 요인이지만 우리를 옭아매고 틀에 맞추도록 강요한다. 꼭 해야 하는 일이 되어 부담감을 준다. 속해 있는 공동체 일원답게 살아야 한다는 압박을 주기도 한다. 늘 그런 것은 아니지만 자주 혹은 간혹 그렇다. 이러한 구속력이 강해지면, 인간은 본능적으로 그 대상으로부터 멀어지고 싶어 한다. 떠나고 싶어 한다. 이동하고 싶은 욕구를 갖게 된다.

중요한 것은 사람마다, 상황마다, 구속을 느끼는 대상이 다르다는 것이다. 어떤 이는 직장, 공부, 일 등 꼭 해야만 하는 무엇으로부터, 다른 어떤 이는 특정 공간이나 촘촘하게 얽힌 자유롭지 못한 시간으로부터, 또 다른 어떤 이는 가족이나 친구, 연인 등의 부담스러운 관계로부터 벗어나고 싶어 한다.

그래서 어느 날 문득, '아! 떠나고 싶다', 혹은 '아! 어딘가 가고 싶다'라는 생각이 간절할 때, 곰곰 자신을 들여다볼 필요가 있다. 나를 떠나고 싶게 만드는 주원인이 과연 무엇인가에 대해서 말이다. 그리고 그 원인이 한두 가지로 귀결된다면 여행에 이를 반영할 수 있다.

예를 들어 일상에서 꼭 해야만 하는 무엇으로부터 떠나고 싶을 수 있다. 일과 공부, 일상에서의 의무 등이 포함된다. 이 경우 여행 중에는 그 대상을 의식적으로 멀리하는 것이 도움이 된다. 일상에서 일이 많고 바빴다면 여행에서는 당연히 업무를 하지 말아야 한다. 바빠도 잠시 멈추는 용기가 필요하다. 가정주부들은 여행 중에 집안일과 유사한 것을 가급적 하지 않는 것이 좋다. 학생들은 공부를 '일시 멈춤'하는 것이 좋다. 당연한데 생각보다 참 쉽지 않다.

집이나 학교, 직장 등 특정 공간으로부터 구속력을 많이 느꼈다면, 그 공간을 벗어나기만 하면 만족스러운 여행이 될 수 있다. 군이 멀리 가지 않아도 가벼운 여행만으로도 해방감을 누릴 수 있다. 옆 동네도 좋고, 안 가본 산책길도 좋다. 새로 생긴 카페도 좋고, 안 가봤던 쇼핑 아울렛도 좋다. 구속력을 느끼는 부담스러운 공간을 벗어나기만 한다면, 어디든 일상의 작은 여행이 될 수 있다.

일상에서 시간을 치열하게 쓰는 사람들도 있다. 5분, 10분 단위로 빡빡하게 짜여진 스케줄대로 살다 보면, 시간에 질질 끌려다니는 느낌이 들기도 한다. 이들은 당연히 시간에 대한 구속을 많이 느낄 수밖에 없다. 이 경우 여행 중에는 최선을 다해 자유롭게 시간을 써야 한다. 최대한 느슨하게 여행 스케줄을 잡는 것이 좋다. 어디를 가야 하고 무엇인가를 많이 해봐야 한다는 강박을 내려놓고, 자신이 원하는 대로, 자신의 리듬대로 천천히 여행하는 것이 좋다.

쉬고 싶을 때 쉬고, 먹고 싶을 때 먹으며, '시간의 온전한 주인'으로 여행하는 것이다. 자유여행이 아니라면 어떻게든 시간을 내어 자기만의 시간을 가져야 한다. 일상에서 시간 구속이나 시간 강박이 컸던 여행자가 빡빡한 일정의 여행을 하는 경우, 여행이 오히려 시간 구속력을 높일 수 있다. 그에게 여행은 경험하는 대상만 다를 뿐, 벗어나고자 했던 일상의 시간과 비슷하기 때문이다.

나를 구속하는 관계로부터 벗어나고 싶다면, 철저히 이방인으로 여행의 나날들을 즐기는 것이 좋다. 나를 아는 이들이 아무도 없는 곳에서, 익명의 공간에서, 철저히 무명인으로, 이름 없는 사람처럼 여행하는 것이다. 누구의 시선도 고려하지 않고, 자유롭게 입고 먹고 이동하는 것이 좋다. 홀로 여행하는 것도 추천한다. 동행자도 엄연한 관계이며 구속이 될 수 있기 때문이다.

누군가의 시선과 관심을 구하는 SNS도 '잠시 멈춤' 하는 것이 좋다. '보여주기 위한 여행'을 잠시 멈추고, 자신을 찬찬히 들여다보는 '자기 관찰여행'도 추천한다. 나의 '아! 모먼트(ah! moment)', 그러니까 '아!' 하고 나도 모르게 탄성을 내는 순간이 언제인지 살피는 것도 좋다. 내가 무엇을 흥미롭게 보는지, 무의식적으로 어디에 멈추는지, 무엇에 몰입하는지, 언제 많이 웃는지 등 자신을 관찰하는 여행도 생각보다 의미 있다. 타자와의 원활한 관계는 먼저 자신을 세우고 이해해야 가능하기 때문이다.

미국의 소설가 존 스타인벡(John E. Steinbeck)은 "사람이 여행하는 게 아니라 여행이 사람을 데리고 간다"고 말했다. 여행이 여행자의 의지가 아닌 '무의식적 끌림'임을 의미하는 문학적 표현일 것이다. 그러나 곰곰 생각해보면 여행의 모든 이유가 무의식에 속해 있는 것은 아니다. 여행의 이유는 분명 우리 삶 속에 있다. 떠나고 싶고 이동하고 싶게 하는 이유도 분명 우리 삶 속에 있다. 그래서 자신의 삶을 찬찬히 들여다보며, 빈도가 높은 '이동의 이유' 몇 가지쯤은 손에 꼽고 있어야 한다. 그 이유가 우리의 여행에서 어떤 형식으로든 충족되어야 하기 때문이다.

당신과 함께 무엇이 이동하는가?

여행은 명백히 '사람'이 '이동'하는 것이다. 여행을 갈지 말지, 어디로 갈지, 언제 갈지, 얼마나 이동할지, 어떤 이동수단을 이용할지, 가서 무엇을 할지, 무엇을 먹고 어디서 머물지 등, 여행 전 과정에 걸쳐 여행자의 선택을 통해 이동한다. 여행자 자신의 자발적 선택을 통한 이동으로 그 자신의 여행이 완성된다. 물론 패키지 투어를 하거나 동행자들이 많으면 자발적 선택의 폭이 줄어들 수 있다. 가까운 거리를 이동하거나 심리적으로 혹은 가상으로 이동해도 마찬가지다. 어떤 여행이든, 이동의 유형과 정도만 다를 뿐, 여행은 여행자 자신의 선택을 통한 이동의 과정이자 결과다.

그러면 여행자들만 여행지로 이동할까? 혹시 유·무형의 다른 요인들이 같이 이동하지는 않을까? 개러스 쇼(Gareth Shaw)와 앨런 윌리엄스(Allan Williams)는 이와 관련하여 흥미로운 이론을 제시했다. 그들은 여행 중 여행자 자신과 함께 많은 것들이 동시에 이동한다고 주장한다. 여행자인 사람 자체만 이동하는 것이 아니라 그가 이용하고 선호하는 제품과 서비스, 알고 있는 정보와 지식, 여행지나 특정 대상에 대한 이미지, 자본, 생활문화, 언어 등이 모두 함께 이동한다는 것이다.[43]

여행자는 몸만 이동하는 것이 아니다. 옷과 신발, 가방, 모자, 통신기기, 전자기기, 사진기, 책과 다양한 기록물 같은 제품들을 들고 이동한다. 여행지 안에서 받아야 한다고 혹은 받고 싶다고 생각하는 서비스에 대한 관념까지 같이 이동한다. 그들이 들고 가는 제품과 서비스에 대한 생각들은 여행지 안에서의 선택에 영향을 미친다. 예를 들어 스마트폰을 들고 이동하면 와이

파이 접속과 배터리 충전이 가능한 카페를 선택할 가능성이 크다. 숙박시설에서 스파, 마사지 등의 다양한 서비스를 받고 싶은 여행자라면 그것이 가능한 시설을 선택할 것이다.

여행자가 알고 있는 정보와 지식 역시 같이 이동한다. 책이나 인터넷을 통해 습득한 정보들은 여행지에서의 선택과 이동 동선에 영향을 미친다. 예를 들어 여행 책자에서 어떤 지역을 추천할 경우, 여행자는 무의식적으로 그곳을 가보고 싶어 한다. 직접 방문할 가능성도 커진다. 처음 방문한 여행지라면 여행지에 대해 알고 있는 정보가 제한적이므로, 여행 책자나 인터넷의 정보에 더 의존할 수밖에 없다.

여행자와 함께 이동하는 정보나 지식은 양면의 날이다. 어떤 정보는 여행지에 긍정적 영향을 줄 수도 있고 그 반대일 수도 있다. 예를 들어 자연현상에 대한 이해나 질병에 대한 지식은 여행지 지역주민들의 의식 수준과 삶의 질 향상에 긍정적 영향을 미칠 수 있다. 반면 마약이나 술, 유흥, 문란한 성문화, 과도한 개인주의와 관련된 정보들은 지역민들의 생활문화와 충돌될 수 있고, 그들의 문화를 급속하게 변형시킬 수도 있다.

여행자들의 이미지도 같이 이동한다. 여행자가 갖고 있는 여행 목적지나 그곳의 문화, 그곳 사람들에 대한 추상적 이미지도 같이 이동한다. 목적지에 대한 환상과 고정관념도 동행한다. 예를 들어, 도시민들이 농촌으로 여행할 때, 시골집은 전통

가옥의 형태여야 하고 논밭은 사진에서 보던 것처럼 정갈하게 정돈되어 있어야 한다고 생각한다. 농촌풍경에 대한 환상도 같이 이동하는 것이다. 시골 사람들은 인심이 좋을 것 같고, 순박하게 웃고 말할 것 같다는 고정관념도 동행한다. 그래서 농촌 주택의 현대적인 모습이나 도시와 다르지 않은 주민의 삶을 보면, 농촌이 농촌답지 않다고, 기대에 못 미쳤다고 실망한다. 여행자의 기대 속에는 여행지에 대한 환상과 고정관념도 포함되어 있다.

여행자의 자본도 마찬가지다. 화폐뿐 아니라 여행자의 지불 능력과 돈을 다루는 태도도 같이 이동한다. 요즘에는 국제적으로 사용할 수 있는 신용카드가 일반화되어 현금 환전의 양이 많지 않고, 여행자 수표(traveler's check)를 쓰는 일도 거의 없다. 그럼에도 자본과 그에 대한 태도는 여행자들과 동행하며 여행자들의 선택과 행동에 많은 영향을 미친다.

선진국 여행자들이 개도국으로 여행할 때, 여행자의 하룻밤 숙박비가 현지 주민의 한 달 월급보다 많은 경우가 있다. 이 경우 여행자의 지불 능력은 현지인들에게 부러움의 대상이 된다. 심할 경우 현지인들에게 자괴감과 무력감을 안기기도 한다. 여행자와 현지 주민의 경제력 차이가 불러오는 갈등과 사고로 이어지기도 한다. 모두 여행자와 함께 자본이 같이 이동하여 생기는 현상이다.

필리핀 세부는 여행자들이 다니는 깔끔한 슈퍼마켓과 지역주민들이 다니는 로컬시장이 분리되어 있다. 법적으로 분리된 것이 아니라 소비자의 지불 능력에 따라 자연스럽게 분리된 것이다. 지역주민들은 여행자들이 자주 찾는 슈퍼마켓의 가격이 비싸다고 느낀다. 그래서 가격이 저렴한 도시외곽의 시장에서 장을 보는 경우가 많다. 내 오랜 친구, 제인(Jane)도 그랬다. 그녀는 매주 토요일 오전, 자기 몸의 반도 넘는 큰 배낭을 메고 외곽의 시장으로 장을 보러 간다. 버스로 왕복 2시간이 넘는 수고로움을 기꺼이 할애한다. 그 당시 슈퍼마켓과 시장의 가격차이가 두 배 가까이 되었기 때문이다. 비단 제인만의 이야기는 아니다. 세부만의 이야기도 아니다. 여행자들과 함께 이동한 자본의 양이 여행지의 생활문화를 어떻게 바꾸었는지 엿볼 수 있는 대목이다.

돈을 대하는 태도도 마찬가지다. 해외여행을 하는 한국인들은 간혹 은행에서 일하냐는 질문을 받는다. 나도 여러 번 받았다. 많은 한국인들이 지폐를 셀 때 돈을 양손에 쥐고 엄지손가락으로 세기 때문이다. 그들이 지폐를 바닥에 하나하나 내려놓으며 천천히 세는 것과 대조적이다. 물론 다른 문화적 요인도 있지만, 돈을 다루는 방식의 차이를 엿볼 수 있다.

여행자의 생활문화, 즉 삶을 살아가는 방식도 같이 이동한다. 주로 침대에서 자고 수세식 화장실을 쓰며, 싱크대에서 음식을 조리하고 식탁을 쓰는 입식의 생활문화가 같이 이동한다. 여행자들의 옷 입는 방식, 말하는 방식, 외모를 꾸미는 방식도 같이 이동한다. 종교적 가치관도 동행한다.

특히 여행자들의 외모는 여행지에서 자주 모방된다. 현지인들은 여행자처럼 옷 입고, 화장하고 헤어스타일을 꾸미는 경우가 있다. 한동안 필리핀에서 한국인들의 피부색, 화장법, 패션 등이 모방되고 부러움의 대상이 된 적이 있다. 간혹 여행자들의 문화가 현지인들에게 생소하게 받아들여지기도 한다. 한때 우리나라를 방문한 무슬림 여행자들이 시간에 맞춰 기도를 올리고, 할랄 음식을 먹는 것을 두고 여러 논란이 있었던 것처럼 말이다.

중요한 것은 여행자들의 삶의 방식이, 자신을 표현하는 방식이 여행지의 고유문화를 변형시킬 수도 있다는 점이다. 침대와 수세식 화장실을 쓰지 않던 주민들이 주택을 개조하거나, 좌식문화를 입식문화로 바꾼다. 현지인들은 더 많은 여행자를 유치하기 위해, 그들의 기대에 부응하기 위해, 자신들의 생활문화를 기꺼이 변형시킨다.

언어도 문화의 한 요인으로 여행자와 대동한다. 여행지에서 현지 상인들이 여행자들의 호감을 사기 위해 혹은 소통하기 위해 여행자들의 모국어를 사용하는 것을 왕왕 보게 된다. 낯선 타국에서 '안녕하세요', '이거 싸요', '좋아요', '깎아줄게요' 등의 한국어를 듣게 되면 반가운 마음이 들기도 한다. 그러나 한편으로는 현지인들의 경제적 종속을 실감하는 순간이 되기도 한다. 여행자들의 환심을 사기 위해, 그들을 끌어들이기 위해, 조금 더 많이 팔기 위해, 고유한 언어조차도 여행자들에게 맞추고 있기 때문이다. 여행자들이 진짜 원하는 것이 아닐 수 있음에도 말이다.

반대로 서울 명동에서 '니하오', '곤니찌와', '헬로우' 등의 외국어를 듣게 되면 신기하다가도 묘하게 불편해진다. 명동 상권의 외국인 여행객 의존이 실감되기 때문이다. '한국에 여행 왔으면 한국말을 쓰려고 노력해야지'라는 생각도 절로 든다. 우리나라 사람들이 많이 방문하는 타국 여행지의 주민들도 비슷할 것이다.

헬레나 노르베리 호지(Helena Norberg-Hodge)의 『오래된 미래(Ancient future)』는 '라다크'의 이야기를 담고 있다. '라다크'는 불교사회로 전통적인 농업 공동체가 잘 유지되던 곳이었다. 어느 순간 동양의 미(美)를 찾는 서양 여행객들이 몰리면서, 그들의 산업과 생활문화가 급속하게 변형된다.[44] 농업에 종사하던 젊은이들은 고향을 떠나 도시의 여행업에서 일하고, 그들이 상대하는 서양 여행자들처럼 생각하고 행동하기 시작했다. 의식주 문화도 급속하게 서구화되었다. 그 과정에서 전통적인 공동체는 해체되었다. 여행자 자신만 이동했다면 라다크와 같은 한

문화의 변형과 해체를 설명하기 어렵다.

그래서 여행을 사랑하는 여행자들은 조금 더 넓은 시각으로 우리의 이동성을 살펴볼 필요가 있다. 자신만 이동하는 것이 아니라 제품과 서비스, 정보와 이미지, 자본, 생활문화와 언어 등이 동행하고 있다는 것을 이해해야 한다. 여행자 자신이 당연하다고 생각하는 요구나 행동이 현지 주민들의 보통 삶에 영향을 미칠 수 있음을 이해해야 한다.

물론 어떤 이는 여행에서조차 뭐 이렇게 신경 쓸 일이 많은가 싶을 것이다. 여행에서조차 나 아닌 현지 주민까지 신경 써야 하는가, 어쩔 수 없는 것 아닌가, 그들은 그렇게 경제활동을 하는 것이 아닌가, 여행은 나에게만 집중하는 시간이 아닌가 하는 의구심이 들 수 있다. 그러나 현지 주민을 불쾌하게 하는 여행자의 즐거움은 결국 부끄러움으로 남는다. 여행 당시에는 잘 모르지만 한참 지난 후에 얼굴이 화끈거리는 일로 남을 수 있다. 그 부끄러움은 그 여행의 가치를 떨군다. 또 현지 문화를 있는 그대로 수용하지 않는 이기적인 여행자에게 배움과 성장은 없다. '위대한 여행'도 없다.

여행을 통한 나의 즐거움이 한 사회의 변형에 너무 많은 영향을 주지 않도록 조금 더 사려 깊은 여행자가 되어야 한다. 배려할 줄 아는 여행자가 되어야 한다. 나의 일상에서 당연한 것이 여행지에서는 그렇지 않을 수 있음을 이해하고 현지인의 시선으로 살필 줄 알아야 한다. 그래야 여행이 역지사지(易地思之)를 경험하는 시간이 될 수 있다. 다름과 관용, 너그러움을 체득하는 시간이 될 수 있다. 더불어 살아가는 지혜를 배우는 장(場)이 될 수 있다.

여행, 시간과 관계의 이동

앞서 소개한 알랭드 보통(Alain de Botton)의 『여행의 기술』에는 사비에르 드 메스트르(Xavier de Maistre)의 '나의 침실 여행'에 대해 상세히 기술하고 있다. 메스트르는 1790년 자신의 방을 처음 여행하고 『나의 침실 여행』이라는 책을 출판했다. 이후 두 번째 침실 여행 책인 『나의 침실 야간 탐험』을 출판했다.[45] 그의 여행 준비물은 분홍색과 파란색이 섞인 면 파자마 한 벌이 다였다. 단출하고 짧은 여행이었다. 물리적 이동이 거의 없는 '심리적 여행'이자 '수직적 여행'이기도 했다.

메스트르의 첫 번째 '침실 여행'을 조금 더 자세히 들여다보자. 그는 파자마로 갈아입고 방문을 잠근다. 자신의 여행지가 매우 협소하므로 누군가의 방해를 받고 싶지 않았을 것이다. 방 안 소파와 침대, 책상 등의 가구를 찬찬히 바라본다. 그리고 이 가구들을 사용했던 자신과 소중한 사람들, 그들과 함께했던 특별한 어떤 순간들을 추억한다.[46] 방 안 가구를 매개로 노스탤지어를 경험한다.

두 번째 '침실 야간 여행'은 책 제목 그대로 방에서의 밤 여행이었다. 그는 첫 여행처럼 파자마로 갈아입고, 창문으로 밤하늘을 오래 올려다본다. 방에서 볼 수 있는 가장 평범하면서도 아름다운 밤 풍경을 한참 감상한다. 그러다 문득 이 아름다운 밤 풍경을 이제야 경험하고 있음을 깨닫는다. 매일 경험할 수도 있었을 아름다움을 그동안 발견하지 못했음을 안타까워한다.[47] 두 번째 침실 여행은 방 안보다 방 밖 풍경에 더 집중하고 있다. 방 안과 밖의 경계를 심리적으로 넘나들면서 일상의 소소한 풍경에 대한 소중함을 다시 한번 상기한다.

메스트르는 이 독특한 여행을 통해 "아무리 게으른 사람이라도, 즐거움을 찾아 출발하는 일을 망설일 이유가 없음"[48]을 강조한다. 물리적 공간 이동을 거의 하지 않는 여행이므로 언제든 여행을 즐길 수 있음을 강조한다. 여행 목적지가 어디인가보다 '여행하는 기분'에 집중한다. 자신이 사는 곳에서 여행하는 기분을 느낄 수 있다면, 여행자의 마음가짐을 가질 수 있다면, 그곳은 하와이도 아프리카도, 우주도 될 수 있다. 익숙한 환경에서도 새로움을 발견할 수 있다면 그 자체가 여행이 될 수 있음을 강조한다. 이는 물리적 공간 이동 외의 다양한 이동이 여행을 가능하게 할 수 있음을 의미한다.

BTS가 부른 「내 방을 여행하는 법」(BTS. 2020)⁴⁹ 역시 같은 맥락에서 이해할 수 있다. 노랫말을 보면, "작은 내 방을 다른 시선으로 보기만 해도 늘 쓰던 책상이, 늘 보던 햇빛이 특별해 보일수 있음"을 강조한다. 내 방이라는 작은 우주를 다른 관점으로 경험하는 것이 얼마나 중요한지, 나의 공간을 온전한 나만의 세상으로 변화시키는 것이 어떤 의미가 있는지 표현하고 있다. 온라인상에서 간혹 회자되는 '관점여행'의 사례이기도 하다. 이역시도 '심리적 여행' 혹은 '수직적 여행'에 가깝다. 멋진 '철학적 여행'이기도 하다.

여행은 다양한 이동에 기초한다. 공간을 물리적으로 이동하는 수평 이동은 보편적 이동 유형이다. 단위 공간 안에서 다양한 층위를 발견하고 더 깊게, 더 새롭게 경험하는 심리적 수직 이동도 여행의 이동에 포함된다. 그 밖에도 시간의 이동과 관계의 이동, 가상의 이동 등도 색다른 여행의 이동이다.

우리는 종종 여행하며 과거의 나와 현재의 나, 미래의 나에 대해 생각한다. 이는 일종의 '시간의 이동'일 수 있다. 과거의 나로부터 현재의 나로의 이동, 현재의 나로부터 미래의 나로 이동하며 자신을 돌아본다. 여행하며 과거를 되짚어보고 현재의 나를 살핀다. 현재 나의 모습과 성향을 과거로부터 이해하고 미래의 나를 꿈꾼다. 현재 나의 모습을 미래의 나로 확장한다. 자신을 '과거-현재-미래'라는 시간 축에 일선 상으로 놓고, 내가 지금 어디까지 와 있는지, 앞으로 어떻게 살아갈지 시계열적 시선으로 보게 된다. 불완전했던 과거를 훌훌 털고 미래의 나에게 기회를 주기 위해 현재의 선택에 더 집중하게 한다.

더불어 여행에는 '관계의 이동'도 포함된다. 나로부터 타자로의 이동 혹은 타자로부터 나로의 이동이다. 여행 중 우리는 사랑하는 사람 혹은 아픔을 준 누군가를 떠올리고, 그 관계를 되짚어볼 기회를 얻는다. 옭아매던 일상의 관계를 벗어나 조금 더 객관적인 시선으로 관계를 살필 기회를 얻는다. 나와 전혀 무관한 타자들에게 나 자신을 투영해보고 나를 이해하기도 한다. 모두 관계의 이동이자 '심리적 이동'이다.

가상세계로 이동하는 '가상의 이동'도 여행의 이동에 포함될 수 있다. 게임을 좋아하는 이들에게 게임은 일종의 가상세계로의 여행일 수 있다. 앞으로는 메타버스(metaverse)와 아바타(avatar)가 더욱 일상화될 것이고, 가상세계 안에서 현실의 나를 대신할 또 다른 내가 지금까지와 다른 또 다른 형태의 여행을 즐기게 될 것이다. '가상의 이동'을 통한 '가상의 여행'도 성큼 여행의 범주 안에 들어오고 있다.

이처럼 여행을 가능하게 하는 이동의 유형은 점점 다양해지고 있다. 이동의 방식이 다양해지니 여행의 경험 내용과 범위역시 넓어지고 있다. 어떤 이동을 할 것인가? 그 이동을 통해 어떤 여행 경험을 쌓아갈 것인가? 여행자가 선택해야 하는 선택지가 더 늘어나고 있음은 분명해 보인다.

여행, 경험의 연속적 흐름

여행에서의 모든 이동은 일종의 '거리두기'다. 답답한 일상 공간과 시간으로부터, 나를 구속하는 관계로부터, 현실 세계로부터의 '셋백(setback)'이다. '한 걸음 물러서기'다. 여행은 결국 거리를 두기 위해 혹은 한발 물러서기 위해 이동하는 전 과정이다. 물리적 혹은 심리적 이동이든, 수평적 혹은 수직적 이동이든, 시간의 이동이든, 관계의 이동이든, 가상세계로의 이동이든, 결국 현실의 무엇으로부터의 거리두기이자 물러서기다. 그러나 어떤 이동을 하였든 간에, 모든 여행은 다시 원래 자리로 돌아오는 이동을 포함한다. 어떤 거리두기든, 어떤 물러서기든, 마지막은 결국 원점으로 돌아오기 위한 이동을 해야 한다. 반드시.

많은 이들은 여행을 이렇게 생각한다. 거주하고 있는 일상을 떠나 여행 목적지에 도착하고, 그곳에서 특별한 경험을 한 후 다시 일상으로 돌아오는 것. 일상이라는 중심으로부터 멀어지려는 원심(遠心)과 다시 그 중심으로 돌아오려는 구심(求心)의 시간으로 이해한다. 이는 오랫동안 통용된 여행과 관광의 일반적 개념이기도 하다.

그런데 이를 가만히 되짚어보면 다소 이상한 점이 있다. 이 개념에 따르면 여행이란 일상이라는 한 점에서 목적지라는 다른 점으로 이동하고, 그 다른 점에서 무엇인가를 하다가 다시 원래의 점으로 돌아오는 것을 말한다. 점과 점, 공간과 공간, 원심과 구심을 분리해서 이해한다. 여행과 일상을 이분법적으로 구분하는 분절적 시각이기도 하다. 여행은 일상 영역이 아닌 곳에서의 경험이며, 일상에서 이루어지는 다양한 유형의 여행은 포함되지 않는다. 물리적 공간 이동만 여행의 이동으로 간주했다는 비판도 피할 수 없다. 동시대 다양한 여행의 이동을 담아내기에는 협소한 시각이다.

더욱이 이 시각은 여행의 모든 시간을 포함하지 못한다. 여행 전반의 경험이 아닌 부분적 여행 경험만 포함한다. 예를 들어 여행 가기 전 준비 과정의 설렘도, 목적지로 이동하는 과정 중 경험하는 소소한 이야깃거리도, 다시 집으로 돌아오는 길에 문득 드는 생각도, 여행 후 사진 파일을 정리하고 여행 일기를 채워가는 충만한 마음도, 지인과 나누는 여행담의 시간도 여행의 경험에서 누락된다. 더불어 여행 목적지 안에서의 이동 역시 간과되거나 축약된다. 공항에서 호텔로, 박물관에서 시장으로, 서점에서 공원으로, 거리에서 광장으로, 마을에서 바다로 이동하는 짧지만 의미 있는 이동 역시 퇴색된다.

요한 볼프강 폰 괴테(Johann Wolfgang von Goethe)는 "사람이 여행

하는 것은 도착하기 위해서가 아니라 여행하기 위해서"라고 말했다. 스티브 잡스(Steve Jobs)는 "여행은 목적지로 향하는 과정이지만, 그 시간 자체가 보상"이라고 했다. 앤드류 매튜스(Andrew Matthews)도 "행복은 대부분 현재와 관련되어 있고, 목적지에 닿아야 행복해지는 것이 아니라 여행하는 과정에서 행복을 느낀다"고 했다. 이 명언들은 공통적으로 여행이 목적지로 이동하는 것만은 아니라고 말한다. 이동하는 순간과 과정 모두가 여행이며 보상이라고 말한다. 이는 일상에서 목적지로의 이동, 목적지 내에서의 이동, 일상으로 돌아오는 이동, 일상에서 여행이라고 느끼는 모든 형태의 이동이 곧 여행임을 함의한다.

존 어리(John Urry)는 '경관과 흐름(Scapes and Flows)'이라는 개념을 도입하면서[50], 여행은 '경험의 연속적 흐름'으로 이해되어야 한다고 주장했다. 여행이 점과 점으로 구분된 분절적 경험이 아님을, 일상과 여행지로 구분된 이분법적 여행 시선이 더는 유용하지 않음을 강조했다. 여행은 그 자체로 '선형의 경험'이며 '연속적 과정'임을 주장한 것이다. 이제 여행은 여행을 준비하고 계획하고 실행하고 경험하고 다시 돌아와 회상하는 전 과정으로 이해되어야 한다. 연속적 흐름으로 이해되어야 한다. 여행 전 설렘의 순간도, 여행 후 회상의 순간도, 모두 여행의 연속선상에 있어야 한다.

여행을 '경험의 연속적 흐름'으로 이해한다면, 모든 여행의 과정이 여행이 된다면, 우리의 여행은 더 다채로울 수 있다. 더 오래 지속될 수 있다. 지나간 여행 경험을 기억하고 추억하는 한 그 여행은 끝나지 않기 때문이다. 여러 여행을 동시에 할 수도 있다. 여러 여행이 중첩될 수도 있다. 지금 여행하며 과거의 여행을 이어갈 수 있고, 미래의 여행을 꿈꿀 수도 있기 때문이다. 여행 경험의 레이어가 색색의 레인보우 케이크처럼, 층층이 삶에 누적될 수도 있다. 원할 때 원하는 맛의 여행 레이어를 꺼내 맛볼 수 있다. 행복했던 여행의 순간이 살아가는 내내 지속될 수 있다.

일상에서도 과거의 여행이 계속될 수 있다. 인도의 시인이자 철학자인 라빈드라나트 타고르는 "여행에서 돌아와 집 앞 잔디에 맺혀있는 반짝이는 이슬방울을 보고 감탄할 수 있다면, 최고의 여행을 다녀온 것"이라고 하였다. [51] 일상으로 돌아와 그동안 보지 못했던 새로움을 발견하고 일상의 가치를 다시 음미할 줄 안다면, 가장 의미 있는 여행을 했다는 뜻이다. 결국 여행의 가치는 돌아온 일상에서 증명된다.

가만히 눈을 감고 당신의 지나간 여행 경험을 떠올려보자. 어떤 경험들이 기억저장소에 남아 있는가? 물론 잊지 못할 특이한 경험도 있을 것이다. 난생처음 시도해봤던 경험도 있을 것이다. 그렇지만 가만히 되짚어보면, 우리의 여행을 충만하게 했던 경험에는 평범한 보통여행들도 참 많다. 열심히 여행을 준비하던 나, 열심히 언덕을 올랐던 나, 길을 잃고 헤매던 나를 도와준 누군가의 친절, 무심코 올려다본 하늘의 뭉게구름, 창밖 올리브 나무밭 풍경, 도심 한복판의 공동텃밭, 작은 공원의 흔들리던 억새들, 무심코 들어간 식당에서 맛본 뜻밖의 훌륭한 음식, 좁은 골목길에서 느꼈던 평범한 이들의 치열한 삶, 낯선 이와 나누던 진솔한 이야기 등, 소소한 여행담과 일상적인 여행 경험들도 생각보다 오래 기억되고 또 종종 추억되고 있지 않은가.

평범한 보통여행의 경험들은 우리 삶에 차곡차곡 쌓여 행복의 순간들로 압축 저장된다. 힘들 때마다 문득 떠오르는 힐링 같은 기억이 된다. 어느 순간 기억의 압축이 풀리고, 눈앞에 여행의 순간이 펼쳐진다. 그리고 웃게 한다. 다시 일어서게 한다. 여행 후에도 여행이 계속되는 것. 이것이 여행을 연속적 흐름으로, 선적인 경험으로 이해해야 하는 이유다.

여행은 이동 과정 중에 누적된 경험의 총량이다. 여행은 연속된 순간이 선적으로 연결된 경험이다. 얼마나 멀리 이동하였는지, 어떤 이동이었는지는 중요하지 않다. 이렇게 여행을 받아들이면, 여행 경험의 폭이 넓어지고, 소소하지만 소중한 경험들이 늘어난다. 기억저장소에 더 많은 여행 경험들이 더 오래 지속될 수 있다.

여행 경험의 범위를 결정하는 것은 오롯이 여행자 자신이다.

여행의 주체가 여행 경험의 범위를 어떻게 설정하는가에 따라, 여행 경험의 폭과 지속성 정도가 결정된다. 그대의 여행은 아직도 점과 점, 원심과 구심으로 구분되어 있는가? 그대가 놓친 점과 점 사이, 원심과 구심 사이의 경험들은 모두 어디로 갔는가? 그 소중한 경험들을 다시 여행 안에 들여놓을 수 있길 고대한다.

여행,
위대한 새로움 탐구

여행, 스스로 '경계'를 넘어서다

「올드 라임 연못(Olde Lyme Pond)」이라는 그림이 있다. 미국의 인상주의 화가, 윌슨 어바인(Wilson Irvine)의 작품이다. 이 그림은 평범한 시골의 그리너리한(greenary) 평범한 연못을 표현했다. 작품의 배경이 되는 곳은 미국 코네티컷의 올드 라임 마을인데, 강원도 춘천의 어느 연못이라고 해도 될 만큼 익숙한 풍경이다.

그림을 보면 흐린 하늘 구름 사이로 옅은 빛이 새어 나오고 있다. 평온한 오후 언저리쯤의 시간으로 보인다. 그림 가운데에는 연못이 있고 멀리 산과 마을, 경작지들이 보인다. 연못에는 작은 조각배도 매여 있다. 연못 가장자리 물가에는 나무와 초화류가 다채롭게 서식하고 있다. 물 위 주변 풍경이 반사되고 있는 것으로 보아, 연못 한가운데는 잔잔하고 고요해 보인다.

월슨 어바인(Wilson Irvine)의 올드 라임 연못(Olde Lyme Pond)

이 그림 속 풍경에 '가장자리 효과(edge effect)'를 대입할 수 있다. '경계 효과'라고도 불리는 이 개념은 생태학의 중심 개념 중 하나로, 생태계의 종 다양성을 설명하는 데 매우 중요하다. 가장자리 효과는 두 개 이상의 서로 다른 서식지가 인접해 있을 때, 즉 서로 가장자리를 면하고 있을 때 나타나는 생태학적 효과를 말한다. 가장자리에는 서식지 한가운데보다 더 많은 생명체가 서식한다. 다른 서식지에서 생활하는 생명체들이 서로 교차하며 이동하고 머물기 때문이다. 생존을 건 치열한 경쟁의 현장이기도 하다. 다양한 종들이 만나므로 종 다양성도 높다. 자연스럽게 먹이도 많고 몸을 숨기기에도 좋다. 짝 찾기도 용이하다.

우리 주변의 대표 가장자리는 습지(wetland)다. 바다와 육지, 강과 육지, 하천과 육지가 만나는 일종의 점이지대이기도 하다. 수많은 생명체의 보고이자 전 세계 종 다양성 연구의 핵심구역으로 꼽힌다. 습지를 지구의 허파라 부르며 세계적으로 보존하고자 노력하는 이유기도 하다.

「올드 라임 연못」은 여러 서식지와 가장자리 즉 경계 부분이 잘 표현된 그림이다. 연못이라는 서식지를 중심으로 주변 초화류가 자라는 습지, 나무가 자라는 육지, 멀리 보이는 산과 경작지까지 다양한 서식지들이 배치되어 있다.

그림 속 연못 가운데는 비교적 고요하고 평안하다. 그곳에 사는 생명체들은 새로운 자극이 많지 않지만, 안락하게 하루하루를 보낼 수 있을 것이다. 반면 연못과 습지, 습지와 육지, 경작지와 산이 만나는 가장자리와 경계 부분은 늘 변화무쌍할 것이다. 그 가장자리를 넘어야, 그 경계를 지나가야 다른 서식처로 갈 수 있기 때문에 필연적으로 이동량이 증가할 것이다. 우리 눈에 보이지 않지만 많은 생명체의 치열한 경쟁과 생존을 건 사투가 진행되는 곳일 것이다.

한번 상상해보자. 당신이 지금 그림 속 연못 한가운데에 있는 '작은 개구리'라고 말이다. 언뜻 보면 연못 한가운데는 안락하고 평온해 보이지만, 당신은 여기 계속 있을 수 없다. 당신의 작은 몸을 가려줄 수초도 없고, 먹이도 적다. 천적들이 사방에서 공격할 수 있으므로 어디를 보고 있어야 할지도 모르겠다. 친구들도 없다. 당신은 숨을 곳을 찾기 위해, 짝을 찾기 위해, 친구를 만나기 위해, 먹이를 구하기 위해 연못 가장자리로 헤엄쳐야 한다. 그래야 살 수 있다.

개구리는 본능적으로 알고 있을 것이다. 가운데가 아니라 가장자리로 가야 한다는 것을. 그러나 연못 한가운데에서 가장자리로 헤엄치는 것도 큰 용기가 필요하다. 두려움을 넘어야 한다. 이동의 과정은 긴장의 연속이다. 가다가 물뱀을 만날 수도 있고, 가려는 곳은 가보지 않은 곳이라 두렵다. 설령 가보았다 해도 변화무쌍한 곳이라 현재 어떤 상황인지 예측이 불가능하다. 간혹 조각배를 타는 인간들도 출몰하여 당신을 위험에 빠트릴 수도 있다.

그럼에도 개구리는 기꺼이 위험을 감수한다. 연못 가장자리까지 용감하게 나아가고 경계에 다다른다. 가장자리에는 수초가 많아 몸을 숨기기 좋다. 수초가 많으니 먹이도 풍부하다. 짝도 친구도 만날 수 있다. 여차하면 가장자리를 지나 뭍으로도 갈 수 있다.

결국 이 작은 개구리에게 이동은 생존을 위한 필수조건이다. 평범한 개구리로 개구리답게 살기 위한 전제조건이다. 개구리가 두려움을 넘어 이동하지 않았다면, 연못 한가운데에 계속 머물렀다면, 잠시 안락했겠지만, 살아남지 못했을 것이다.

우리가 여행하는 이유도 이와 비슷하다. 연못 한가운데처럼 안락함과 편안함만을 추구하며 살 수 있지만, 우리의 뇌는 끊임없이 새로운 영역으로 삶의 반경을 넓혀나갈 것을 제안한다. 가장자리를 넘고, 경계를 지날 것을 제안한다. 안정이 오래 지속되면, 권태가 되기 때문이다. 결국 곪고 썩게 되기 때문이다.

"내 피는 식고, 내 삶은 고여버렸다."[52] 문요한의 『여행하는 인간』 서문에는 저자가 여행을 떠나야겠다고 결심하는 순간의 심정을 이렇게 표현하고 있다. 이처럼 권태로 삶이 정체되면 '매너리즘'에 빠지고 자극에 잘 반응하지 못하는 '만성적 불응기'가 나타난다. 새로운 자극이 있어도 잘 인지하지 못하고, 받아들이지 못한다. 자극에 대한 반응의 감수성도 떨어진다.[53] 무엇을 경험해도 그저 시큰둥할 뿐이다. '그게 그거다'라는 말을 입에 달고 산다.

자신에게 중요한 사람들과의 관계도 삐걱대게 된다. 매너리즘에 빠져 있으니 주변의 많은 관계가 버겁고 힘겨울 뿐이다. 기존의 틀에 갇혀 독창성과 신선미, 창조력을 잃어가고[54], 즐거움도 행복도 잘 느끼지 못한다.

그래서 우리 뇌는 더 잘 살기 위해 '긴장의 항성성'을 유지하려고 노력한다. [55] 매일 루틴하게 반복되는 삶의 매너리즘에서 벗어나라고 명령한다. 어서 당신이 머무르고 있는 연못 한가운데를 벗어나, 자극을 구하고, 새로움을 발견하라고 명령한다. 스스로 긴장을 선택하는 '창조적 긴장'을 만들어내라고 명령한다. 비록 긴장될지라도, 다소 위험할지라도 그렇게 해야 한다고 강조한다. 피를 다시 뜨겁게 덥히고, 스스로 '삶의 역동성'과 '삶의 생동력'을 만들어내라고 한다. 「올드 라임 연못」의 작은 개구리가 그랬던 것처럼.

파울로 코엘료(Paulo Coelho)의 『순례자(The Pilgrimage)』에는 이런 문장이 있다. "산이 높다는 걸 알기 위해 산에 올라가는 것이 아니다. 배는 항구에 있을 때 가장 안전하지만, 항구에 머물기 위해 만들어진 것이 아니다."[56] 이는 산티아고 순례길의 안내자, 페트루스가 코엘료에게 전한 유명한 가르침 중 하나다. 우리가 기꺼이 위험을 무릅쓰고라도 가장자리의 경계를 넘어야 하는 이유를 대변하는 말이기도 하다.

그래서 여행은 여행자 스스로, 자신이 살고 있는 서식지의 경계를 넘어서는, 자발적 선택이다. 여기에서 경계는 '공간의 경계'일 수도, 두려움을 극복하는 '심리적 경계'일 수도 있다. 여행자 자신의 '생각의 경계'일 수도, 그가 속한 사회의 '문화적 경계'일 수도 있다. 바라보고 생각하는 관점과 관련된 '시선의 경계'일 수도 있다. 그러나 분명한 것은, 어떤 경계이든, 우리는 자주 그 경계를 뛰어넘어야 한다는 것이다. 가장자리로 나서야 한다는 것이다. 경계를 뛰어넘어야만 새로운 길을 만날 수 있고, 가장자리를 지나야만 새로운 환경을 경험할 수 있다. 나라는 배가 비로소 드넓은 바다에서 항해할 수 있다.

'내 피는 식고, 내 삶은 고여버렸다'고 불평하기 전에, '삶이 권태롭고 무기력하다'고 한탄하기 전에, 스스로가 연못 한가운데에서 안주하며 매몰되어가고 있는 것은 아닌지 생각해보아야 한다. 편안함과 안정감에 취해 권태와 매너리즘을 애써 모른척하고 있는 것은 아닌지 생각해보아야 한다.

올해, 이 계절에, 이번 달에, 이번 주에, 오늘, 바로 이 순간에 어떤 '창조적 긴장'을 만들어내고 있는지 자문해볼 필요가 있다. 혹시 지금이 긴장과 위험을 무릅쓰고라도 가장자리로 나가 새로움을 발견해야 하는 시기가 아닌가 되짚어보아야 한다. 혹시 지금이 스스로 '긴장의 항상성'을 점검하고 삶의 역동성을 받아들여야 하는 시기가 아닌가 되물어야 한다.

무엇이 두려운가. 수많은 작은 개구리도 용감하게 선택한다. 우리도 그저 한 발 떼면 된다. 그 한 발이 또 다른 한 발을 떼게할 테니, 두려워 말고 첫발을 떼면 된다. 바로 지금.

'스트레스(stress)', 한국인이 가장 많이 사용하는 외래어
다. 스트레스는 라틴어인 'stringor'에 뿌리를 두고 있는데, '팽팽
히 죄다'라는 뜻이다. '긴장'을 의미한다. 이는 신체적, 정서적 중
압감을 주는 어떤 대상에 대한 지극히 정상적인 인간의 반응이
다. 스트레스라는 단어는 물리학 등의 공학 분야에서 사용되다
가 의학계에 도입되었다. 이후 만병의 근원 혹은 우리 사회의 고
질적 문제로 인식되고 있다. 문제는 이 스트레스가 대단히 부정
적인 의미로만 인식되고 있다는 것이다.

긴장을 의미하는 스트레스는 사실 우리 삶의 중요한 순간에
늘 함께한다. 중요한 시험이나 면접을 앞두고 있을 때, 새로움
을 경험할 때, 예상치 못한 일이 벌어졌을 때, 스트레스는 우리
의 마음을 다잡아주는 기능을 한다. 집중력과 상황에 대한 대
처 능력을 높여준다. 이를 보통 '긍정적 스트레스'라고 한다. 당
장에는 좀 부담스럽지만, 적절히 대응하면 상황이 더 나아질
수 있도록 도와주는 스트레스를 말한다.[57] 일반적으로 긍정적
스트레스의 수준은 적정선을 넘지 않고, 일시적인 경우가 많
다. 그래서 긍정적 스트레스는 우리 삶에 꼭 필요한 '건강한 스
트레스'라고 할 수 있다.

반대로 '부정적 스트레스'는 자신의 대처나 적응에도 불구하

고 긴장이 지속되어, 신체적인 문제나 불안, 우울 등의 심리적 증상을 불러오는 것을 말한다.[58] 긍정적 스트레스와 달리 긴장의 강도가 과도하게 높고 긴장 상태가 지속되는 경우가 많다. 긴장의 강도와 지속성에 압도되어 긍정적 미래를 꿈꾸기 어렵다. 이를 '디스트레스(distress)'라고도 부른다.

여행은 대부분 새로운 무엇을 경험하는 과정이다. 물론 새로움을 느끼는 대상과 정도는 사람마다 각양각색이다. 타국이나 타문화, 특정 공간과 시간, 음식과 생활문화, 풍경, 식물과 동물, 그 안의 타자(others)들은 다 새로움의 대상이 된다. 몰랐던 나 자신의 모습 역시 여행에서 느끼는 새로움의 대상이다. 과거의 상황들을 새로운 관점으로 보는 시선의 새로움도 있다. 어떤 새로움이든 우리의 여행이 설레는 이유는 바로 새로움 덕분이다.

여행 중 새로움을 대할 때는 필연적으로 긍정적 스트레스 혹은 건강한 스트레스가 동반된다. 여행자가 의식하든 못하든 간에 일시적 긴장 상태가 만들어진다. 뇌에서는 도파민(dopamine)[*],

---

[*] 도파민(dopamine)은 인간의 즐거움과 행복, 긍정적 마음, 다양한 감정, 두려움과 공포 등과 연계된 신경호르몬 혹은 신경전달물질이다. 도파민은 맛있는 음식을 먹을 때, 운동할 때, 걸을 때, 좋아하는 사람과 대화할 때, 사랑할 때 등 우리가 일상에서 즐거움과 만족, 행복을 느끼는 대부분의 순간에 분비된다. 일반적으로 도파민이 부족하면 파킨슨병 같은 퇴생성 뇌질환에 걸리고, 반대로 과도하게 분비될 경우 강박증, 조현병 같은 정신적인 문제를 동반하는 것으로 알려져 있다.
(출처 : https://namu.wiki)

세로토닌(serotonin)* 같은 즐거움 혹은 행복 관련 신경호르몬(신경전달물질)이 분비된다. 그래서 새로움을 대할 때는 기분 좋은 긴장감과 설렘이 온몸을 감싼다. 심장이 살짝 빨리 뛰고, 숨이 빨라지고, 식은땀이 난다. 머릿속이 맑아지면서 새로움에 집중하게 한다. 집중을 통해 우리의 오감이 활짝 열린다. 시각은 시각대로, 청각은 청각대로, 후각은 후각대로 새로운 자극을 받아들이고자 자극수용의 폭을 넓힌다. 수용된 자극을 더 잘 이해하도록 두뇌도 활발히 움직인다. 모두 긍정적 스트레스 혹은 건강한 스트레스 덕분이다.

건강한 스트레스는 여행에서 발생하는 돌발상황에 대한 대처능력도 높여준다. 여행지에서 길을 잃었을 때, 가고자 하는 식당이 문을 닫았을 때, 기차 시간에 늦었을 때 등의 예측하지 못한 상황에서 우리를 적절하게 대처하게 한다. 대안을 찾고 용감하게 선택하게 한다. 휴양지에서 편하게 쉬는 여행일지라도 여행 중에는 늘 건강한 스트레스가 함께한다. 그곳까지의 이동도, 경험하지 못했던 여행의 시간도, 새로운 풍경도, 여행 중의 나와 주변 사람들까지 모두 새로움의 대상이 되기 때문이다.

여행 중에만 긴장과 설렘이 있는 것은 아니다. 여행 가기 전

---

* 세로토닌 역시 신경전달물질로 사람의 감정에 중요한 영향을 미친다. 세로토닌 역시 행복호르몬이라고 불린다. 밤에 잘 자고 낮에 햇빛을 쫴야 세로토닌 분비가 적정량에 도달한다.
(출처: https://namu.wiki)

날 밤, 심장이 미리 두근거리고 잠을 잘 이루지 못한 경험이 있을 것이다. 여행 전 자료를 찾고, 책을 읽고, 누군가의 여행담을 미리 읽고, 일정을 정리하며 설렘을 느끼기도 한다.

여행 후에도 마찬가지이다. 휴대폰의 여행 사진을 정리하며, 가져온 기념품들을 들여다보며, 누군가와 여행담을 공유하며 설레었던 여행의 순간으로 되돌아간다. 간혹 TV에서 내가 갔던 여행지 이름만 나와도 여행의 기억이 자동 소환된다. 그 여행의 기분 좋은 긴장감과 설렘도 같이 소환된다. 과거의 여행 경험을 다가올 미래여행에 덧대어보고, 다음 여행을 상상하는 과정 역시 단연코 설렘이다. 이 또한 새로운 경험에서 유발되는 기분 좋은 건강한 스트레스다.

멀리, 오래 가는 여행에서만 건강한 스트레스가 나오는 것은 아니다. 평범한 일상의 '보통여행'을 통해서도, 소소하지만 소중한 '소소여행'을 통해서도, 기분 좋은 긴장감과 설렘을 느낄 수 있다. 새로운 산책길로 잠깐 걸어봤을 때, 산책길 겹벚꽃이 갑자기 만개했을 때, 계수나무 단풍이 일순간 형용할 수 없는 노랑으로 물들었을 때, 손가락만 했던 텃밭 오이가 며칠 사이 제법 오이답게 자랐을 때, 자주 가던 카페에서 새로운 맛의 디저트를 발견했을 때, 친구의 얼굴에서 못 보던 미소를 보았을 때 등, 우리 일상에도 여행의 새로움은 충분하다. 앞으로도 충분할 것이다. 우리는 그저, 그 새로움을 잘 발견할 수 있도록 오감을 활짝 열어두기만 하면 된다.

여행, 저마다의 새로움 탐구 과정

여행은 일종의 새로움 탐구 과정이다. 여행 중 우리는 기꺼이 새로운 곳으로 이동하여 새로운 풍경을 보고, 새로운 음식을 먹어보고, 새로운 사람을 만난다. 새로운 생각과 창의적 아이디어가 찾아드는 기회를 만난다. 일상을 새롭게 바라볼 기회도 마주한다. 잊고 있었던, 그동안 발견하지 못했던, 애써 감춰왔던, '새로운 나'를 발견하는 시간이기도 하다. 결국, 여행은 각양각색의 새로움과 조우하는 시간이다.

'새로움', 우리가 일상적으로 접하는 아름다운 우리말이다. '이전에는 없었던 것', '전과 달리 생생하고 산뜻하게 느껴지는 것'을 대할 때의 느낌을 말한다. 전에는 경험해보지 못한 것으로 설렘과 기대감, 창의력을 불러일으킨다. 생생하고 산뜻한 느낌이라고 할 수 있다.

새로움은 다가올 위험을 감지하고 대비하는 데에도 긍정적인 역할을 한다. 이는 우리 인간의 본성이기도 하고 생존전략이기도 하다.[59] 그런데 다른 각도에서 보면, 새로움은 일종의 '변화'이자 일상의 익숙한 무언가를 바꿔야 하는 '번거로움'이기도 하다. 걱정과 두려움을 불러일으키기도 하고 안정감과 인내심을 떨어트리기도 한다. 모든 새로운 것들은 예측이 어렵기 때문이다. 그래서 새로움은 회피 대상이 되기도 한다.

문요한의 『여행하는 인간』에는 윌리엄 그리노(William Greenough)의 실험 결과가 기술되어 있는데, 그 연구 결과가 매우 흥미롭다. "새로운 경험을 하거나 다양하고 복잡한 환경을 경험한 동물들은 빠릿빠릿하고 행복해 보이며 더 똑똑"하다는 것이다.[60] 여행을 통한 새로움의 탐구가 여행자를 행복하게 하고 더 스마트하게 바꾼다는 것이다. 새로움을 그냥 '새것' 혹은 '번거로운 것'으로 치부해서는 안 되는 이유다.

행동과학 전문가 위니프레드 갤러거(Winifred Gallagher)가 2012년 출간한 『NEW』에도 새로움과 관련된 흥미로운 이론이 있다. 저자는 새로움이 인간의 본능이며 유전자와 환경의 상호작용이라고 설명한다. 저자는 새로움에 대한 인간의 반응이 세 가지 유형으로 구분된다고 주장했다.[61] 새로움에 기꺼이 부딪히거나, 회피하거나, 아니면 그냥 지켜보거나.

새로움을 기꺼이 맞닥뜨리는 사람들은 '네오필리아(neophilia)'의 성향이 강한 사람들이다. 전체 인구의 10~15% 정도가 여기에 해당된다. 이때 네오필리아(neophilia)는 '새로운(new)'이라는 뜻의 그리스어 'Neo'와, 무언가를 사랑하는 행위나 증상을 의미하는 접미사 '~philia'가 합쳐진 단어이다. Neo 대신 다양한 단어들이 결합될 수도 있다.

네오필리아 성향의 사람들은 새로움을 받아들일 때 즐거움과 관련된 신경호르몬인 도파민 분비가 상대적으로 더 많다. 그로 인해 새로운 자극을 받아들일 때 기대감과 설렘, 쾌감 등의 긍정적 느낌을 더 많이 받는다. 새로움에 대한 수용성이 높다 보니 변화도 잘 받아들인다. 새로운 것이 나오면 바로 경험해보는 '얼리버드(early bird)'들이 여기에 해당된다. 네오필리아 성향은 초스피드 사회, 디지털 사회에서 빠른 도전을 감행하게 하여, 경험을 선도하거나 우위를 점하는 데 유용하게 활용된다. 물론 그만큼 실패도 많다.

반대로 새로움을 매우 싫어하고 변화를 잘 수용하지 않는 사람들은 '네오포비아(neophobia)'의 성향이 강한 사람들이다. 이 역시도 전체 인구의 10~15% 정도 해당된다. 네오포비아(neophobia)의 '~phobia'는 특정 대상에 대해 느끼는 공포와 불안 장애를 의미한다.* 네오포비아 성향의 사람들은 새로움을 잘 수용하지 못한다. 새로운 환경을 접하면 심리적으로 불안해하고 심하면 공포까지 느낀다. 변화에 대한 수용성이 낮고 작은 변화에도 민감하다. 네오포비아 성향의 사람들은 대부분 예측

---

* 이런 경향을 가진 사람들은 특정 대상에 대해 회피하는 성향이 있으며 과도할 경우 공포증으로 나타나기도 한다. 네오포비아(neophobia) 외에도 생명공포증(biophobia), 동물공포증(zoophobia), 식물공포증(anthophobia) 등이 있다.

가능한 것에 안정감을 느낀다. 실패를 좋아하지 않는다. 그래서 새로움 같은 돌발변수나 변화를 반기지 않는다. 이들은 다양한 새로움을 발굴하기보다 안정된 삶을 지향하고, 깊은 사유를 통해 의사결정을 하는 경우가 많다.

마지막으로 '중간자'의 성향이 있다. 네오필리아와 네오포비아 사이에 위치한 이들은 전체 인구의 70~80% 정도 해당된다. 대다수의 사람들은 여기에 속해 있다고 할 수 있다. 중간자 성향의 사람들은 새로움으로 인한 변화와 위험을 우선 지켜본 이후에 의사를 결정한다. 상황을 지켜본 이후 결정해도 늦지 않는다고 생각한다. 이들은 새로움과 안정감에 대한 욕구가 비슷한 사람들로 비교적 신중한 성격을 갖고 있다. 주로 얼리버드들의 경험을 먼저 관찰한 후, 그 경험이 자신에게 적절한지 아닌지 판단하고 선택 여부를 결정한다.

사람마다 새로움을 받아들이는 태도는 제각각이다. 새로움을 대하는 태도와 새로움을 경험하는 빈도도 사람마다 다를 수밖에 없다. 그러나 분명한 것은 여행이 안정된 삶에 새로운 경험을 끌어들이는 시간이라는 것이다. 새로움과 끊임없이 조우하는 시간이라는 것이다. 새로움을 통해 고요한 수면에 반짝이는 잔물결, 윤슬을 만들어내는 시간이라는 것이다. 삶에 산소를 공급하는 시간이라는 것이다. 자발적으로 변화를 끌어들이고 그 변화를 통해 생생하고 산뜻한 느낌, 설렘과 기대감, 창조적 긴장과 창의력을 경험하는 시간이라는 것이다.

우리는 여행에 앞서 우리 자신이 새로움을 어떻게 받아들이고 대하고 있는지 살펴야 한다. 당신은 네오필리아의 성향이 강한가? 중간자인가? 아니면 네오포비아 성향인가? 새로움과 변화를 어느 정도 수용할 수 있는가? 어느 정도까지 수용해야 당신의 설렘과 기대감이 정점에 이르는가? 이 질문의 답에 따라 당신의 여행이 달라질 것이다. 당신이 선택하는 여행지와 이동의 유형, 여행지에서의 선택과 행동이 달라질 테니 말이다.

당신의 여행이 당신답기 위해 스스로 묻고 답해야 하는 질문이 참 많다. 유행처럼 휩쓸리듯 여행하지 않기 위해, 표류하듯 떠다니는 여행자가 되지 않기 위해, 남의 여행을 내 것인 양 착각하지 않기 위해, 나의 여행이 누군가의 여행을 'ctrl+c' 'ctrl+v'한 것이 아니기 위해, 번거로워도 스스로에게 물어야 한다. 나는 새로움과 변화에 어느 정도 민감한 사람인가?

여행, 새로움 발견의 선순환

여행은 잔잔한 연못에 던지는 '조약돌'과 닮았다. 고요하고 안정되어 있지만 흐르지 않으면 곧 썩어버릴 연못에, 작은 조약돌을 던져 '새로운 파동(波動)'을 만들어내기 때문이다. 움직임과 변화를 만들어내기 때문이다. 여기서 중요한 것은 남이 아닌, 나 스스로 조약돌을 던진다는 것이다. 스스로 삶이라는 연못에 물결을 일렁이게 하고, 기꺼이 삶의 역동성을 창조해낸다. 여행이라는 조약돌이 만들어내는 파동은 연못에 산소를 듬뿍 부어 넣는다. 연못 주인에게 시원하고도 큰 숨을 쉬게 한다. 고인 삶이 썩지 않게 한다.

그러면 우리는 삶이라는 연못에 얼마나 큰 조약돌을 던져야 하는가? 얼마나 자주 던져야 하는가? 어떻게 하면 조약돌이 만들어내는 새로운 파동의 설렘을 더 잘 느끼고 간직할 수 있는가? 앞 장에서 언급한 새로움을 대하는 태도에 따라 달라질 것이다.

네오필리아 성향의 사람들은 늘 새로움을 탐닉한다. 여행과 이동 자체가 그들 삶의 목표이고 일부인 경우가 많다. 스스로 끊임없이 잔잔한 연못에 조약돌을 던져 파동을 만든다. 조약돌의 크기나 파동의 높이는 그리 중요하지 않다. 새로운 조약돌, 그 조약돌로 인한 새로운 파동이면 충분하다. 그 파동을 통해 변화를 탐닉한다. 기꺼이 선택하여 역동적 삶을 살아간다.

다만 네오필리아의 성향이 강한 경우 새로움을 경험하는 과정 자체가 습관이 될 수 있다. 강렬한 새로운 자극에 계속 노출되면, 도파민 과다분비로 중독증상이 나타나기 때문이다. 분명 새로움을 만들어냈으나 그 새로움이 더 이상 긍정의 에너지를 생산하지 못하거나, 설렘과 기대감, 창의력을 만들어내지 못할 수도 있다. 더 감각적이고 더 자극적인 새로움을 찾아 헤매기도 한다. 이런 경험이 지속되면 새로움을 새로움으로 인식하지 못하고 모든 것에 흥미를 잃는 뇌 구조로 변형될 수 있다.

이 경우 무턱대고 새로움을 빨리 수용하기보다 새로움을 대하는 태도를 점검할 필요가 있다. 여행 목적지를 선택할 때, 여행지에서의 다양한 행동을 결정할 때, 조금 더 천천히, 조금 더 깊게 새로움을 관찰하고 도입할 필요가 있다. 너무 많은 곳을 경험하기보다, 천천히 한 곳을 오래 경험하는 연습이 도움이 된다. 너무 자주 조약돌을 던지기보다, 조약돌이 만들어내는 새로운 파동을 천천히 살피는 경험이 더 중요할 수 있다. 더 많은 새로움을 효율적으로 경험하기 위한 노력을 잠시 접어두고, 천천히 걷고 사색하고 자신을 들여다보는 시간을 충분히 갖는 것이 중요하다. 여행이 습관이 되지 않도록, 중독이 되지 않도록, 여행의 설렘과 기대감을 계속 유지하기 위한 자기만의 노력이 필요하다.

반대로 네오포비아 성향이 강한 사람들은 큰 조약돌보다 작은 조약돌을 더 자주 삶에 던질 필요가 있다. 네오필리아와 네오포비아 사이의 중간자들도 마찬가지다. 이들은 대부분 새로움을 꺼린다. 새로움으로 인한 변화를 번거로움과 두려움으로 받아들인다. 그러나 정도의 차이만 있을 뿐 새로움은 우리 삶의 필수요인이다. 새로운 조약돌이 던져져야 새로운 파동이 만들어지고, 산소가 공급된다. 연못이라는 삶이 썩지 않는다. 연못이 연못답게 수초도 품고 개구리도 살 수 있도록 넉넉해지기 위해서는 반드시 산소가 필요하다.

이들의 새로움은 네오필리아의 그것만큼 강렬하고 자극적이지 않아도 좋다. 큰 조약돌의 큰 파동만 필요한 것은 아니다. 강도가 크지 않아도 좋다. 빈도가 높지 않아도 된다. 작은 조약돌로 만들어지는 잔물결 같은 '소소한 새로움'이면 충분하다. 작지만 의미 있는 변화면 충분하다. 물리적으로 혹은 수평적으로 이동하는 것도 좋지만, 공간을 깊고 다양하게 경험하는 수직적 이동이나 심리적 이동도 좋다. 일상에서 작은 새로움을 자주 발견하는 것이 곧 조약돌을 던지는 과정이나 진배없다. 텃밭에 나가는 것도, 봄나물 마실을 나가는 것도, 공원에 가는 것도, 새로운 카페에 들르는 것도 모두 삶의 파동이다. 내가 만들어내는 유의미한 변화이자 보통여행이다.

문제는 이 소소한 새로움이 자주 간과되고 잊힌다는 것이다. 어느 순간 새로움이 더 이상 새롭지 않은 것으로 변질된다는 것이다.

이 경우 매일매일 새로움을 발견하고 기록해볼 것을 추천한다. 기록은 또 다른 새로움의 발견으로 이어진다. 가급적 상세하게 기록하는 것이 좋다. 예를 들어 '초봄의 벚꽃' 혹은 '가을나무' 정도로 기록하는 것이 아니라, '4월 중순 오전 10시 산책길 어디에서 만난 연분홍 겹벚꽃', 혹은 '10월 중순 어떤 하천 변 살랑거리는 연노랑 버드나무 가지' 등과 같이 기록한다. 그 새로움을 발견한 시간과 장소, 그때의 상황을 조금 더 구체적으로 기록한다. 한참 시간이 지나도 그 새로움이 내 눈에, 내 마음에 다시 소환될 수 있게 말이다. 다음의 새로움을 기대하고 설렐 수 있도록 말이다.

이 작은 연습으로 의미 있는 새로움을 더 많이 발견할 수 있다. 나무는 그냥 이름 모를 나무, 돌은 그저 돌, 사람은 다 똑같은 사람이라고 생각하지 않게 된다. 각자가 가진 이름과 개성, 독창적 아름다움을 더 잘 발견하게 된다. 다음에 그 장소를 다시 찾았을 때 더 많은 새로움을 추가적으로 발견하게 된다. 그야말로 '새로움 발견의 선순환'이다. 새로움을 발견했을 때의 설렘도 같이 기억된다. 나는 이것을 '새로움 일기'라 부른다.

'일상에서, 언제, 어디서, 무엇에 새로움을 느끼고 있는가?', '바로 지금 당신 주위에는 어떤 새로움이 있는가.' 이 질문의 답이 잘 떠오르지 않는다면 책을 덮고 찬찬히 되짚어보길 바란다. 혹 새로움을 발견하는 눈은 잃어버린 채, 멀리, 오래, 안 가본 곳으로 떠날 준비만 하고 있는 것은 아닌지 말이다. 일상에서 새로움을 잘 발견하는 사람이 여행에서도 새로움을 잘 발견하기 마련이다. 일상의 시선과 경험이 여행으로 확장되는 것은 당연하다. 일상의 나와 여행자인 내가 같은 렌즈를 끼고 있기 때문이다. 설레는 여행을 하고 싶다면, 일상에서 먼저 '새로움 발견 연습'이 필요하다.

지금 당신 옆에 있는 새로움을 발견해보라. 초봄 언 땅을 뚫고 나오는 초록 잎, 저마다 다른 나무들의 가을 단풍, 우리 동네 새로운 카페, 처음 마셔본 차, 자주 가는 카페의 새로운 원두, 처음 시도해본 헤어스타일, 소중한 사람들의 새로운 표정과 말투, 우리 이웃의 몰랐던 이야기, 새로운 향기, 새로운 음악과 문장, 처음 듣는 새소리, 어제와 다른 오늘의 바람 질감…. 생각보다 우리 주변의 새로움은 정말 많다. 당신이 그것을 얼마나 알아보는가가 당신 삶의 역동성을 결정한다.

뷔자데 렌즈, 일상의 새로움을 알아보는 눈

'데자뷔(Dejavu)'라는 단어를 들어본 적이 있을 것이다. 최초의 경험임에도 불구하고 이미 본 적이 있거나 경험한 적이 있다고 생각하는 느낌 혹은 환상을 말한다. 기시감(旣視感)과 유사하다. 처음 간 곳이 낯익게 느껴지거나, 처음 본 사람인데 어디서 본 것 같은 느낌을 받을 때 데자뷔를 경험한다.

최근 데자뷔와 반대되는 '뷔자데(Vujade)'라는 신조어가 등장했다. 이는 데자뷔의 글자를 역으로 뒤집은 말이다. 글자를 뒤집

었듯이 의미도 반대다. 뷔자데는 익숙한 대상에서 새로움을 발견하는 것을 의미한다. 내 방, 우리 집, 우리 회사, 우리 학교, 우리 동네, 자주 가는 슈퍼마켓과 카페, 산책길 등과 같은 일상 공간에서 그동안 잘 인지하지 못했던 새로움을 발견하는 것을 말한다.

고대 그리스의 철학자 헤라클레이토스(Heraclitus of Ephesus)는 "만물은 움직이고 있어 무릇 모든 것이 머물러 있지 않다. 사람도 두 번 다시 같은 물에 들어갈 수 없다"라고 했다. 두 번째 발을 담글 때의 강은 첫 번째와 같은 강이 아니고, 발을 담그는 자도 같은 사람이 아니기 때문이다.

우리 일상에서도 이런 경험은 정말 많다. 아이들의 키나 머리카락은 매일 조금씩 자라고 있다. 우리가 잘 알아채지 못하는 것일 뿐, 사실은 늘 변하고 있다. 매 순간 다른 길이로 존재했지만, 관찰자인 내가 같다고 느낄 뿐이다. 그러다 문득 임계점에 다다르면 그제야 훌쩍 자란 머리카락과 손톱을 발견한다. 그제야 변화를, 새로움을 인지하는 것이다. 가시적으로 큰 변화가 생기기 전까진 그저 똑같다고 느낄 뿐이다. 흐릿하고 불투명한 렌즈를 끼고 있어서 일상의 새로움을 잘 알아채지 못할 뿐이다. 무릇 모든 것이 머물러 있지 않음을, 한시도 같았던 적이 없었음을 잘 인지하지 못할 뿐이다.

어떤 이는 매일 생활하는 일상 공간이 다 비슷비슷한데 어떤 새로움이 있다는 것인가 의구심을 가질 것이다. 이들이 생각하는 삶은 너비와 깊이로 구성된 2차원의 세상, 즉 평면의 세상이다. 종이 위에 선으로 그려진 2D 평면도(plan)와 유사하다. 그런데 우리 삶은 평면이 아니다. 2차원이 아니다. 우리 삶은 명백히 3차원이다. 너비, 깊이에 높이 값을 더한, 면과 면으로 이루어진 3차원의 입체다. 3차원으로 삶을 보면 우리 삶이 수직적으로, 입체적으로 확장된다. 2차원으로 볼 때는 보이지 않던 새로운 축이 열린다.

이때 높이 값을 시간 축으로 설정할 수 있다. 그러면 가로축은 공간이 되고 세로축은 시간이 된다. 이 관점으로 보면 우리 삶은 한순간도 같을 수 없다. 같은 적이 없다. 공간 축은 변화를 인지하지 못할 만큼 아주 조금씩 변한다. 반면 시간 축은 늘 변화무쌍하다. 아침부터 밤까지, 1월부터 12월까지, 봄부터 겨울까지, 올해부터 내년까지 늘 변하고 있기 때문이다.

오늘 아침 출근길에 보았던 버드나무 잎은 어제의 그것과 다르다. 불과 하루 만에 잎이 새로 났을 수도, 연두색이 진해졌을 수도, 바람에 더 많이 흔들리고 있을 수도 있기 때문이다. 작년에 보았던 텃밭 머위는 올해의 머위와 다르다. 뿌리 번식을 늘렸고 싹이 나온 위치도 추가되었기 때문이다. 늘 같다고 생각했던 가족의 얼굴도, 어떤 날은 밝고, 어떤 날은 침울하고, 어떤 날은 뾰로통할 수 있다. 삶을 입체로 보면, 3차원으로 보면,

시간 축을 도입하면, 우리는 단 하루도 같은 세상을 살고 있지 않다. 매일, 매시간, 매 순간 새로운 삶을 살고 있다.

따라서 일상에서 작은 새로움을 알아볼 수 있는 눈을 갖는다면, 우리 삶은 더할 나위 없이 풍성해질 것이다. 자주 설레고 자주 기대하게 할 것이다. 바로 지금이, 바로 여기가, 누구도 아닌 바로 내가, 더 좋아질 것이다.

매일 걷는 산책길 위에 서 있다고 상상해보자. 일상의 작은 새로움을 알아본다면 산책할 때마다 나무색이나 꽃의 변화, 초본이 자라는 속도, 햇살의 눈부심, 그늘의 모양과 농도, 산책동무들과의 대화, 길고양이의 표정 등, 각양각색의 새로움을 발견할 수 있다. 그 새로움은 산책길을 풍성하고 충만하게 바꿔 줄 것이다. 같은 길을 꾸역꾸역 걷는다는 느낌은 들지 않을 것이다. 늘 여행하듯 산책하고, 여행하듯 새로움을 경험할 수 있을 것이다. 여행하듯 일상을 살아갈 수 있을 것이다.

최근 여행의 '일상성'이 대두되고 있다. '2020년 국내여행 트렌드'*에는 '짧게 자주 떠나는 여행의 일상화(make trips nearby)'에 대한 내용이 포함되기도 했다.[62] 멀리 이동하여 오래 체류하는 여행만큼, 당일 혹은 반나절, 아니면 한두 시간, 짧지만 부담

---

* 문화체육관광부와 한국관광공사는 2020년 국내여행 트렌드를 R.E.F.O.R.M.의 여섯 가지 키워드로 제시했다. 이 조사는 소셜미디어의 빅데이터를 활용하여 분석하였다.

없이 가볍게 여행하는 경향이 증가하고 있다. 피크닉이나 인근 맛집탐방, 카페탐방, 동네여행 등이 여기에 해당한다. 가까운 곳에서 의미 있는 새로움을 발견하고 즐기는 것도 마땅히 우리들의 보통여행이다.

이는 최근 문화관광(cultural tourism)의 흐름과도 맥을 같이한다. 과거 문화관광은 보존가치가 높은 역사문화유산을 대상으로 하는 경우가 많았다. 경복궁이나 콜로세움처럼 시대와 사회를 대표하는 랜드마크 중심이었다. 그러나 최근 문화관광은 역사문화유산뿐 아니라, 전통시장, 맛집, 골목길, 광장과 거리, 대학, 공장체험, 농촌여행, 사진여행, 박물관여행, 공원여행, 자전거여행, 떡볶이여행, 문학여행, 영화여행, 독서여행 등 동시대 소소한 생활자원으로 그 폭을 넓혀가고 있다. 이 역시 시간의 축적으로 만들어낸 결과물이라는 점에서 훌륭한 문화여행이 된다. 여행의 일상성을 증명하는 흐름이기도 하다.

삶은 수많은 선택의 합(sum)이다. 나의 삶은 나의 모든 선택의 합이다. 이제 우리는 삶을 3차원의 구조로 이해하고, 기꺼이 시간 축을 삶에 들여놓아야 한다. 그래야 매일, 매 순간 새로움을 발견할 수 있다. 자발적인 선택을 통해 새로운 오늘을 새롭게 채워나갈 수 있다. 새로운 나를 발견하고 더 따뜻한 시선으로 자신을 바라볼 수 있다. 일상의 새로움을 알아보는 '뷔자데 렌즈'가 꼭 필요한 이유다.

여행,
자유를 향한 위대한 단행

여행, 진정한 자유로움의 시간

자유에 대한 갈망은 여행의 주요 이유 중 하나다. 사람들은 일상의 억압과 의무에서 벗어나기 위해 기꺼이 시간과 수고로움을 들여 여행한다. 사전적으로 '자유(自由, freedom)'는 '외부적인 구속이나 어떤 것에 얽매이지 않고 자기 마음대로 할 수 있는 상태'를 말한다. 즉 자유는 행위 주체가 제 뜻에 따라 주도적으로 '자발적 선택'을 하는 것을 의미한다. 그래서 여행에서 느끼는 자유란 여행자 뜻대로 선택하고 주도적으로 행동함을 말한다. 물론 이는 타자를 배려하지 않는 이기적 행동과 차별된다.

파블로 네루다(Pablo Neruda)라는 시인이 있다. 그의 시를 엮은

『네루다 시선』 중 「시(Poesia)」라는 시에는 이런 문장이 있다. "내 심장은 바람에 풀렸어."[63] 이 문장은 여행의 자유로움과 관련하여 자주 거론되는 명문장이다. 심장 속에 켜켜이 쌓여 있던 고민과 번뇌, 불안함과 초조함이 바람에 훌훌 실려 나가는 모습이 상상된다. 도대체 얼마나 자유롭길래 심장이 바람 속에 풀린 것 같은 개운한 느낌을 받았을까?

그런데 사실 이 시는 여행에 대한 시가 아니다. "그러니까 그 나이였어…. 시가 나를 찾아왔어"[64]라는 구절로 시작되는 이 시는 네루다가 시를 만났을 때의 자유로움을 표현한 것이다. 시를 통해 자신의 감정을 고스란히 들여다보고, 마침내 언어로 표현하게 되었을 때, 진정한 자유를 느꼈다는 의미로 읽힌다. 또한 "나는 뭐라고 해야 할지 몰랐어. 내 입은 이름들을 도무지 대지 못했고, 눈은 멀었어"[65]라는 문장을 통해 표현할 수 없음의 답답함도 드러내고 있다. 표현하고 싶은 것을 표현할 수 없는 '나'는, 결국 자유로울 수도 없음을 함의한다.

여행도 사뭇 비슷하다. 우리는 여행을 통해 진정한 자신다움을 발견하고 자신을 표현할 기회를 얻는다. 자연을 좋아하는 사람은 자연 속에서 자신의 선호를 오롯이 드러낸다. 좋아하는

---

* 「네루다 시선」은 네루다의 여러 시집들을 엮은 것으로 「시(Poesia)」는 『이슬라 네그라 비망록』에 포함되어 있다.

나무 앞에서 멈추고, 생각하고, 이름을 궁금해하고, 이해하고, 기억하기 위해 기록한다. 음식을 좋아하는 사람은 맛집을 탐방하며 자신다움을 발견한다. 좋아하는 음식 앞에서 마냥 행복해하고 그 행복함을 언어로, 표정으로, 몸짓으로 표현한다. 맛을 표현하며 자신을 드러낸다. 여행 과정에서도 자기가 좋아하는 것을 발견하고, 좋아하는 것을 경험하기 위해 주도적으로 선택한다. 용감하게 실행한다. 그 과정에서 자신의 감정을 마음껏 표현한다. 그 선택과 표현이 여행자들을 자유로움으로 이끈다.

그래서 여행 중에는 '몰랐던 나'의 모습이 툭 튀어나오기도 한다. 꽁꽁 싸매 놓았던 '온전한 나'가 어떤 형식으로든 표출된다. 바람 넣은 풍선 위에 올려둔 물건을 쓱 들어낸 것처럼, 비로소 온전한 풍선의 모양새가 드러난 것처럼 말이다. 얼마나 시원하고 개운하겠는가? 얼마나 자유롭겠는가? 심장이 바람에 풀린 것 같은 자유로움까지인지는 모르겠으나, 여행이 답답한 마음에 빗장을 열어주는 기회가 됨은 분명하다. 몰랐던 혹은 애써 눌러놓았던 자기 모습을 발견하는 시작점이 됨도 분명하다.

작가 네루다의 삶도 이 시와 닮았다. 네루다는 필명으로 그의 본명은 '네프탈리 리카르도 레예스 바소알토(Neftalí Ricardo Reyes Basoalto)'다. 참으로 긴 이름이다. 그는 1971년 노벨문학상 수상자이자, 사회주의 정치가기도 했다. 1904년 칠레에서 태어나

열여덟에 『축제의 노래』, 열아홉에 『스무 편의 사랑의 시와 한 편의 절망의 노래』 등을 발표했다. 이 시집들로 젊은 나이에 문단의 주목을 받는다.

그가 활동할 당시 남미 정부들은 젊고 유망한 예술인들을 각국 영사로 파견하는 제도를 시행했다. 예술가들에게 외교 관리인 영사 자리를 주고 격려했다고 한다. 덕분에 네루다는 미얀마, 태국, 중국, 일본, 인도, 멕시코 등에서 영사로 머물 기회를 얻었다.[66] 나중에는 승진하여 프랑스 대사로 파견되기도 했다. 이후 독재로 얼룩졌던 남미의 현실을 목격하고 정치가로 활동했는데, 이는 평생에 걸친 망명의 원인이 된다. "모든 꽃을 꺾을 수는 있어도, 봄이 오는 것을 막을 수는 없다"라는 유명한 문장은 그의 망명 생활 중에 나온 것이다. 네루다의 삶에서 자유가 얼마나 중요한지 엿볼 수 있는 대목이다.

네루다의 삶 전반에 늘 여행이 있었다. 자의든 타의든 전 세계를 떠돌며 생활했고, 여행지에서 작품활동을 이어갔다. 여행은 그의 시를 성숙하게 했고 자유를 꿈꾸게 했다. 그가 마침내 칠레 바닷가에 있는 그의 집, '이슬라 네그라'로 돌아왔을 때, 이런 문구를 새겼다. "여행에서 돌아왔노라, 행복을 지으며 항해했노라."[67] 네루다에게 여행이란 자유에 대한 갈망이자 행복을 향한 여정이었으리라.

네루다는 많은 시에서 '지금-여기 나'를 되짚었고, 죽는 순간까지도 고인 물처럼 한곳에 머물기를 거부했다. 그가 '영원한 여행자'라 불리는 이유다. 비평가 로드리게스 모네갈(Rodríguez Monegal)은 네루다를 '움직이지 않는 여행자'라 칭하기도 했는데, 이는 그가 평생 여행했지만 결국 자기 자리로 되돌아왔기 때문이다. 자신의 중심으로 회귀하였기 때문이다.

우리 대부분은 여행 후 본래 있었던 자리로 어김없이 되돌아온다. 대부분 자신도 모르는 사이 조금 더 성숙해진 모습으로 돌아온다. 이는 여행자의 자발적 선택과 행동이 있었기에 가능한 것이다. 자유롭게 떠나고 자유의지로 돌아오는 것은 모두 여행자의 선택이며, 그 선택의 용감한 실행이 바로 여행이다. 그 모든 과정이 성장의 시간이다.

그래서 여행은 자유로움을 향한 열정이자 그 열정을 실현하는 '위대한 단행(斷行)'이다. 여행에서만큼은 자기 주도적으로 선택하고 행동하는 자유가 함께해야 한다. 정연복 시인의 「자유인의 노래」 구절처럼, "어둔 밤거리를 어슬렁거리는 고독한 도둑고양이가 될지언정, 새장 안에 가만히 갇혀 있는 새"처럼 삶을 살아서는 안 된다. "드넓은 바다 위에 위태로이 떠 있는 조각배가 될지라도 자신의 두 손으로 힘껏 노 저으며" 살아가야 한다.[68] 그렇게 여행해야 한다. 가끔은 그렇게 자유로워야 한다. '진정으로 자유로운 나'가 될 기회를 스스로에게 허락해야 한다.

여행, 나 자신이 될 수 있는 자유

"가장 높이 나는 새가 가장 멀리 본다"라는 문장으로 유명한 리처드 바크(Richard Bach)의 『갈매기의 꿈(Jonathan Livingston Seagull)』. 이 책은 갈매기 '조나단 리빙스턴'의 자유에 대한 갈망을 담고 있다. 『갈매기의 꿈』 속 조나단은 별나다. 다른 갈매기들의 보통의 삶, 먹이를 얻기 위해 고기잡이배와 해변 사이를 단조롭게 오가는 그 삶에 의문을 품는다.[69] 평범한 갈매기들의 한정된 삶의 영역을 벗어나면 무엇이 있을까 궁금해한다. 무리에 순응하여 먹이만 찾아다니는 삶 이외에 또 다른 삶의 의미가 있지 않을까 궁리한다. 그는 그 의문과 궁금함을 실행으로 옮긴다. 작은 갈매기의 위대한 선택과 그보다 더 위대한 용감한 결단이었다.

조나단은 끊임없이 나는 법을 연습한다. 익숙한 삶의 경계를 벗어나기 위해서는 보통의 갈매기들보다 더 멀리, 더 오래 날 수 있어야 하기 때문이다. 다른 갈매기들은 그의 행동을 비웃는다. 가족들은 그를 걱정한다. 조나단은 "공중에서 자신이 무얼 할 수 있고, 무얼 할 수 없는지, 단지 알고 싶을 뿐"[70]이었다. 자신이 어디까지 갈 수 있는지, 얼마나 오래 날 수 있는지 알고 싶었다. 한정된 삶의 영역에서는 자신의 가능성을 시험해 볼 기회가 드물었고, 고기잡이배와 해변 사이만 왔다 갔다 해서는 자신의 한계를 제대로 마주하기 어려웠기 때문이다. 정해진 영역을 벗어나야 비로소 자신의 가능성과 한계를 마주할 수 있기 때문이다. 그 가능성과 한계 안에 진짜 자기 본모습이 들어 있을 수 있기 때문이다.

이후 조나단은 피나는 노력 끝에 더 높이, 더 멀리 날 수 있게 된다. 마침내 나는 법을 깨달았을 때, 그는 '진정한 자유로움'을 느낀다. 한정된 영역 안에서 정해진 꿈만 꾸었을 때는 잘 보이지 않던 자유가, 영역 밖에서 불현듯 그에게 찾아온다. 그의 비행 기술은 가고 싶은 곳을 갈 수 있게 했고, 날고 싶은 만큼 날 수 있게 했다. 새로운 것을 배우게 했고, 안 해본 것을 시도하게 했다. 다양한 타자를 만나게 했고, 그 경험을 통해 성장하게 했다.

조나단은 삶이 결국 "배우고, 발견하고, 자유로워지는 것"[71]임을 깨닫는다. 이것이 그가 찾던 '삶의 이유'라고 말한다. 결국 조나단에게 비행(飛行) 기술은 자신의 가능성을 스스로 확인하는 기회이자, 자유와 삶의 이유를 찾아가는 시작점이 되었다.

이후 조나단은 스승이 되어 그의 깨달음을 젊은 갈매기들에게 전수한다. 단순히 나는 법을 가르친 것이 아니라 자유와 삶의 의미를 찾아가는 여정에 대해 가르친다. 어느 날 제자가 좌절하고 있을 때 조나단은 이렇게 말한다. "자유는 존재의 본질이며 모든 존재는 바로 지금 여기에서 진정한 자신이 될 수 있는 자유"가 있다고.[72] 그리고 그 자유를 구속하는 것은 무엇이든 뛰어넘어야 한다고 강조한다. 모든 존재는 존재 그 자체로 자유로워야 하며, 진정한 자기 모습을 발견하고 자기다운 삶을 살아가야 한다고 강조한다. 그리고 그것이 "위대한 갈매기의 법칙이며, 존재의 법칙"이라고 강조한다.[73]

조나단의 가르침처럼 우리는 "우리 자신이 될 수 있는 자유, 우리 스스로의 진정한 자아가 될 수 있는 자유"를 가지고 있다.[74] 이는 세상의 모든 '위대한 존재들'의 '존재의 법칙'이다. 우리가 인간으로 존재하는 한, 자유는 마땅히 누려야 할 권리다. 누구에게도 침범받을 수 없는 절대적 권리다.

갈매기 조나단의 가르침은 우리 인간의 자유에 대한 갈망과 삶의 의미를 찾는 여행에도 그대로 적용된다. 우리는 여행을 통해 한정된 삶의 영역을 벗어난다. 물리적 영역뿐 아니라 심리적 영역도 벗어난다. 벗어나기 위해 나름 많이 노력한다. 조나단이 떠날 수 없어 비행 연습을 했듯이, 우리도 여행하기 위해 많은 것을 준비한다. 떠날 수 있는데 안 떠나는 것과 떠날 수조차 없는 것은 본질적으로 다르다. 떠나고 싶을 때 자주 떠날 수 있도록, 떠나고 싶은데 떠날 수조차 없는 상황을 줄일 수 있도록, 우리도 연습하고 경험해야 한다.

조나단에게 나는 법은 단순히 비행할 수 있는 기술을 의미하는 것이 아니다. 더 멀리, 더 높이 날 때의 두려움을 극복하는 과정이다. 성장과 발전을 향한 여정에 수반되는 위험을 감수하는 과정이다. 고기잡이배와 해변 사이, 한정된 삶의 영역을 벗어나 보려는, 경계를 넘어가 보려는 몸부림이다. 우리의 여행도 비슷하다. 조나단의 비행은 우리에게 곧 여행이다.

조나단의 비행은 다수의 편견을 뒤로하고 자신의 선택을 감행하는 용감한 선택이다. 무엇보다 더 높이, 더 멀리 날기를 희망하는 조나단 자신의 자발적 선택이다. 그가 원한다면 언제든 떠날 수 있는 자유, 그 자유를 누릴 수 있는 유일한 방법이다. 그리고 자유는 살아 있는 모든 존재의 '진정한 본질'이자 '존재의 법칙'이다. 자유는 곧 '살아가는 이유'이며 '삶의 의미'인 셈이다.

삶의 의미는 누군가로부터 부여된 것이 아니다. 스스로 발견하는 것이다. 스스로 발견하기 위해서는 조나단처럼 제한된 영역을 떠나 자유로워져야 한다. 자유로워야 발견과 선택의 기회가 늘어남은 당연하다. 조나단이 마침내 나는 법을 터득했을 때, "삶에는 얼마나 많은 의미가 있게 되었는가!"[75]라고 말한다. 이는 우리 역시 여행을 통해 삶의 의미를 발견하고 추가할 수 있음을 내포한다. 누군가의 자식, 부모, 형제자매, 학생, 직장인 같은 일상의 의무와 의미를 넘어, 스스로 찾은 삶의 의미들을 자기 삶에 추가할 수 있음을 의미한다.

누군가에게는 조나단처럼 '배우고, 발견하고, 자유로워지는 것'이 삶의 의미일 수 있다. 누군가는 '베풀고 나누는 것', '생명체를 사랑하는 것', '역경을 이겨내는 것', '꿈을 이뤄가는 것',

'용감한 삶을 살아가는 것', '사랑하는 사람들과 행복한 삶을 살아가는 것' 등과 같은 의미를 추가할 수 있다. 물론 여기에도 자신의 자발적 선택이 전제되어야 한다. 스스로 우물을 기어오르는 용감한 선택을 해야 한다. 그리고 뒤따르는 두려움을 직면하고 위험을 감수해야 한다. 편견을 뒤로하고 불확실성을 마주해야 한다. 안주하고 싶은 마음을 내려놓고 선택해야 한다. 우물 안에 가만히 앉아 자유를 꿈꾸고 또 다른 삶의 의미를 찾고자 애쓰는 것은 어불성설이다.

갈매기 조나단이 신체적 한계와 두려움, 편견을 무릅쓰고 연습에 연습을 거듭했음을 기억해주길 바란다. 한정된 영역 밖으로 나가기 위한 그의 노력이 얼마나 처절했을지 상상해주길 바란다. 마침내 날아올라 자유로움과 환희를 느꼈던 순간을 눈앞에 그려주길 바란다. 작은 갈매기도 그러했는데, 우리가 못 할 이유는 없지 않은가?

여행, 내 삶의 숨비소리

제주 구좌읍에 가면 '제주 해녀 박물관'이 있다. 이 작은 박물관에는 해녀들의 삶과 역사가 잘 기록되어 있는데, 그녀들의 삶을 통해 우리 삶을 돌아볼 수 있다. 특히 인상적인 것은 실제 해녀들의 '숨비소리'를 생생하게 경험할 수 있다는 점이다. 간혹 여행 중 '시각적 각인'만큼 '청각적 각인'이 오래 남는 경우가 있는데, 나에게 숨비소리가 그렇다. 물질 후 거친 숨을 내쉬던 제주할망들의 고통스러운 표정과 그 표정과 대비되던 맑은 숨비소리가 아직도 생생하다.

숨비소리는 해녀들이 인공장비 없이 잠수한 후, 물 위로 나와 숨 쉴 때 내는 소리다. 더 이상 참을 수 없을 때, 가쁘게 토해내는 숨소리다. 한국의 100대 소리 중 하나이자[76], 국가중요어업유산 제1호이기도 하다. '제주해녀문화(Culture of Jeju Haenyeo)'는 2016년 유네스코 인류무형문화유산에도 등재되었는데, 숨비소리 역시 인류가 마땅히 보존해야 할 세계무형문화유산에 포함되어 있다.[77]

기록에 의하면 제주해녀문화는 삼국시대 이전부터 존재했다고 한다.[78] 기록상으로만 최소 2,000년이 넘은 역사다. 그 이상일 수도 있다. 숨비소리 역시 긴 역사를 가지고 있음을 충분히 짐작할 수 있다. 숨비소리는 수많은 선대 해녀들이 목숨 걸고 터득한 방법이자, 선대 해녀에서 후대 해녀로 전해지던 공동체의 산물이다. 시간의 깊이와 인간의 지혜가 만들어낸 진정성 있는 삶의 소리기도 하다. 제주 삶의 정체성이기도 하다.

해녀들의 평균 물질시간은 대략 3~4시간 정도다.[79] 길면 6시간까지 작업하는 것으로 알려져 있다. 한번 작업할 때 평균 1

분 13초가량(72.6초) 잠수하는데[80], 잠수 후 물 밖으로 나와 제대로 깊게 숨 쉬어야 한다. 몸에 쌓인 이산화탄소를 내뿜고 산소를 들이마셔야 한다. 이 과정이 바로 숨비소리다.[81] 숨비소리를 내는 시간은 고작 1.42초 정도다.[82] 2초도 안 된다. 그 짧은 시간이 있어 고된 물질을 지속할 수 있는 것이다. 평균 1분 13초 잠수하고 물 위에서 잠깐 숨돌리는 시간을 고려하면 물질 한 번에 약 3분 내외의 시간이 필요하다. 단순하게 계산해보면, 1시간에 스무 번, 4시간이면 총 여든 번의 숨비소리를 내야 한다. 총 여든 번 물질하고, 여든 번 거친 숨을 내뱉어야 물질을 지속할 수 있다.

한바탕 잠수 끝에 물 밖으로 나오면, 보통 사람들은 아주 거친 숨을 내쉴 것이다. 더 이상 숨을 참을 수 없는 그 절체절명의 순간, '휘~' 혹은 '후~' 하고 긴 숨을 빠르게 내쉴 것이다. 그러나 해녀들은 가늘고 길게, 천천히 그리고 가볍게 숨을 뽑아낸다. 입을 모으고 천천히 공기를 모아 들이마시고, 천천히 내쉰다. 그래서 '호~오이~, 호~오이~'와 같은 소리가 난다. 절박하고 투박한 소리가 날 것 같지만, 의외로 맑고 경쾌한 소리가 난다. 또렷하고 선명한 소리가 난다.[83] 그래서 얼핏 들으면 해녀들이 바다 위에서 휘파람을 부는 것 같기도 하다.

이 숨비소리의 시간은 해녀들에게 짧은 휴식의 시간이자 재충전의 시간이다. 바닷속 불가항력의 환경을 벗어나 오롯이 자신의 폐로 공기를 들이마시고 내쉬는 온전한 자유의 시간이다. 물질을 계속하는 데에 필요한 생존의 시간이다.

여행도 숨비소리와 닮았다. 여행 역시 인간의 삶과 오랫동안 함께했고, 휴식과 재충전, 자유의 시간이기 때문이다. 우리 삶에 꼭 필요한 시간이기 때문이다. 지친 삶에 산소를 불어 넣고 이산화탄소와 같은 묵은 걱정과 고민을 몸 밖으로 내보내는 시간이기 때문이다.

그래서 여행도 숨비소리처럼 천천히 경험할 필요가 있다. 거친 숨을 한 번에 쭉 뿜어내듯 여행하는 대신, 천천히 공기를 모으듯 마음을 모으고, 천천히 그 마음들을 들여다볼 시간을 가져야 한다. 천천히 여행하며 몸과 마음에 충분히 산소를 받아들일 시간이 필요하다. 묵은 때를 불려가며 벗겨내듯, 불필요한 걱정과 불안들을 천천히 내보낼 시간도 필요하다. 그러려면 내가 버틸 수 있는 시간 이상으로 잠수하지 말아야 하고, 숨비소리를 내야 할 타이밍을 미루면 안 된다.

여행에서도 숨비소리처럼 또렷하고 선명하게 선택하고 행동해야 한다. 따라다니고 끌려다니는 여행이 아닌 자신의 선택으로 여행을 채워나가야 한다. 머나먼 어디를 가보고 무엇인가를 얻어야 한다는 강박에서 벗어나, 숨비소리처럼 가늘고 길게, 더 가볍게, 더 천천히 여행하는 방법을 찾아야 있다. 더 맑고 선명하게 '자신다운 여행'을 찾아가야 한다. 여행에서도, 일상에서도, 스스로 자유로움을 찾는 여정을 계속해야 한다. 그래야 우리 삶이 제대로 지속될 수 있기 때문이다.

'호~오이~, 호~오이~.' 가끔 삶이 지치고 버거울 때, 나를 옥죄는 수압이 더는 견디기 힘들 때, 물 위로 올라와 '호~오이~, 호~오이~.' 숨비소리 내듯 여행하면 어떨까. 들숨에 산소를 충분히 받아들이고 날숨에 이산화탄소를 천천히 버리듯, 온전한 나다움을 받아들이고, 나를 버겁게 하는 나답지 않은 것들을 그만 내려놓으면 어떨까. 제주할망들이 그렇게 평생 물질을 이어갔듯이, 우리도 그렇게 삶을 이어가야 하지 않을까. 그녀들이 숨비소리로 위대한 삶을 살아갔듯이, 우리도 여행으로 그리 살아가야 하지 않을까. 지금도 그 '위대한 소리'가 생생하다.

여행, 삶의 영역성 확장

최근 고양이를 반려 가족으로 삼는 사람들이 늘어나고 있다. 나 역시도 마찬가지다. 집 안에 한 녀석, 집 밖에 몇 녀석과 함께 삶을 공유한다. 고양이는 대표적인 영역 동물이다. 영역성이 강하다. 먹이 수가 제한적인 일정 영역 안에서 사냥하는 고양이들에게 영역본능은 곧 생존본능이다. 그런데 영역성은 비단 영역 동물들에게만 나타나는 것은 아니다. 우리 인간에게도 중요하다.

'영역성(territoriality)'이라는 용어는 개인화된 영역 혹은 외부 침
입에 방어하는 영역을 말한다.[84] 3차원의 영역이다. 인간의 신
체를 둘러싼 보이지 않는 3차원의 방어막과 유사하다. 인간은
그 방어막 안에서, 자신만의 안전한 영역 안에서, 자유롭게 행
동하고 심리적 안정감을 느낀다.

영역성을 이해하기 위해서는 '사람과 사람 간의 거리(personal
distance)'*를 먼저 이해해야 한다. 이는 개인과 개인 간의 수평적 간
격 혹은 평면적 거리를 의미한다.[85] 3차원이 아닌 2차원의 간격
을 의미한다. 줄서기를 할 때 앞사람과 나와의 간격이 그 예다.
그 2차원의 거리를 3차원으로 확장한 것이 바로 영역성이다.

따라서 영역성은 사람과 사람 간의 거리에 따라 달라진다. 사
람과 사람 간의 거리가 먼 사람은 영역성도 넓다. 반대로 거리
가 좁은 사람은 영역성도 좁다. 적극적이고 활달한 성향의 사
람들은 사람 간 거리가 멀고 영역성도 상대적으로 넓다. 반대
로 소극적이고 조용한 사람들은 거리가 좁고 영역성도 좁다.
일반적으로 서양인들의 사람 간 거리와 영역성이 동양인들보다
더 넓은 것으로 알려져 있다. 한국인은 서양인에 비해 사람 간

---

* 환경심리학에서는 이를 '개인적 거리(personal distance)'라고 말한다. 여기에서는 홀(E.T. Hall)의
'개인적 거리'라는 말과 충돌되어 '사람과 사람 간의 거리'라고 풀어서 기술하였다.

거리와 영역성이 더 좁다.[86]

개인적 거리는 환경심리학자인 좀머(R. Sommer)에 의해 구체화되었다. 좀머는 재미있는 실험을 진행했는데, 방에 직사각형 테이블과 의자 여덟 개를 배치하고, 한 명의 유도자(decay)를 먼저 앉아 있게 했다. 이후 다음 사람들이 유도자를 고려하여 어느 의자에 착석하는지, 서로 간의 간격은 어떤지, 이에 따른 상호작용은 얼마나 이루어지는지 실험했다.[87]

실험 결과, 유도자와 다음에 들어온 사람들이 서로 인접한 의자에 앉을수록, 테이블 모서리에 앉을수록 상호교류가 활발하게 일어났다. 여성은 여성 유도자에 더 가까이 앉았으며 더 많이 교류했다. 즉 여성과 여성의 거리는 남성과 남성의 거리보다 가까웠고, 가까운 거리로 인해 더 많이 소통했다. 남성은 남성 유도자 옆에 나란히 앉는 경향이 강했으며, 마주 보며 앉는 경우는 별로 없었다. 물론 교류 역시 적었다.

이후 홀(E.T. Hall)은 미국인을 대상으로 사람과 사람 간의 거리를 측정했다. 그는 사람 간의 거리를 친밀한 거리, 개인적 거리, 사회적 거리, 공적 거리로 세분했다.[88] 친밀한 거리는 부모-자식 간, 연인 간 거리로 약 46cm 이내(1.5ft 이내)이다. 개인적 거리는 친한 친구나 잘 아는 사람들 사이의 거리로 46~122cm(1.5~4ft) 정도다. 사회적 거리는 직장인들 간의 거리로 122~366cm(4~12ft) 정도이며, 공적 거리는 교수자-학생

간, 배우–관객 간 거리로 366cm 이상(12ft 이상)이다.

이 연구는 사람과 사람 간의 관계에 그대로 적용될 수 있다. 우리는 일상에서 관계의 유형에 따라, 사람과 사람 간 거리가 지켜지지 않을 때 불편함을 느낀다. 심리적으로 침범당한 것 같은 느낌이 들고 심할 경우 화가 나거나 위협을 느끼기도 한다. 예를 들어 사회적 관계인 직장 동료와의 거리가 너무 가까우면 불편하다. 직장 동료와는 1m 이상의 적당한 간격을 유지해야 서로의 영역성이 침범받지 않는다고 느낀다. 공적 관계인 교수자와 학생 간 거리가 과도하게 가까우면, 강의를 하는 사람도 강의를 듣는 사람도 모두 불편하다. 서로의 영역성을 공유할 만큼 친밀한 사이가 아니기 때문이다. 모르는 사람이 가깝게 접근하면 위협을 느낀다. 그가 예고 없이 나의 영역성을 침범하였기 때문이다.

영역성은 여행과도 상관성이 높다. 어떤 의미에서 여행은 '삶의 영역성'이 확장되는 기회가 될 수 있기 때문이다. 어떤 도시를 여행한 후, 그 도시가 좋아 재방문하는 경우가 종종 있다. 기회가 되면 몇 주간, 혹은 몇 달간 살아보기도 한다. 이는 여행자의 영역성에 여행지가 추가되었다는 것을 의미한다. 그 여행자의 거주 선택지 안에는 일상 영역뿐 아니라 좋아하는 여행지도 들어 있을 것이다. 상황이 허락한다면 훌쩍 떠나 마음 편하게 머물 수 있는 자기만의 '애착 장소'가 하나 더 생긴 것이다. 여행자의 선택이 더 다양해질 수밖에 없다.

더불어 좋아하는 여행지 안에서는 사람과 사람 간의 거리도 더 가까워진다. 최대한의 거리를 유지해야 하는 익명의 관계 혹은 공적인 관계에서 거리를 좀 좁혀도 괜찮은 사람들이 생긴다. 자주 가는 카페 직원이나 이웃 주민들과 가까워지고 더 많이 소통한다. 공원에서 자주 만나는 사람들과는 더 가까운 거리에서 인사한다. 친밀한 관계의 사람이 생길 수도 있고 그들과 영역성을 공유하기도 한다.

물론 모든 이들이 삶의 영역성을 넓혀야 하는 것은 아니다. 누군가는 한정된 영역에서 자신만의 삶을 살아가는 것이 더 편안할 수 있다. 더 안정감을 느낄 수 있다. 그러나 영역성이 넓은 사람들, 조금 더 적극적이고 진취적인 성향을 가지고 있는 사람들은 삶의 영역성을 넓혀가는 것이 도움이 된다. 새로움에 대한 자극을 자주 찾는 네오필리아(neophilia) 성향의 사람들 역시 마찬가지다. 이들은 삶에 다양한 선택지가 있을 때 더 만족감을 느낀다. 따라서 여행의 빈도를 높이고 좋아하는 애착 여행지를 여러 곳 선정해두는 것이 삶을 충만하게 살아가는 방안이 될 수 있다.

여행을 통한 삶의 영역성 확장은 결국 스스로 선택할 수 있는 대안의 증가를 가져온다. 내가 살고 싶은 도시가 전 세계 혹은 전국 곳곳에 있다든지, 오늘 방문하고 싶은 산책길이 여러 군데라 어디를 갈지 행복한 고민을 한다든지 하는 것은 모두 선택적 대안의 증가를 의미한다. 이는 결국 자유로움과 연계된다.

자유란 결국 자기 뜻대로 선택하고 그 뜻에 따라 주도적으로 행동하는 것이 아닌가! 내가 가진 선택지 안에서 선택할 수 있는 대안이 하나밖에 없거나 소수일 경우, 선택 역시 제한될 수밖에 없다. 자기 뜻과 다른 선택을 해야 할 수도 있다. 이는 결코 자유로운 상황이 아니다. 반면 스스로 선택할 수 있는 선택지가 많다는 것은 제 뜻대로 상황에 따라 자유롭게 선택하고 행동할 수 있다는 것을 의미한다. 영역성의 확대는 대안의 증가와 선택의 자유, 주도적으로 행동할 자유를 동반한다.

자신만의 풍부화 프로그램

'캐빈피버(cabin fever)'라는 말이 있다. 좁고 폐쇄된 공간에 장기간 체류할 때 생기는 답답함, 불안, 짜증, 무기력 등을 의미한다.[89] 캐빈(cabin)이 작은 오두막집, 배의 선실, 항공기의 좁은 객실을 의미하므로, 캐빈피버가 한정되고 협소한 공간에서 생기는 심리 문제라는 것은 쉽게 유추할 수 있다. 캐빈피버는 보통 일시적으로 나타나지만, 장기적으로 반복될 경우 학습된 무기력(learned helplessness)이나 의미 없는 행동을 반복하는 정형행동

(stereotypical behavior)을 일으키기도 한다. [90]

문제는 캐빈피버를 일으키는 공간 범위가 작은 방 하나, 엘리베이터 정도의 크기에만 국한되는 것이 아니라는 점이다. 생활하는 일상 영역 전체에서도 일어날 수 있다. 캐빈피버는 개인의 '심리적 영역성(psychological territoriality)'과 연계된다. 앞서 언급한 것처럼 영역성은 개인의 성향에 따라, 문화적 배경에 따라 달라진다. 따라서 캐빈피버를 느끼는 공간 범위는 사람마다 제각각이다. 정도의 차이만 있을 뿐, 우리 대부분은 일상에서 캐빈피버를 경험한다. 어느 날 갑자기 자신이 생활하는 공간이 답답하게 느껴질 수 있다. 늘 다니던 집과 학교, 주로 생활하는 직장에서 벗어나고 싶을 때가 있다.

이때 자신만의 '풍부화 프로그램(enrichment program)'을 도입하는 것이 도움이 된다. 풍부화 프로그램은 1920년대 좁은 동물원에서 생활하며 무기력에 빠진 영장류들을 구하고자 도입되었다. [91] 이 프로그램은 동물들의 삶을 더 풍부하게 만들기 위해, 환경, 먹이, 사회성, 감각 네 요인의 변화를 시도한다. [92] 동물원 거주환경에 다양한 변화를 주고, 안 먹어본 먹이를 제공한다. 야생의 습성을 잊지 않도록 사냥 기회를 주기도 한다. 같은 종끼리 어울릴 수 있도록 만남의 기회도 주선한다. 시각뿐 아니라 청각, 후각, 미각, 촉각 등의 다양한 감각을 활용하여 공간을 경험하도록 새로운 놀이환경을 만들어주기도 한다.

풍부하다는 것은 단어 그대로 선택할 수 있는 선택지가 양적으로 많다는 것을 의미한다. 선택할 자유가 더 많이 보장된다는 것을 의미한다. 자발적으로 선택할 수 있는 대상이 많고 선택의 결과로 다양한 경험이 주어진다는 것을 의미한다. 그러려면 영역성의 확장이 필요하다. 풍부하다는 것은 결국 선택의 자유와 영역성의 확장으로부터 기인한다.

동물원의 동물들은 주어진 환경, 유사한 음식, 제한된 생명체와의 소통, 한정된 감각을 활용하는 삶을 살 수밖에 없다. 그들에게는 주어진 선택지가 매우 적다. 선택의 여지 없이, 자발적 고민 없이 주어진 대로 삶을 영위한다. 그래서 풍부화 프로그램은 동물들에게 선택의 자유를 주는 프로그램이기도 하다.

그렇다면 인간인 우리의 삶은 어떠한가? 우리 삶은 풍부한가? 우리 주변의 물리적 환경이, 음식이, 교류하는 존재들이, 환경을 경험하는 감각이 과연 풍부한가? 우리의 일상 역시 정도의 차이는 있지만, 선택지가 그리 많지 않다. 직장인이라면 '9 to 6', 학생이라면 등교시간을 제외한 나머지 시간에 제 뜻을 반영한 선택을 해야 한다. 자발적 선택이 가능한 시간이 절대적으로 부족하다. 당연히 삶이 풍부하기 어렵다. 자유로움을 느끼기 어렵다.

다음 질문들을 천천히 읽고 자신의 풍부화 정도를 진단해보자. 환경, 음식, 사회성, 감각요인으로 구성되어 있다. 쉽지 않은 질문이지만 생각해볼 가치는 충분히 있다. 이 질문의 시간 범위는 '하루 종일'이다.

먼저 '환경' 요인이다. 하루에 주로 생활하는 공간의 물리적 범위가 몇 km 정도인가? 지름으로 생각해보는 것이 좀 더 용이할 수 있다. 예를 들어, 집과 직장만 반복적으로 왔다 갔다 하는 경우 두 지점 간 거리가 지름이 될 것이다. 하루 동안 평균 이동 거리 혹은 걸음 수는 얼마나 되는가? 온종일 몇 걸음 걸었는지 측정해보면 영역 안에서의 활동성을 짐작해볼 수 있다. 생활영역 안에서 새로운 곳을 가본 적이 있는가? 일상 영역 안에서 새로움을 발견하였는가? 아니면 오늘도 어제와 그저 똑같다고 생각되는가?

'음식'과 관련하여, 하루 동안 주로 먹는 음식의 종류는 얼마나 되는가? 얼마나 다양한 음식을 먹고 있는가? 가만히 오늘 먹은 음식들을 떠올려보자. 처음 먹어본 음식이 있었는가? 혹은 오랜만에 먹어본 추억을 동반하는 음식이 있었는가? 처음 시도해본 레시피의 음식이 있었는가? 그 음식의 맛을 음미하는 데 충분한 시간을 스스로에게 허락했는가? 아니면 그저 끼니 때우기에 급급했는가?

'사회성'과 관련하여, 하루 동안 만난 사람의 수는 어느 정도 되는가? 그중 대화한 사람의 수는 몇 명인가? 대화했다면 진정성 있는 대화였는가? 서로의 눈을 들여다보고 진심으로 공감하며 소통하였는가? 여기서 대화는 가급적 서로 얼굴을 대면하고 직접 소리 내가며 나눈 대화를 말한다.

마지막으로 '감각' 요인과 관련된 질문이다. 하루 동안 오감, 시각, 청각, 후각, 미각, 촉각 중 주로 어떤 감각을 사용하였는가? 대부분 시각일 것이다. 원래 인간은 시각을 우선으로 그리고 가장 많이 경험한다. 하루의 많은 시각 경험 중 잠자기 전에 기억에 남아 있는 것이 있는가? 전철에서 보았던 연노랑 가방색, 버드나무 연초록색, 환하게 웃던 친구 얼굴 등이 사례가 될 수 있다. 혹은 청각, 후각, 미각, 촉각 중 기억에 남는 경험이 있는가? 예를 들어 오늘 들었던 소리 중 기억에 남아 있는 소리는 무엇인가? 냄새, 맛, 촉감은 어떠한가? 산책하며 들었던 풀벌레 소리, 갓 구운 빵 냄새, 오랜만에 잡은 손의 감촉 같은 감각에 대한 기억이 남아 있는가?

당신의 삶은 환경, 음식, 사회화, 감각 측면에서 풍부한가? 다양하게 경험하고 싶지만, 선택지가 많지 않다거나 선택할 자유가 적다고 판단되는가? 위의 질문에 그다지 긍정적 답이 나오지 않았는가? 제한된 영역 안에서 제한된 음식을 먹으며 메시지나 AI 상담원과만 소통하고, 제한된 감각만 사용하며 하루를 보내고 있는가? 잠자기 전 하루 동안의 경험 중 기억나는 것이 별로 없는가? 주변의 수많은 새로움에는 둔감해진 채 '그날이 그날'이라고 생각하며 체념하듯 살고 있는가?

그렇다면 '자신만의 풍부화 프로그램'을 도입할 필요가 있다. 환경과 음식, 사회성과 감각 측면에서 다양한 새로움과 변화를 도입할 필요가 있다. 이는 스스로가 스스로에게만 부여할 수 있는 프로그램이다. 선택 여부는 온전히 자신에게 달려 있다. 어떤 프로그램을 선택할지도 자신의 결정에 달려 있다. 매일 도입할 수는 없지만 상황에 따라 적절하게 선택할 수 있다. 삶을 그냥 흘려보낼지, 스스로의 선택을 통해 풍부하고 옹골지게 채워나갈지는 전적으로 자신에게 달려 있다.

여행의 풍부화 프로그램

문요한은 『여행하는 인간』에서 여행이 현대인의 '대표 풍부화 프로그램'이라고 말한다.[93] 자신이 자신에게 부여하는 일종의 '자발적 풍부화 프로그램'이라는 것이다. 여행 중에는 통제에서 벗어나 마음껏 생활하고 활동반경이 넓어진다. 스스로 선택하여 새로운 자극을 경험하며 오감이 활성화된다. 새로운 사람들과 만나고 그들과 가까워질 수 있는 기회 역시 늘어난다.

그런데 우리의 모든 여행이 다 풍부한 것은 아니다. 여행 중 접하는 환경, 음식, 사회성, 감각이 일상과 다르지 않은 경우도 많다. 심지어 어떤 이들은 여행 중에도 무기력하고 수동적으로 여행시간을 흘려보내거나, 일상의 정형행동을 지속하기도 한다.

그러면 우리의 여행이 더 풍부하기 위해 우리는 무엇을 바꿔야 할까? 여행 중 환경과 음식, 사회성과 감각을 풍부하게 하려면 어떤 선택을 해야 할까? 저마다의 여행이 모두 다르기에 섣불리 일반화된 결론을 내리기는 어렵다. 다만 풍부한 여행을 꿈꾸는 이들을 위해, 다양하고 새로운 여행 경험을 고대하는 이들을 위해, 몇 가지 대안을 제시해본다. 그대는 이 중 마음에 드는 혹은 할 수 있는 항목 몇 가지를 고르고, 다음 여행에서 간단히 실행해보면 된다. 그 대안이 마음에 든다면, 자신의 취향에 맞는다면 자기만의 방법으로 계속 수정·보완해나가면 된다.

먼저 '환경의 풍부화'다. 사실 이동하여 여행지에 도착하는 것 자체가 환경의 풍부화다. 자신이 무의식적으로 정해놓은 경계를 벗어나는 선택은 필연적으로 새로운 환경과 조우하게 만든다. 물리적 혹은 수평적으로, 심리적 혹은 수직적으로 다양하게 이동하고, 그 이동의 결과로 새로움의 대상들을 발견하기 때문이다. 그 새로움이 모두 풍부함의 대상이 된다.

여행지에서 환경의 풍부화를 더 많이 경험하기 위해서는 '탈일상성'을 고려하는 것도 좋다. 일상에서 반복적으로 이루어지는 선택과 행동 대신, 안 해본 것, 두려움이 앞섰던 것을 시도해보는 것이다. 안 가보았던 곳을 가보는 것도 좋다. 일상에서 도전할 기회가 적었던 사람은 마음껏 시도해보는 것도 좋다.

무엇이든 새로운 것을 시도하면, 새로운 환경이 자연스럽게 따라오기 때문이다.

'음식의 풍부화'를 위해서는 당연히 새로운 음식들을 경험해보는 것이 중요하다. 음식은 식생활일 뿐 아니라 감성적, 문화적 자원임을 이해할 필요가 있다. 지역의 정체성을 대표하는 자원임을 이해할 필요가 있다. 처음 보는 음식을 먹어보는 것, 한 번도 안 가본 식당을 가보는 것, 자주 가는 식당에서 새로운 메뉴에 도전해보는 것, 자주 가는 카페에서 색다른 커피를 마셔보는 것, 음식을 직접 만들고 새로운 레시피에 도전해보는 것 등, 우리가 할 수 있는 음식 풍부화의 대안은 많다. 오래 기억되는 여행 경험 중 음식과 관련된 경험이 많은 이유기도 하다. 더불어 어떤 음식을 한 번 '먹어보았다'로 끝나는 것이 아니라, 그 맛과 풍미, 디스플레이, 문화와 감성, 지역색을 충분히 만끽하는 것도 좋다. 음식과 관련된 양적 경험뿐 아니라 질적 경험도 다양화하는 것이다.

'사회성의 풍부화'는 진심 어린 소통 기회의 증가를 의미한다. 진정성 있는 소통은 타인의 시선으로부터 자유로워지는 것, 나다움을 유지하는 것에서 시작된다. 타인의 눈치를 보고, 타인의 시선을 계속 생각한다면, 진정 자기다운 여행을 하기 어렵다. 여행 경험을 SNS에 올리고 누군가로부터 인정받기 위한 여행을 자주 한다면, 이 역시도 자유로운 여행이 아니다.

'좋아요'는 많이 받을지 몰라도 진짜 나다운 좋은 여행인지는 의심스럽다.

그래서 여행 중 새로운 사람들, 지역주민이나 또 다른 여행자, 동행자 등과 진심 어린 소통을 하기 위해서는 '나다움'을 먼저 챙겨야 한다. 자신이 무엇을 좋아하고 어떤 생각을 하고 있는지 알고 있어야, 타자와의 진정한 소통이 가능해진다. 나를 이해해야 타자들의 말을 들을 줄 알고 내 말을 적절하게 표현할 줄 알게 된다. 보여주고 과시하는 여행에서 벗어나야 오롯이 나에게 집중하는 여행을 할 수 있다. 세상 그 누구보다 나 자신과의 소통에 무게를 두어야 하는 이유다.

마지막으로 '감각의 풍부화'는 오감의 풍부화와 연계된다. 우리의 오감은 환경 자극을 수용하고 이해하는 가장 중요한 1차 감각기관이다. 인간은 오감을 통해 환경을 경험하고 새로움을 발견한다. 그러나 일상에서 우리는 오감 중 시각에 과도하게 의존하고 있음을 이해할 필요가 있다. 따라서 여행 중에는 눈으로 보는 것 외에 다른 감각에 더 집중할 필요가 있다. 그래야 소외되고 무뎌진 감각들이 깨어나고, 경험이 충만해진다. 여행 중 풍경 둘러보기, 사진 찍기 등과 같은 시각 위주의 행동도 좋지만, 나머지 네 개의 감각과 관련된 경험 빈도를 의식적으로 늘리는 것도 좋다.

여행지의 '소리풍경(soundscape)'이나 '향풍경(scentscape)'에 집중하는 것도 대안이다. 바람과 같은 촉감, 손으로 만지는 촉감도 마찬가지다. 그러기 위해서는 시각 외에 네 개의 감각이 예민하게 열려 있어야 한다. 당신이 서 있는 그곳에서, 새소리, 물소리, 풀 냄새, 바람 냄새, 음식 냄새, 다양한 음식의 맛을 잘 느끼고 잘 받아들일 수 있어야 한다. 피부의 모든 감각도 열려 있어야 한다. 그래야 새로운 환경 자극을 다양하게 받아들일 수 있다. 당신의 여행 중, 여행지의 소리와 향, 바람과 음식의 맛이 잘 기억나지 않는다면 이들 감각의 수용성을 점검해볼 필요가 있다.

무엇보다 우리 여행이 풍부하기 위해서는 자신에게 충분한 선택의 기회를 주어야 한다. 마음껏 선택할 수 있도록, 마음껏 시도할 수 있도록, 마음껏 용감해질 수 있도록 자신에게 기회를 주어야 한다. 극작가 사뮈엘 베케트의 말처럼 "실패해도 상관없다고, 실패할수록 더 잘 실패하게 될 것"*이라고 자신을 다독여야 한다. 완벽한 여행을 꿈꾸기보다 다양한 실패를 경험으로 받아들일 줄 알아야 한다. 여행에서만큼은 자발적 선택 기회가 늘어날 수 있도록 자신에게 길을 열어주어야 한다. 그래야 우리 여행이 풍부해진다. 그래야 더 자유로울 수 있다.

---

* 사뮈엘 베케트의 원문은 "항상 시도했어, 항상 실패했어, 상관없어. 다시 시도하고 다시 실패해, 그러면 더 잘 실패하게 될 거야(Ever tried, ever failed, no matter, try again, fail again, fail better)"이다. 본문에서는 이 중 일부 문장만 인용하였다.

여행 .
위대한 관계 맺기

여행, 타자와의 조우

우리는 지금 탈근대, 포스트모더니즘 시대를 살고 있다. '포스트모더니즘 시대(Post modern times)'로 규정되는 현대사회는 근대사회인 '모더니즘 시대(Modern times)'와 몇 가지 다른 특성이 있다. 모더니즘 시대가 구조주의와 실존주의, 합리성과 객관성, 효율성과 표준화, 기능과 속도에 초점을 두었다면, 포스트모더니즘 시대는 이에 대한 맹신을 경계한다. 상대주의와 다원주의가 대두되면서, 정해진 것이 없는 시대, 정답이 없는 시대, 경계가 낮아진 시대의 특성을 보인다. 자신의 효용뿐 아니라 타자도 존중되기 시작한다. '다양성(diversity)'과 '타자성(otherness)'의 가치가 중요해진 것이다. 이 중 타자성은 주체적으로 행동하지 못함이 아니라, 나 이외의 타자들(others)을 존중하는 경향을 의미한다.

효율성과 표준화를 추구하던 모더니즘 시대에는 다르다는 것이 단점이 되는 경우가 많았다. 하나의 목표를 향해 달려가는 데에 있어 구성원의 다름은 장애가 되기 때문이다. 그러나 다양성과 상대성을 추구하는 포스트모더니즘 시대에서 '다름'은 가치가 된다. 애플 사(社)의 광고문구인 "다른 것을 생각하라 (Think different)"*에서 알 수 있듯이, 동시대의 다름은 차별화 전략이자 자산의 가치를 높이는 수단이 된다.

다름을 인정한다는 것은 결국 상호 간의 다양성을 인정한다는 것과 진배없다. 다름을 발견하는 과정은 타자에 관한 관심에서 출발하며, 이는 다른 존재들에 대한 이해와 수용, 관용과 존중으로 확대된다. 그래서 다름의 인정과 수용은 나 아닌 타자도 존중하는 '타자성'과 연계된다. 타자에 대한 배려 역시 상대의 다양성을 인정하는 것에서부터 비롯되기 때문이다. 예를 들어, 어떤 대상을 독립된 주체로 인정한다는 것은, 서로의 다름을 수용할 준비가 되었다는 것을 의미한다. 따라서 한 사회의 다양성과 타자성의 가치가 높다면 '공공성' 역시 높을 수밖에 없다. 공공성 역시 타자에 대한 다름을 수용하고 인정하는 것에서 시작되기 때문이다. 다양성과 타자성, 공공성을 하나의

---

* "Think Different"라는 문구는 사실 문법적으로 잘못된 표현이다. 문법적으로 'Think differently'라고 하는 것이 맞다. 이러한 비판에 대해 애플 사는 이 문구가 'Think something different(다른 것을 생각하라)'의 줄임말이라고 해명했다. 이에 본 고에서도 '다른 것을 생각하라'라고 기술하였다.

순환 구조로 보아야 하는 이유다.

포스트모더니즘 시대의 다양성과 타자성, 공공성의 가치는 여행 분야에도 많은 영향을 미쳤다. 기존 흐름과 다른 새로운 여행 기조의 탄생에 기여했다. 패키지 투어(기획여행)*로 대변되는 대량여행 혹은 대중여행 일변도에서 벗어나, 대안적 여행(alternative travel), 지속가능한 여행(sustainable travel), 책임 있는 여행(responsible travel), 공정여행(fair travel) 등이 나타나기 시작한 것이다.

이들 여행은 여행자들의 최대만족만을 추구하기보다, 지역주민, 지역경제, 사회문화, 자연환경 등도 배려하는 윈윈(win-win) 전략을 수용한다. 여행자도 만족해야 하지만 여행으로 인한 편익이 비교적 공평하게 여행지 주민에게 분배되고, 여행의 부가가치가 지역사회에 환원되도록 노력한다. 더 나아가 적극적으로 자연환경을 보전하고 훼손을 최소화하는 여행을 도모하기도 한다. 이에 따라 보전할만한 가치가 있는 자연환경과 역사문화 유산의 입장객 수를 제한하고, 훼손을 막기 위한 가이드라인의 준수가 여행자들의 의무로 받아들여지고 있다.

대규모 이동보다 소규모 이동을 선호하고, 약간의 제약이 있더라도 '모두를 위한 여행(travel for all)'을 고민하기 시작했다. 장

---

* 패키지 투어(package tour)는 일반 용어로, 우리나라는 정책적으로 「관광진흥법」에 기초하여 '기획여행'이라는 용어를 사용하고 있다. 본 고에서는 일반적으로 통용되는 용어를 사용하였다.

애인의 이동권을 보장하는 '무장애 여행(barrier free travel)'이 마땅한 권리로 받아들여지고 있다. 경제적 여력이 부족해도 여행할 수 있는 권리가 보장되고 있다. 여행자가 다소 불편하더라도, 비용이 조금 더 들더라도, 더 공정하고 책임 있는, 더 의미 있고 지속가능한 여행을 꿈꾸기 시작했다. 실로 '위대한 여행'의 흐름이다.

타자성의 타자(others)에는 나를 제외한 모든 대상이 포함된다. 인간뿐 아니라 존중받아 마땅한 여타의 생명체들도 포함된다. 때에 따라 집합적 시스템인 물리적 환경과 사회구조, 사회문화, 생태계도 포함될 수 있다. 따라서 여행 중 만나는 타자 역시 매우 광범위하다. 다른 여행자나 동행자, 여행지에 사는 지역주민, 지역사회의 문화, 여행지의 자연환경과 동식물, 여행지의 환경과 생태계 등이 모두 타자가 될 수 있다.

타자에 대한 존중과 배려는 그들에게 해를 끼치지 않기 위한 노력으로 연결된다. 예를 들어 자연에 관심이 있는 사람이라면 산에서 함부로 '야호'를 외치지 않는다. '야호'와 같은 큰 소리를 내는 순간, 그 산에 터를 잡고 살고 있는 생명체들에게 해를 끼칠 수 있기 때문이다. 산란기의 조류들은 스트레스를 받아 알을 낳지 못하거나 새끼를 버리기도 한다. 동면을 취하는 동물들은 잠에서 깨기도 한다.

또한 타자를 배려하는 여행자라면 정해진 길 외에 다른 곳에

함부로 들어서지 않는다. 특히 산에서는 더욱 조심한다. 인간의 체취와 발자국들이 산림생태계에 부정적 영향을 미칠 수 있기 때문이다. 발로 누르고 다져지는 답압으로 토양이 딱딱해지면 그 길에는 더 이상 식물이 뿌리를 내리고 살 수 없기 때문이다. 비가 오면 내리는 비를 흡수하지 못해 길 주변에 침식이 일어날 수도 있기 때문이다. 배려하는 여행자들은 자신의 발아래 많은 생명이 숨 쉬고 있음을 안다. 타자에 대한 존중은 조심스럽고 신중한 발걸음을 내딛게 한다.

더불어 여행지 지역주민의 삶을 존중하는 여행도 필요하다. 최근 주민들이 실제 거주하는 공간이 여행지로도 이용되는 사례를 자주 접하게 된다. 서울 북촌이나 부산 감천문화마을, 통영 동피랑마을, 춘천 효자마을, 동해 논골담길, 전국의 농촌관광마을 등이 여기에 해당한다. 이곳들은 저마다의 이유로, 어느 날 갑자기, 여행자들의 주목을 받았다. 이들 여행지는 별도의 입장료를 받기 어렵다. 애초부터 여행지로 조성된 곳이 아니고 출입구도 다양하여 입장료 받기가 불가능하다.

그럼에도 일부 여행자들은 마치 여기가 돈을 내고 입장한 여행지인 양 주민들에게 서비스와 희생을 요구한다. 여행지로서만 이들 마을을 평가한다. 그곳에 살고 있는 주민들의 일상적인 삶에는 무관심하다. 그들의 삶도 마땅히 배려되어야 함을 인지하지 못하는 여행자들도 많다. 그들의 희생이 마땅하다고 생각하는 경우도 흔하다.

이런 곳에 여행자들이 몰리면, 교통이 혼잡해지고 쓰레기 양이 급증한다. 당연히 지역주민들의 삶은 불편해질 수밖에 없다. 주민들은 집을 기웃거리는 여행자들 때문에 자기 집 마당에서조차 편하게 돌아다니기 어렵다고 하소연한다. 밤이 되어도 소음이 끊이지 않아 수면장애를 겪는 일도 다반사다. 아무 곳에서나 카메라를 들이대니 여간 신경 쓰이는 게 아니다. 쓰레기 처리에 골머리를 앓는다. 절도 등의 범죄도 빈번하다. 여행자들로부터 직접적 이익을 얻는 주민과 그렇지 못한 주민들 사이의 갈등도 깊어진다.

이런 여행지에 가면 '착한 소비'를 하는 것이 주민들에게 도움이 된다. 모든 부작용을 원천적으로 방지하긴 어렵지만, 여행의 편익이 주민들에게 직접 전달되도록 배려하는 선택을 할 수 있다. 지역주민이 운영하는 숙박시설에 머물고, 직접 생산한 농산물을 사고, 지역의 음식을 먹어보는 것도 좋다. 그게 쉽지 않으면 지역의 작은 가게에서 물이라도 한 병 살 수 있다.

착한 소비는 진정성 있는 교류와 소통에도 이바지한다. 이는 여행자 자신에게도 의미 있는 시간으로 남는다. 가만히 생각해 보라. 당신의 빛나는 여행의 순간들 속에는 타자와 나눈 진심 어린 소통도 들어 있지 않은가? 그 소통들에 의미를 둔다면, 여행자인 당신도 타자들을 배려해야 한다.

여행을 사랑하는 사람이라면, '일상을 여행처럼, 여행을 일상처럼' 살고 싶은 사람이라면, '여행의 무게감'도 같이 짊어지고 다녀야 한다. 나의 여행이 누군가에게는 불편한 발걸음일 수도 있음을 인정해야 한다. 여행자들의 발자국이 원하지 않는 결과를 초래할 수도 있음을 이해해야 한다. 나의 즐거움이 누군가의 고통이 돼서는 안 된다. 여행지에 쓰레기와 소음, 무관심과 무례함 대신, 착한 소비와 선한 마음, 배려와 존중을 남기고 와야 한다. 쓰레기 버리지 않기, 주거지에서 큰 소리 내지 않기, 착한 소비하기, 서로 존중하기, 주민들의 삶을 배려하기 등은 작지만 위대한 실천이다. 여행자의 마땅한 책무다.

그동안 우리는 여행이라는 과정을 통해 어디에서 어떤 타자들을 만날 것인가에 대해 고민했다. 그들로부터 무엇을 배우고 무엇을 얻을 것인가에 집중했다. 그러나 이제는 '어떻게 타자들을 바라볼 것인가? 어떻게 의미 있게 조우할 것인가? 어떤 관계를 맺을 것인가? 어떻게 진심 어린 소통을 할 것인가? 어떤 선한 영향력을 남기고 올 것인가?'에 대한 고민이 추가될 필요가 있다.

그 고민이 당신의 여행을 더 의미 있고 가치 있게 만들어줄 것이다. 당신을 꽤 괜찮은 여행자로 만들어줄 것이다. 당신이 여행을 통해 성장하는 이유 중 하나는 바로 여기에 있다. 타자에 대한 존중과 배려. 그 속에 당신의 진짜 '위대한 여행'이 있다.

우리는 종종 다른 문화권을 여행하며 이런 생각을 한다. '이곳 사람들은 어떻게 이렇게 살고 있지?' 혹은 '우리나라에서 태어나길 정말 다행이다.' 어떤 때에는 여행지 문화 앞에 '비문화적, 야만적, 미개한, 비윤리적, 비위생적, 불편한, 상식적이지 않은, 평등하지 않은'과 같은 형용사들을 거침없이 붙이기도 한다. 예를 들어 손으로 음식을 먹는 인도의 음식문화를 처음 접하는 사람들은 적잖이 당황한다. 오른손으로 음식을 먹고 왼손으로 화장실 처리를 하는 그들의 문화에 대해 문화적 수준이 낮고 미개하다고 말하는 이들도 있다. 아주 많이 잘못된 시선이다. 틀린 시선이다.

이런 현상은 우리나라보다 경제 수준이 낮은 곳을 여행할 때 더 많이 나타난다. 여기에는 여행자들의 '문화적 우월감'이 녹아 있다. 여행자가 여행하는 지역의 문화를 낮추어보는 시선은 일종의 아이러니다. 여행자가 기꺼이 그리고 자발적으로 시간과 비용을 들여 선택한 여행지의 문화를 폄하하는 것은, 여행지의 가치를 스스로 평가절하하는 시선이기 때문이다. 결국 스스로 자신의 선택을 깎아내리고 그 선택이 틀렸음을 말하는 것이나 진배없다.

우리 모두 교과서에서 배웠듯이 '문화의 우열'은 존재하지 않는다. 문화의 높고 낮은 수준 역시 존재하지 않는다. 미개한 문명이라는 단어는 잔혹한 침략자의 관점 혹은 제국주의의 관점이다. 침략자들의 부당한 침략을 정당화하는 데 문화의 우열이 적용되었음을 이해해야 한다. 문화에는 차이와 다름이 존재할 뿐이다. 각자의 문화는 주어진 환경에서 살아남고자 노력했던 수많은 사람들의 치열한 흔적이다. 긴 시간 동안 누적된 '시계열적 집단지성'의 결과물이다. 지식, 신념, 행위의 총체다. 따라서 여행지의 문화는 그들의 경제 수준과 상관없이 존중받아야 마땅하다.

그러나 이러한 시선이 모든 문화에 적용되는 것은 아니다. 마땅히 지켜져야 하는 인류 보편의 가치들은 문화와 문화의 경계를 넘어 공유되어야 한다. 여행과 관광이 그 공유를 앞당길 수 있고, 의미 있는 가치들을 확산시키는 데 기여할 수 있다. 그래서 여행과 관광을 '전 세계 유일의 평화적 수평 이동'이라 부른다. 여기서 평화적 수평 이동은 상호 존중과 배려를 전제하는 동등한 입장에서의 이동을 말한다. 마땅히 공유될만한 인류 보편의 가치에는 인권과 양성평등, 이동권, 선택의 자유 등 인간의 기본적인 권리들이 포함된다.

그러나 특정 여행지에서 행해지는 아동노동과 성적 불평등, 성매매, 폭력과 억압, 이동권의 제한, 자유에 대한 핍박 등은 존중받아 마땅한 문화적 가치 안에 포함되지 않는다. 포함되면 안 된다.

예를 들어 특정 국가를 여행할 때 '1달러 보이, 1달러 걸(1 dollar boys and girls)'을 만날 때가 있다. 이들은 주로 10살 전후의 아이들로 여행지 주변에 산다. 여행지 출입구에서 허름한 옷을 입고 '1달러'를 외치며 작은 물건을 팔거나 구걸을 해서 '1달러 보이', '1달러 걸'이라고 불린다. 학교에 가지 못하고 가족의 생계를 책임진다. 이 아이들을 대할 때 모든 여행지의 문화가 존중받아야 마땅하다고 생각할 수 없다. 그 아이들의 부모가 어쩔 수 없는 선택을 했다고도 말할 수 없다.

아직도 많은 저개발국에서 아동노동은 심각한 사회문제다. 2016년 기준 아프리카 일부 국가의 경우 아동노동 비율이 전체 아동 대비 40%를 넘긴 곳도 있다. 한 나라의 전체 아동 중 40%가 가족의 생계를 책임지고 있다는 것은 쉽게 받아들이기 어려운 수치다. 아프리카 대부분의 국가는 아동노동 비율이 20~40%, 인도와 동남아시아 일부 국가들도 10~30%에 달한다.[94]

대부분의 여행자들은 아이들이라면 마땅히 잘 먹고, 잘 쉬어야 한다고 생각한다. 배움의 기회가 주어져야 하고 보호가 필요한 존재라고 여긴다. 그래서 여행지의 아동노동 현실을 직면하면, 이는 명백히 잘못된 문화이며 범죄라고 생각한다. 어린 나이에 낯선 이방인들 앞에서 1달러를 외치는 아이들을 보며,

그들이 마땅히 누려야 할 아동 인권과 학습권을 떠올린다. 여행자 중 일부는 조금 더 적극적으로 아이들과 부모들에게 문제가 있음을 말하고, 그들을 돕기 위해 작은 용기를 실천한다. 이것이 공유할만한 가치를 여행지로 확산하는 시작점이 된다.

양성평등과 관련된 가치 역시 마찬가지다. 이슬람 국가를 여행하다 보면 양성평등에 대한 생각이 자주 떠오른다. 이슬람 문화권의 여성들은 부르카(Burka), 니캅(Niqab), 히잡(Hijab), 차도르(Chador), 샤일라(Shayla) 등의 겉옷을 입는다. 편한 복장의 남성들과 달리 한여름 해수욕장에서조차 온몸을 감싸고 수영하고 있는 여성들을 보면 어딘가 불편한 마음이 든다.

이 의복문화는 고대 메소포타미아의 풍습으로 햇빛을 가리기 위한 옷에서 출발했다고 전해진다. 이후 존중받아야 할 여성과 그렇지 못한 여성을 구분하는 용도로 쓰이기 시작했다.[95] 이것이 현대에 들어 다른 남성의 접촉을 차단하고 여성을 보호하는 수단으로 재차 변형되었다. 일부 이슬람 문화권에서 당연하게 받아들이고 있는 이 의복문화는 2011년 프랑스를 시작으로 오스트리아, 벨기에, 독일, 덴마크 등의 유럽에서 법으로 금지되고 있다. 공공 공간에 한해 가림의 정도가 심한 부르카와 니캅 착용을 금지하고 있다. 많은 무슬림은 이 법을 반대한다.

그러나 동시대 마땅히 공유되어야 하는 가치인 양성평등의 시선으로 보자면, 분명 개선이 필요해 보인다. 굳이 한쪽 성

(gender)만 몸을 감쌀 필요는 없기 때문이다. 문화는 고정된 것이 아니기 때문이다. 그들의 의복문화가 여러 번 변했던 것처럼, 지금도 동시대의 가치에 맞게 변할 수 있기 때문이다.

여행과 관광시장에는 '섹스관광(sex tourism)'이라는 용어가 있다. 관광학원론 등의 교과서에도 언급되고 있는 단어다. 과거 한국의 기생관광(Gisaeng tourism) 역시 섹스관광의 주요 사례다. 오랫동안 한국 정부는 외화벌이를 위해 기생관광을 묵인했다고 알려져 있다. 이런 사실은 동시대 여행을 사랑하는 한국 여행자들에게 부끄러운 과거로 받아들여진다. 최근 태국이나 필리핀 등의 개발도상국에서도 섹스관광을 전략적으로 허용하고 관광산업의 견인책으로 활용하고 있다. 과거 우리가 그랬듯이 말이다. 개도국에서 섹스관광을 암암리에 허용하는 이유는 별도의 투자 없이 인적 자원만으로 외화를 벌어들일 수 있기 때문이다. 슬프고 불편하지만 엄연한 현실이다. 사람의 몸을 팔아 또 다른 사람을 끌어들이는 것이다. 최근에는 여성뿐 아니라 '비치 보이즈(Beach boys)'라고 불리는 남성 매춘부들도 등장하고 있다.

필리핀에는 '코피노(Kopino)'라 불리는 사람들이 있다. 한국인(Korean)과 필리피노(Filipino)가 합쳐진 단어로, 주로 한국 남성과 필리핀 여성 사이에서 태어난 사람들을 말한다. 필리핀은 국민 대부분이 가톨릭 신자로 종교적 신념상 낙태를 거의 하지 않는다. 현재 코피노는 약 2만 명 이상으로 알려져 있으며, 이 중 일부는 한국 여행자들 사이에서 태어난 것으로 추정된다. 여행자들로부터 버려진 코피노들의 수는 집계조차 불가능하다.

역사적으로 필리핀은 1950년 미국과 영국에 이어 세 번째로 한국전쟁에 참전한 나라다. 1951년 중공군이 침략했을 때, 강원도 양구에서 우리 군과 함께 끝까지 싸운 몇 안 되는 나라 중 하나였다.[96] 역사적으로 우리는 그들에게 심리적 부채가 있다. 그럼에도 우리는 수많은 코피노를 끝까지 책임지지 않았다. 인정하지도 않았다. 명백히 부끄러운 일이다. 우리의 여행 문화가 건전하지 못했기에, 타자를 배려하지 못했기에, 타국의 문화를 이해하지 못했기에 생긴 부끄러운 과오다.

이제 우리는 타자를 배려하고 타자의 문화를 존중하는 여행 시선이 필요하다. 여행지의 타자들을 평등한 시선으로 바라보고 공유할만한 가치에 대해 다시 한번 되새겨야 한다. 혹 우리의 여행에 어떤 과오가 남아 있지 않은지 돌아보아야 한다. 다음 세대의 여행자들이 우리를 부끄러운 선대 여행자로 여기지 않도록, 부채를 무책임으로 갚은 부끄러운 나라의 여행자가 되지 않도록 해야 한다. 그러기 위해서는 여행길 위에서 만나는 많은 타자들을 평등한 시선으로 바라봐야 한다.

캄보디아 중앙에는 바다같이 거대한 호수, '똔레삽 (Tonle Sap Lake)'이 있다. 이 호수는 앙코르와트와 앙코르톰이 있는 씨엠립(Siem Reap)에서 차로 1시간 정도 떨어져 있다. 가난한 나라 캄보디아에서 더 가난한 사람들이 살고 있다는 이곳은 수상 가옥촌으로 유명하다. 흙탕물처럼 탁한 호수 위에 수상 가옥들이 즐비하고, 수상 학교와 슈퍼마켓, 기념품숍, 식당, 병원도 있다. 심지어 얼기설기 나무로 엮어 만든 수상 돼지우리도 있다. 당연히 이곳 주민들의 주요 이동 수단은 걸음이 아니라 팔로 젓는 배다.

똔레삽 호수는 동남아시아 최대 규모로 메콩강 옆 저지대에 자리 잡고 있다. 저지대에 있다 보니 우기 때마다 메콩강 물이 넘쳐 바다로 빠져나가지 못하고 역류한다. 메콩강은 일 년에 두 번 물길을 바꾼다고 할 정도로 혹독한 강이다. 그 강을 옆에 두고 있는 똔레삽 호수도 우기와 건기 때마다 물이 범람하고 빠지고를 반복한다.[97] 호수가 주변 지역 홍수를 막아주는 일종의 완충지대인 셈이다.

똔레삽의 아이들은 어려서부터 젓가락 쓰듯 노 젓는 법을 배운다. 간혹 동그란 함지박을 타고 유영하듯 떠다니는 아이들의 모습도 보인다. 어떤 아이들은 배 위에서 제 몸만 한 뱀을 들고

'1달러(1 dollar)'를 외친다. 여행자들에게 뱀을 감아 사진을 찍게 해주고 돈을 받는다. 호수 가장자리 습지에는 무성하게 자라는 맹그로브 숲이 있는데, 그 숲을 따라 쪽배 체험도 할 수 있다. 물속에서도 용맹하게 솟아 있는 유연한 곡선의 맹그로브 나무 줄기를 보면, 거친 환경을 살아내는 생명은 비단 사람만이 아니라는 생각이 절로 든다.

똔레삽 호수의 여행자들은 대부분 수상 가옥을 돌아보는 보트 투어에 참여한다. 거룻배 위 물코코넛 잎으로 만든 작은 수상 가옥에는 가족들이 빼곡하게 살아가고, 여행자들은 이 독특한 생활문화를 신기하게 느낀다. 그들이 어떤 집에서 사는지, 집의 구조는 어떤지, 부엌은 어떻게 생겼는지, 무엇을 먹고 입고 사는지, 이동은 어떻게 하는지 등을 생생하게 볼 수 있다. 집보다 큰 보트를 타고 다니며 가까이에서 주민의 삶을 엿볼 수 있다.

보트 투어를 하다 보면 여러 생각이 머리를 스친다. 물 위 작은 집에서 어떻게 자식을 낳고 키우고 먹고살 수 있는지 짐작조차 가지 않는다. 집이 물결 따라 흔들릴 텐데 잠은 잘 잘 수 있나, 우기에 물이 불어나면 집들은 또 어떻게 되나 걱정이 앞선다. 물 위에서 세수하고 빨래하고 볼일 보고 그 물을 다시 먹는 순환적인 구조가 정말 가능한가 궁금해진다. 그 흔한 오염 정화 장치 하나 없는 이곳에서 인간과 가축의 배설물과 오수,

하수들이 섞인 물을 어떻게 마시는가 의구심이 든다. 그들의 삶이 신기하다가도 '나라면 여기 살 수 있을까?' 혹은 '나는 여기 못 살겠다'라는 생각이 문득문득 떠오른다. 미안한 마음에 차마 입 밖으로도 뱉어내지 못하는 생각들이다.

한편으로는 그들의 특이하고 가난한 삶이 너무 적나라하게 외부인들에게 관찰당하는 것이 아닌가 씁쓸해진다. 그곳에 사는 주민들의 인권과 프라이버시에 대해 생각하기도 한다. 그들의 작은 방과 작은 마루를 바라보다 눈이라도 마주치면, 괜스레 미안함에 고개를 돌린다. 사진이라도 하나 찍을라치면 주인이 안 보이는 집을 골라 재빨리 찍는다. 투어 비용을 냈다는 이유로 그들의 삶을 훔쳐보고 거리낌 없이 문화적 우월감을 내비치는 여행자들을 만나면, 대신 미안한 마음이 든다. 그들의 고단한 삶이, 그들의 가난이, 혹독한 환경이, 여행자들에게 호기심의 대상이 된다는 것이 슬프기도 하다. 누군가의 삶이 또 다른 누군가에게 구경거리가 된다고 생각하니 안쓰러운 마음도 생긴다. 인간 대 인간으로 말이다.

그러다 문득 그들의 역사가 궁금해진다. 그들이 어쩌다 거친 호수 위에 터를 잡고 살게 되었는지 찾아본다. 똔레삽 호수에 사는 사람들은 사실 캄보디아인들보다 베트남인들이 더 많다. 분명 캄보디아 내륙 한복판에 있는 호수인데, 그곳에 사는 사람들이 베트남인들이라는 것이 놀랍다.

캄보디아와 베트남은 국경을 면하고 있다. 우리나라와 일본처럼 역사적으로 앙숙 관계다. 1978년 베트남은 독자적으로 공산화 정책을 추진했던 캄보디아를 침략했고 1989년 철군했다. 12년간의 전쟁은 참혹했다. 현대에 들어 동맹 관계가 일부 회복되기는 했지만 크고 작은 분쟁은 여전하다.

톤레삽 호수에 사는 베트남인들은 사실 베트남의 '보트피플(boat people)', 즉 보트를 타고 베트남을 떠나온 난민들이다. 그들은 베트남 전쟁 당시 연합군에 협력했었던 사람들로 1975년 연합군 패전 이후 목숨을 걸고 조국을 탈출했던 사람들이다. 많은 베트남인이 배를 타고 망망대해로 나갔고, 그들 중 일부가 메콩강을 거슬러 올라 톤레삽 호수로 들어왔다. 그 당시 연합군에 협력한 베트남 난민 중 25만 명이 죽고 160만 명이 전 세계로 피신하였는데, 그중 일부가 앙숙의 나라이자 이웃인 캄보디아로 들어온 것이다.

캄보디아 역시 그들에게 호의적이지 않았다. 캄보디아를 침공하고 악행을 저질렀던 베트남에 대해 우호적 시선을 갖기 어려웠을 것이다. 더군다나 불법으로 들어온 난민들이었다. 마치 우리나라 충주호에 일본인들이 무단으로 들어와 사는 것과 비슷한 상황일 것이다. 캄보디아 정부는 인도주의적인 차원에서 이들이 톤레삽 호수 위에서 사는 것만은 허락했다. 육지는 허락하지 않았다. 베트남 역시 이들을 배신자라 생각했고 다시 받아들이지 않았다. 오늘날 여행자들에게 구경거리가 되는 이 기구한 사람들은, 양쪽 어디에서도 환영받지 못했다. 다행히 몇 년 전부터 캄보디아 정부가 국적 취득을 허용하고 있다고는 하지만, 여전히 텃세와 편견으로부터 자유롭지 않다.

이 역사를 읽고, 다시 그들의 삶을 가만히 되짚어본다. 안쓰럽고 가엾게만 보였던 그들의 삶이 일순간 위대해 보인다. 가족을 살리기 위해 목숨을 걸고 탈출을 감행한 보트피플들의 모습이 눈앞에 그려진다. 망망대해를 떠돌다 작은 노 하나로 메콩강을 거슬러 올랐을 수많은 부모들의 모습도 그려진다. 캄보디아에서도 베트남에서도 냉대받던 그들이 삶을 포기하지 않고, 물 위에 배로 만든 집을 짓고 물고기를 잡아 생계를 유지하는 용감한 선택을 했음이 경이롭다.

일 년에 몇 번씩 무섭게 역류하는 메콩강을 옆에 끼고, 건기와 우기 때마다 이리저리 떠밀려가듯 살고 있지만, 그들의 삶은 위대하다. 국적이 없는 부모가 마찬가지로 국적이 없는 자식들을 가르치기 위해 학교를 세운 이야기 앞에서는 숙연해진다. 삶의 현장은 치열했으나 그럼에도 후대에는 희망을 대물림하고자 노력했음이 존경스럽다. 거대하고 거친 톤레삽 호수보다, 물속의 용맹한 맹그로브 숲보다, 더 경이로운 것은 호수 위에 살아남은 사람들의 삶이다.

처음 그들의 삶을 접했을 때, 나는 철저히 외부인의 시선으로 보았다. 이해하려고 애쓰지 않았고 사실 이해하기도 쉽지 않았다. 그저 그들의 삶이 신기했고 안쓰러웠다. 훔쳐보는 여행자인 것 같아 미안했다. 그곳에 태어나지 않았음에 감사했다. 그러다 그들의 이야기를 듣고 찬찬히 그 삶을 따라 거슬러 올라가 보았다. 외부인의 관조적 시선을 내려두고 그들 입장에서, 그들의 시선으로, 그들의 이야기를 따라 고난의 삶을 되짚어보았다. 톤레삽 호수에 터를 잡은 이전 세대들의 입장이 되어보고 그 삶을 이해하려고 노력해보았다. 그 고단한 삶을 백 분의 일이나 이해했을까. 분명한 것은 그들의 삶이 위대한 선택의 결과물이었고 또 존중받아 마땅하다는 사실이다.

이렇듯 여행자가 현지인의 관점에서 여행지를 경험하고 이해하는 시선을 '내부자적 시점(insider's perspective)'이라고 한다. '역지사지(易地思之)'의 마음이다. 겉 훑기처럼 여행지의 표피만 슬쩍 보고 지나가는 여행이 아닌, 멀찌감치 떨어져서 관찰만 하고 끝나는 여행이 아닌, 그들의 역사를 듣고 현지인의 관점에서 상황을 이해하는 시선이다. 이는 타자 혹은 타문화에 대한 진심 어린 공감과 이해를 가능하게 한다. 진정성 있는 소통의 기초가 된다. 그 과정에서 여행자가 가장 많이 깨닫고 가장 많이 배우게 된다.

톤레삽 호수의 표피만 보면, 그들의 삶은 특이하다. 우리 삶과 비교하기 어려울 정도로 비위생적이고 불편하다. 그러나 내부자적 시점으로 그들의 스토리를 듣고 보면, 같은 인간으로서 존경스럽다. 같은 부모로서 뭉클하다. 물 위의 모든 삶은 존중받아 마땅하다고 여기게 된다. 지금 내 삶이 더할 나위 없이 감사해진다.

이처럼 표피만 보는 여행과 내부자적 시점으로 보는 여행은 '경험의 깊이'가 다르다. 그 깊이는 진정한 여행을 가능하게 하고 여행자의 삶에 깨달음으로 다가온다. 다만 내부자적 시점을 갖기 위해서는 여행지의 역사와 문화, 시대적 상황을 이해하는 시간과 노력이 필요하다. 관심도 요구된다. 그러나 충분히 가치 있는 과정이다. 지금 우리의 여행은 많이 보는 것에 너무 많은 에너지를 쓰고 있다. 다 기억도 못 할 것을 꾸역꾸역 보고만 다닌다. 이제 많이 보는 대신, 깊게 보는 연습이 필요하다. 제대로 경험하는 연습이 필요하다. 내부자의 시선으로 바라보는 '깊은 눈'을 가질 때다.

똔레삽 호수 위 '위대한 삶'

똔레삽 호수의 용맹한 맹그로브 숲에서

여행은 여행자 개인의 행복과 힐링, 성장에 긍정적 영향을 미친다. 부인할 수 없는 명백한 사실이다. 그러나 안타깝게도 여행이 모든 대상에 대해 긍정적인 것은 아니다. 여행은 지구 전반의 기후변화와 여행지의 자연환경, 지역문화, 지역주민들의 삶에 큰 빚을 지고 있다.

예를 들어 여행자를 목적지까지 데려다주는 항공기의 이산화탄소 배출량은 지구 전체 이산화탄소 배출량의 2%에 달한다.[98] 유럽환경청(EEA)에 따르면 1km 이동 시 항공기의 이산화탄소 배출량은 285g으로 자동차 158g, 기차 14g보다 월등히 높다.[99] 특히 기차보다 스무 배가 넘는 어마어마한 이산화탄소를 배출한다. 그보다 더 중요한 것은 항공기가 지구 성층권 하단에 직접적으로 이산화탄소를 배출한다는 것이다. 대기층에 쌓인 이산화탄소는 지표면으로 거의 내려오지 못하고 공기 중에 머물러 있게 된다. 항공기를 지구 온난화의 주범, 기후변화의 악당이라고 말하는 이유다. 이제 단지 '나에게 미안하다는 이유'로 비행기를 타는 일은 다시 생각해보아야 하는 시대가 되었다.[100]

많은 여행지는 여행자들을 불러들이기 위해 그들의 바다, 해변, 섬, 산림, 습지, 동식물 등의 자연자원을 활용한다. 그 자원들이 전혀 무한하지 않음에도 자원의 지속성을 고려하지 않은 채 경제적 수익에만 열을 올린다. 결국 과도한 여행자 수와 자원에 대한 관리 부족은 오염물질의 증가로 이어지고, 자연은 스스로 정화하는 능력, 즉 자정력 혹은 수용력을 잃어버리게 된다. 2019년 필리핀 보라카이섬에서 6개월간 단행된 섬 폐쇄 조치가 그 사례 중 하나다. 폐쇄 전까지 보라카이섬은 오염정화시설이 제대로 갖추어지지 않았고, 여행자들이 쓰고 버린 오염물질은 대부분 아름다운 바다로 흘러 들어갔다. 해양생태계 파괴가 심각해졌음은 당연한 결과였다.

여행자 수의 급속한 증가는 여행지 지역문화의 진정성을 왜곡하기도 한다. 하와이의 전통춤 '훌라(Hula)'는 본래 신성한 종교의식에서 행해지던 것이었다. 원래 춤은 느리지만 절도 있었다. 춤의 의미 역시 신성했다. 그런데 여행자들이 흥미를 갖게 되면서 훌라는 다소 과격하고 선정적으로 몸을 흔드는 유희의 춤으로 변질되었다. 문화의 왜곡이다. 진정성이 소멸되어가는 현상이기도 하다. 또 어떤 여행지에서는 현지어인 토착 언어가 영어와 결합되어 신종 언어로 변형되기도 한다. 영어를 사용하는 여행자들과 소통하기 위해서다. 파푸아뉴기니와 중국 등에서 사용되는 '피진 영어(Pidgin English)'가 대표 사례다. 이 역시 문화의 왜곡이자 언어의 왜곡이다.

여행은 여행지 지역주민들의 삶에도 많은 영향을 미친다. 스페인 바르셀로나는 넘쳐나는 여행자들로 도시 교통 시스템에 문제가 발생했다. 결국 바르셀로나 시 당국은 대형관광버스의 도심 진입을 금지하고, 일부 유명 관광지들은 1일 입장객 수를 제한했다. 여행이 지역주민을 도시외곽으로 쫓아내는 '젠트리피케이션(gentrification)' 현상도 발생했다. 이탈리아 베니스, 런던, 뉴욕, 파리 등 유명 여행 도시의 중심부는 주민들이 살던 주택이 여행자들을 위한 숙박시설로 활용되기 시작했다. 결국 도심의 월세가 급등했고 주민들은 렌트비가 싼 외곽으로 밀려나 장거리 출퇴근을 감내하고 있다.

지구상의 모든 자연과 도시는 담아줄 수 있는 생명체의 양이 있다. 사람의 수도 마찬가지다. 어느 여행지에 여행자들이 급속하게 몰리게 되면, 그곳에 살고 있던 사람들은 밖으로 밀려날 수밖에 없다. 여행자들의 경제적 구매력이 월등히 높기 때문이다.

위 사례들은 모두 여행자 수가 여행지의 자연환경, 문화, 사회구조의 수용력을 초과하는 '오버투어리즘(over-tourism)', 즉 '과잉관광'이 그 원인이다. 여행자가 넘치는 도시들은 오버투어리즘의 딜레마에 빠져 있다고 해도 과언이 아니다. 여행자 수의 증가는 지역경제를 나아지게 하지만, 주민들의 삶의 질을 떨어트리기 때문이다. 이들 여행지는 어떻게 하면 여행자 수를 조절할 것인가, 어떻게 하면 환경적으로, 사회문화적으로, 경제적으로 지속가능하게 할 것인가에 대한 오랜 고민에 봉착해 있다.

이들 중 여행자가 의도한 것은 하나도 없다. 어떤 여행자도 여행지의 환경과 문화, 그곳에 사는 주민들의 삶에 부정적 영향을 주고 싶지 않을 것이다. 여행자들은 잘 몰랐을 뿐이고, 나쁜 결과를 바라지도 않았다. 선택은 여행지 주민들이 했고 여행자와는 무관한 일이었다고 항변할 수도 있을 것이다. 문화는 원래 변하는 것이므로, 그들의 문화가 변하는 것은 당연한 시대적 흐름이라고 주장할 수도 있을 것이다.

그러나 우리는 여행자들의 발걸음으로 인한 영향력에 조금 더 관심을 가져야 한다. 모두 여행자들로부터 시작된 현상이기 때문이다. 나의 행복과 힐링을 위한 여행이, 누군가의 삶에, 그들이 대대손손 살아가고 있는 어떤 곳에 부정적 영향을 초래할 수도 있음을 인지하는 것이 중요하다. 문화는 분명 가변적이지만, 여행자들로 인해 급속하게 변하는 것은 문제가 있다. 여행지가 여행자들에게 너무 과하게 의존하면, 종속되면, 또 다른 문제들이 야기될 수 있음을 이해할 필요가 있다. 여행자의 모든 선택이, 직접적이든 간접적이든, 여행지에 영향을 줄 수 있음도 이해할 필요가 있다.

그래서 여행지에서 '관광자는 가라(tourists go out)'라는 그라피티를 보았을 때, 여행자들에게 불편한 시선을 보내는 주민들을 만났을 때, '관광 포비아(tourism phobia)'로 불리는 여행 혐오 현상을 직면했을 때, 불쾌한 기분을 우선 접고, 그들 입장에서 그들의 시선으로 바라볼 필요가 있다.

여행은 결국 타자를 통해 나를 돌아보는 것이다. 타자와의 관계를 통해 내 삶을 더 깊고 의미 있게 살아가는 법을 배우는 것이다. 지금 그 타자들이 너무 괴롭다면, 여행자들을 더 이상 반기지 않는다면, 여행자가 지금 바로 무엇을 할 수 있는지 생각해보아야 한다. 여행을 모두 중단하라는 것은 결코 아니다. 여행자가 넘치는 곳에 가지 말라는 뜻도 아니다. 여행은 인간의 본능에 가깝다. 여행하되 어떻게 하면 타자들과 더불어 행복한 여행이 될수 있을지 고민해보자는 것이다. 당신의 작은 선택이, 타자를 배려하는 조심스러운 발걸음이, 그 시작점일 수 있다.

지금 바로, '지속가능한 여행'

늘 여행을 꿈꾸는 그대에게 묻는다. 여행을 진심으로 좋아하는 당신에게도 묻는다. 어쩌면 다음 여행지를 고르고 있을 또 다른 당신에게도 묻는다.

당신이 가고 싶은 어떤 여행지가 숲과 습지를 파괴하고 있다면, 당신이 묵는 호텔이 누군가를 부당하게 쫓아내고 지은 것이라면, 방문한 리조트가 오염정화시설 없이 오수와 하수를 바다로 그냥 흘려보내고 있다면, 여행자가 쓰는 물과 전기의 양이 지역주민들의 사용량보다 수십 배 혹은 수백 배 많다면, 당신이 행복한 시간을 보내는 수영장 물이 주민들이 마시는 물을 끌어다 쓰는 것이라면, 직원들이 상상할 수조차 없는 적은 임금을 받고 있다면, 골프장의 푸른 잔디를 유지하기 위해 엄청난 농약을 뿌려야 한다면, 그 농약이 인근 마을의 하천과 지하수로 흘러 들어간다면, 야간조명이 숲속 동물들을 죽이고 있다면, 쇼를 위해 동물들이 학대당하고 있다면….

과연, 그 여행은 의미 있을까? 힐링의 시간이라 말할 수 있는가? 진정 즐겁고 행복한 시간일 수 있을까? '나는 몰랐다'고 항변하면 되는 문제인가? '여행에 뭐 그런 고민까지 하고 있나.' 생각하고 있지 않은가? 자기만족을 추구하느라 타자에 대해 무관심하지 않았는가? 아니면 일부 알았지만 애써 눈감지 않았는가?

그렇다면 우리의 여행이 타자를 배려하면서 더 의미 있고 행복하기 위해, 과연, 무엇을 해야 할까? 무엇을 할 수 있을까? 이번 여행에서, 다음 여행에서 바로 실천할 수 있는 현실적인 대안이 없을까? 있다. 분명 있다. 우리 여행에 '지속가능한 여행'을 접목하는 것이다. 지속가능성을 이해하고 지속가능한 여행을 하나씩 실천하는 것이다. 여행을 통해서 여행지 지역주민에게 도움이 되는 선택을 하는 것이다. 조금 불편해도, 조금 번거로워도, 조금 돌아가도, 하나씩, 한 가지씩, 차근차근, 타자를 배려하는 여행을 실천하는 것이다.

그러기 위해서는 먼저 지속가능성과 지속가능한 여행을 먼저 이해할 필요가 있다. '지속가능성(sustainability)', 동시대 가장 중요한 화두 중 하나다. 현재를 사는 인류는 앞으로 이 단어를 가장 많이 듣고 이를 어떻게 실천할지 고민하는 삶을 살아갈 것이다. 우리가 직면한 인류 생존 문제를 해결하는 유일한 해결책이기 때문이다. 미래 삶의 방향성을 제시하기 때문이다. 지속가능성은 자연환경이나 생태시스템에만 적용되는 것이 아니다. 지역문화도, 지역경제도, 정책이나 제도도 그 범위 안에 들어 있다.

지속가능성은 '미래 세대의 필요를 충족시키면서 현세대의 필요를 충족시키는 것'이라고 정의된다. 현세대와 미래 세대에 대한 배려를 동시에 고려한다는 것이다. 현세대와 타자인 미래 세대와의 관계를 중시하는 개념이기도 하다. 이 지구를 미래 세대들로부터 빌려 쓰고 있으니, '빌려 쓰고 있는 지구'를 다음 세대에게 잘 물려주는 방안까지 함께 고민하는 개념이다. 빌려 쓰는 지구가 지속가능해야 우리 인류도 그럴 수 있기 때문이다.

지속가능성은 '지속가능발전목표(SDGs: sustainable development goals)'로 구체화된다. 이는 UN에서 발표한 것으로 2030년까지 인류 공동의 지속가능발전을 목표로 한다. 인간, 지구, 번영, 평화, 파트너십의 5개 영역 안에, 17개 목표, 169개 세부 목표로 구성되어 있다.[101] 이 중 17개 목표는 빈곤퇴치, 기아종식, 건강

과 웰빙, 양질의 교육, 성평등, 물과 위생, 깨끗한 에너지, 지속
가능한 도시와 공동체, 책임감 있는 소비와 생산, 기후변화 대
응, 해양생태계, 육상생태계 등의 항목을 포함한다.[*] 이 중 여
행과 관련되지 않은 항목은 거의 없다. 여행은 여행자 개인의
삶의 질에만 영향을 미치는 것이 아니라, 기후변화와 여행지의
자연환경, 문화, 경제구조, 공동체 등에도 직간접적 영향을 미
치기 때문이다. 따라서 지속가능발전목표가 달성되어야 우리

의 여행도 지속가능해진다.

'지속가능한 여행(sustainable travel)'은 지속가능성과 맥을 같이한다. '미래 세대의 여행 기회를 보호하고 증진하는 동시에, 현세대의 여행자 또는 지역사회의 필요를 충족시키는 것'이라고 정의된다.[*] 현세대 여행자와 타자인 미래 세대 여행자 사이의 공평한 관계를 중시한다. 더불어 여행자뿐 아니라 여행자가 방문한 여행지 주민들의 만족도 중시한다. 즉 지속가능한 여행은 다음 세대 여행자와 방문한 여행지 주민에 대한 관용과 배려의 여행인 셈이다.

UN 산하에는 '세계관광기구'라 불리는 UNWTO가 있다. UNWTO의 가장 중요한 역할 중 하나는 여행과 관광을 통한 '지속가능성'의 실천이다. UNWTO에는 '지속가능한 관광 및 빈곤퇴치 재단'인 'ST-EP(Sustainable Tourism-Eliminating Poverty)' 재단이 속해 있는데, 이는 관광과 여행을 통해 가난한 국가의 빈곤을 퇴치하고 그들에게 자립할 수 있는 기회를 주기 위해 설립되었다. ST-EP 재단에서는 관광과 여행을 통한 여행지의 빈곤퇴치 전략을 발표했는데[102], 이 중 우리 여행자들이 지금 바로 실

---

[*] 지속가능한 관광(sustainable tourism)의 개념을 일부 변형하여 지속가능한 여행(sustainable travel)으로 기술하였다.

천할 수 있는 것이 있다.* 이는 빈곤 국가에만 적용되는 것은 아니다. 우리가 방문하는 대부분의 여행지에 적용될 수도 있는 방법이기도 하다.

바로 '지역민이 경영하는 관광기업의 상품과 서비스 이용'이다. ST-EP 재단에서는 지역민이 직접 운영하는 시설, 그들의 상품과 서비스를 이용하는 것만으로도 여행지에 도움이 된다고 설명한다. 유명 여행지에는 많은 대기업 프랜차이즈들이 있다. 대기업 호텔, 카페, 식당, 슈퍼마켓, 놀이시설 등이 비일비재하다. 여행자들은 이 시설들을 편리하고 안전하다고 여긴다. 어느 지점에서나 상품과 서비스의 품질이 유사하기 때문에 위험부담도 적다. 그러나 이들 기업은 지역주민의 삶에 직접적인 영향을 미친다고 보기 어렵다. 주민을 일부 고용하기는 하지만, 파급 효과는 미미하다. 무엇보다 이 시설에서 발생하는 대부분의 이익은 지역 외부로 유출되고, 다시 지역으로 돌아오는 경우는 드물다.

---

* UNWTO SE–EP 재단의 관광과 여행을 통한 여행지의 빈곤퇴치 전략(https://www.unwto.org)
   1) 관광기업에서 빈곤층 고용
   2) 지역민이 경영/종사하는 관광기업의 상품과 서비스 이용
   3) 방문객에게 빈곤층의 상품과 서비스 직접 판매
   4) 빈곤층의 관광기업 설립 및 운영 지원
   5) 빈곤퇴치를 위한 관광수입의 세금환수
   6) 관광기업과 관광객의 자발적 기부
   7) 관광인프라 투자를 통한 지역 빈곤퇴치

그래서 지역민이 직접 경영하는 작은 상점이나 그들이 만든 상품과 서비스를 이용하는 것만으로 주민들의 삶에 보탬이 될 수 있다. 호텔 체인점보다 지역주민이 운영하는 펜션이나 민박을, 대기업 카페보다 주민이 운영하는 카페를, 대형 슈퍼마켓보다 시장이나 작은 상점을 방문하는 것만으로도 훌륭한 기여가 된다. 여행자들이 무상으로 이용하는 지역의 많은 자원에 대한 작은 답례라고 생각해도 좋다. 덤으로 주민들과 진정성 있는 소통도 할 수 있고 그 지역에서만 경험할 수 있는 특별한 '그 무엇'을 얻을 수도 있다.

대형 프랜차이즈에서는 경험할 수 없는 지역다운 특색도 경험할 수 있다. 시장의 작은 구멍가게에서 주민의 진짜 삶을 경험하고 따뜻한 인사로 소통할 수 있다. 그들의 경험을 배울 수 있다. 그들의 이야기를 들을 수 있다. 주민들만 아는 현지 정보는 덤이다. 물론 여행자는 주민을, 주민은 여행자를 상호 배려하고 존중해야 함을 전제로 한다.

그러나 여행의 모든 순간에 이런 선택을 할 수는 없다. 다만 가능하다면 그 기회를 차근차근 늘려보자는 것이다. 여행자의 작은 선택과 실행으로, 여행지를 지속가능하게 할 수 있다. 그래야 우리의 여행도 지속가능해진다.

지금 바로, '공정한 여행'

여행에 관심 있는 사람이라면 '공정여행(Fair travel)'에 대해 한 번쯤 들어봤을 것이다. 공정여행은 2000년대 초반 지속가능한 여행의 실천적 개념으로 등장했다. 지속가능한 여행의 한 축이라고 생각해도 좋다. 공정여행은 말 그대로 여행자와 타자 모두가 공정한 여행을 말한다. 즐기기만 하는 여행이 초래하는 환경오염, 문화 변형, 자원 낭비, 기후변화 등을 반성하고, 자연환경이나 지역문화, 지역주민들의 삶에 작은 도움을 주고자 노력하는 여행이다. 그래서 공정여행은 여행자 개개인이 비교적 쉽게 실천할 수 있는 항목들로 구성되어 있다.

여러 공정여행 지침이 있는데, 그 중 이매진피스(Imaginepeace)의 '공정여행 십계명'을 소개한다. [103] 항목 중에는 우리가 이미 그렇게 하고 있는 것들도 있다. 너무 당연한 항목이 포함되었다고 생각할 수도 있다. 대부분 어렵지 않은 것들이다. 여행자가 작은 마음만 먹는다면 충분히 실행할 수 있는 항목들이다.

1) 환경을 파괴하지 않는 여행: 비행기 이용 줄이기, 일회용품 쓰지 않기, 물 낭비 줄이기
2) 동식물을 돌보는 여행: 길 위에서 만나는 모든 생명 존중하기
3) 성매매하지 않기: 아동매춘, 섹스여행, 비즈니스 매춘여행 등을 거부하기

4) 지역에 도움이 되는 여행: 현지인이 운영하는 숙소, 음식점, 교통, 가이드

　이용하기

5) 윤리적으로 소비하는 여행: 과도한 쇼핑 제한, 공정무역 제품 이용하기,

　지나친 할인 요구 피하기

6) 관계 맺는 여행: 현지의 인사말을 배우고 노래와 춤 배우기, 작은 선물 준

　비하기

7) 사람과 문화를 존중하는 여행: 생활방식, 종교를 존중하고 예의를 갖추기

8) 고마움을 표현하는 여행: '고맙습니다', '미안합니다'라고 말할 줄 아는 마

　음 갖기

9) 기부하는 여행: 적선보다 기부를, 여행 경비의 1%는 현지의 단체에 기부

　하기

10) 행동하는 여행: 현지에서 일어나는 비윤리적인 일에 항의하고 거부하기

　공정여행 지침 중에는 물을 아껴 쓰고, 길 위에서 만나는 모
든 동물, 식물, 사람들을 존중하는 내용이 포함되어 있다. 현지
의 인사말과 고마움의 말을 배워 관계 맺는 여행을 하고, 여행
지의 생활방식과 문화를 존중하는 것도 공정여행 지침안에 포함
된다. 이미 많은 여행자들이 실천하는 내용일 것이다. ST-EP
재단의 빈곤퇴치 전략에도 포함되어 있는 현지인이 운영하는 숙
소, 음식점, 교통, 가이드를 이용하는 항목도 포함되어 있다.

　윤리적 소비를 위해 지역상점이나 시장에서 지나친 할인 요

구를 하지 않는 것도 지역민들에게 도움이 된다. 이 얼마나 쉬운 지침인가. 과하게 깎아달라고 요구하지 않는 것도 공정한 여행의 실천인 셈이다. 나 역시 여행지의 시장을 자주 방문한다. 깎아달라고 요청하지 않는다. 사실 시장 상인들보다 여행자의 경제적 수준이 높은 경우가 허다하다. 굳이 깎아달라고 요청할 필요가 없음에도 '깎는 재미'를 느끼기 위해 '디스카운트 플리즈(discount, please)'를 남발하는 여행자도 있다.

굳이 그럴 필요가 있는가 싶다. 나는 깎아달라 요청하는 대신, 상인들에게 많이 묻고 많이 배운다. 물건의 이름도 배우고 유래도 배운다. 어떻게 손질하고 어떻게 먹는지도 배운다. 간혹 상인들의 삶의 이야기도 듣는다. 이 지역이 어떻게 만들어졌는지, 요즘 어떤 문제들이 나타나고 있는지도 듣는다. 한참 지나고 난 후 그 소통의 기억이 또렷이 각인된 경우도 더러 있다.

공정여행 지침 중에는 환경을 파괴하지 않기 위해 '비행기 이용'을 줄이는 전략도 있다. 최근 유럽을 중심으로 비행기로 이동하지 않는 'Flight shame(비행의 부끄러움)' 운동이 전개되고 있다. 일례로 툰베리는 2019 '세계기후행동정상회의'에 참석하기 위해 태양광 요트를 타고 런던으로 이동했다. 몇 시간의 비행이면 갈 수 있는 곳을 2주 걸려 도착했다. 유럽은 항공기 이산화탄소 배출량의 심각성을 고려해 '비행기 환경세'도 도입하고 있다. 일반석보다 더 많은 공간을 차지하는 일등석과 비즈니스석의 환경세가 더 높음은 당연하다. 어쩔 수 없이 비행기를 이용해야 한다면 일반석을 이용하고, 비행기 이용을 줄이는 노력 역시 공정한 여행의 실천이다.

최근 일부 여행자들 중에는 여행지나 일상 영역에서 '플로깅(plogging)' 혹은 '줍깅'을 실천하기도 한다. 플로깅은 스웨덴어 'plocka uoo(줍는다)'와 영어 'jogging'이 결합된 신조어다. 줍깅은 '줍다'와 '조깅'이 결합된 우리말 신조어다. 어원이 어떻든 산책하고 운동하며 쓰레기를 줍는 행위는 자연환경을 보존하는 적극적인 참여 활동이다. 일종의 행동하는 공정여행이기도 하다. 낯선 여행지에서 산책하며, 운동하며, 쓰레기 몇 개 주워오는 것은 생각보다 어렵지 않다. 그러나 여행자에게 세상 흐뭇한 여행 경험을 선물한다. 자신만 알아주는 행동이지만, 스스로를 괜찮은 여행자로 만든다. 아이들에게는 훌륭한 환경교육이 된다.

드물지만 '게릴라 가드닝(guerrilla gardening)'도 이루어진다. 게릴라 가드닝은 방치된 공간에 꽃과 나무를 심는 환경개선 운동으로, 새벽이나 한밤중에 게릴라처럼 몰래 정원을 가꾸고 사라진다고 하여 붙은 이름이다. 내 집 마당도 아닌데 비용과 노동력을 들인다. 대가를 바라지 않고, 그저 그 길을 지나는 이들이 녹색의 경관을 즐기고 행복하기를 바라는 마음이다. 여행지에서 관리가 잘 안 되는 공원에 삐죽 자란 풀 하나 뽑고 오는 것도 좋다. 시장에서 작은 꽃모종을 몇 개 사두었다가 버려진 화단에 곱게 심고 와도 좋다. 모두 타자를 위한 여행자의 작지만 위대한 실행이다.

기부하는 여행도 있다. 공정여행 지침처럼 여행 경비의 1%까지는 아니지만, 여행자의 주머니 사정이 허락하는 선에서 실행할 수 있다. 최근 착한 가게에 '돈쭐'내는 소비자들이 늘어나고 있다. 값은 지불하지만 물건은 가져가지 않는 방식으로 선한 소상공인들과 함께 선행을 베푸는 사람들이다. 방문한 지역에 선행으로 알려진 빵집이나 작은 식당이 있는 경우가 더러 있다. 부러 들러 주인장 모르게 물건을 구매하는 것도 좋다. 주인장은 몰라도 여행자이자 소비자인 내 마음은 흐뭇하다. 내가 산 빵 몇 덩이가, 그 동네 아이들의 아침 빵이 되고 요구르트가 된다고 생각하면 이보다 더 값진 소비가 있을까 싶다. 저마다의 방식으로, 저마다 할 수 있는 범위 내에서, 여행지에 여행자의 선한 마음과 격려를 남기고 올 수 있다.

이번 여행에서, 바로 다음 여행에서, 당신이 할 수 있는 것은 무엇인가? 그 작은 선택과 실행이 당신의 여행을 더 의미 있게 할 것이다. 더 위대하게 할 것이다. 타자를 이해하고 진심 어린 관계를 맺게 할 것이다. 당신이 방문한 여행지에 작지만 의미 있는 선물을 주고 온다고 생각해도 좋다. 우리 모두 아는 것처럼 선물 받은 사람만큼 주는 이도 행복한 법이다. 결국 여행은 타자를 배려하는 의미 있는 선택과 행동을 통해, 내가 성장하는 과정이다. 여행자인 내가 행복해지는 시간이다.

미셸 드 몽테뉴(Michel Eyquem de Montaigne)는 여행이란 "우리의 뇌를 다른 이들의 뇌에 문질러 다듬는 것"이라고 했다. 결국 여행은 타자들의 삶을 통해 나를 다시 들여다보는 시간이다. 나의 생각을 타자들의 생각에 대입해보고 스스로 내 생각의 깊이와 너비를 확장하는 기회다. 소크라테스(Socrates)의 말처럼 "자기 자신을 짊어지고 여행하면" 여행을 통해 아무것도 얻지 못한다. 일상에서의 나와 여행에서의 나는 같은 나이기 때문이다.

위 공정여행 지침들은 '나를 잠시 내려두고', '다른 이들의 뇌와 나의 뇌를 문질러 다듬는' 기회가 된다. 서로 동등한 입장에서 진심 어린 소통을 해야 가능하다. 그들의 시선에서 한 번 더 살피고 관용과 배려의 여행이어야 가능하다. 상호 존중은 두말할 나위 없이 중요하다.

부디 이 책을 읽고 있는 지금이 당신만의 공정여행 지침들을 선택하고 실행하는 시작점이길 바란다. 당신의 선한 마음이, 용기 있는 작은 결심이, 조심스러운 한 걸음이 의미 있는 큰 여행 흐름을 만들어낼 것이라 믿어 의심치 않는다. 만화 속 스누피(Snoopy)처럼 나 역시도 "여행의 위대함을 믿는다(I'm a great believer in travel)."[104] 필시, 당신도 그러리라 믿는다.

여행,
진정한 쉼과 힐링

진정한 쉼에 대해

하루 여덟 시간 이상 자야 일이 잘된다. 그래야 깨어
있는 낮에 머리가 맑고 집중이 잘된다. 일의 능률을 높이기 위해
'연속적인 시간을 얼마나 밀도 있게' 쓸지 자주 고민한다. 하던
일을 마무리하지 못하고 책상을 떠나는 것을 좋아하지 않는다.
비가 오는 날은 제법 글이 잘 써진다. 집중도 잘된다. 예보에 없
던 비가 오기라도 하면 연구실 책상으로 달려가고 싶을 정도다.
일이 잘되는 업무환경이 있다. 반대로 일이 잘 안 풀릴 때 해결
하는 나만의 노하우도 몇 개쯤 있다. 이는 모두 '나의 일'과 관련
된 이야기다. 당신은 어떠한가? 당신도 일 혹은 공부와 관련된
자신만의 루틴이나 방식이 있을지 모른다.

우리 대부분은 일과 효율성에 대해 많이 고민하며 성장했다.

어떻게 하면 일이나 공부를 잘할 수 있는지, 효율성을 높이기 위해 무엇을 해야 하는지, 혹은 무엇을 버려야 하는지 고민했다. 조언도 많이 들었다. 중고등학교의 선생님, 부모, 친구, 멘토로부터 각양각색의 비법을 전수받았다. 그래서 저마다 자기만의 '일 잘하는 법', '공부 잘하는 법' 한두 가지쯤은 가지고 있을 터다. 시간 관리도 마찬가지다. 어떻게 하면 시간을 압축적으로 쓸 것인지, 버리는 시간을 최소화할 것인지에 대해 질릴 정도로 많은 조언을 들었다. 그래서 어지간한 시간 관리 비법책은 '이미 다 아는 내용'이라고 치부하며 덮어버리기 일쑤다.

그런데 우리 삶의 반 이상을 차지하고 있는 '쉼'과 '휴식'에 대해서는 어떤가? '힐링(healing)' 혹은 '치유'에 대해서는 어떤가? 사실 우리 대부분은 시간을 들여 이에 대해 진지하게 고민하지 못했다. 엄격하게 말하면 이들이 그렇게 고민할 대상인지도 잘 몰랐다. 목표를 향해 달려가기 바빠서 쉼은 곧 퇴보라고도 생각했다. 그저 몸의 에너지를 쓰지 않는 것이, 하던 것을 잠시 멈추는 것이 '쉼'이려니 생각했다. 쉰다는 것이 도대체 무엇인지, 가만히 아무것도 안 하는 것이 쉬는 것인지, 나에게 맞는 쉼은 무엇인지, 어떻게 하면 잘 쉴 수 있는지, 쉼을 통해 내가 어떻게 변화할 수 있는지 등에 대해서는 무관심했다. 조언도 듣지 못했다. 그렇게 우리는 우리에게 주어진 삶의 반 이상의 시간을 어떻게 써야 할지 모른 채 어른이 되었다. 모른 채 남은 삶을 살아갈 수도 있다.

우리 대부분은 잘 쉬어야 잘 일할 수 있다고 배웠다. 쉼은 목표를 위한, 내일을 위한 재충전의 시간이라고 배웠다. 결국 우리 사회의 '쉼'은 다음 일을 잘하기 위한, 일의 효율성을 높이기 위한, 내일을 위한 수단이다. 목적이 있는 시간이다. 오늘의 쉼은 오늘만의 것도, 현재의 나를 위한 시간도 아니다. 내일 나의 일을 위한 시간이다. 이 역시 틀린 말은 아니지만, 쉼의 전부도 아니다.

간혹 너무 잘 쉬어도 눈치가 보인다. 게으름을 피우는 것 같기도 하고, 마땅히 해야 하는 책무를 내려놓은 것 같기도 하다. 도피나 회피, 일하지 않음에 대한 부채감에 휩싸여 제대로 쉬지 못하는 경우도 허다하다. 과거 세대만큼은 아니지만, 여전히 우리 사회는 제대로 된 쉼을 누리고 있지 못하다. 제대로 잘 쉬지 못하니, 쉰다고 쉬어도 여전히 피곤하고 무겁다.

이는 최근 '잘 쉰다는 것'에 대한 사회적 담론이 증가하는 이유다. 쉼과 휴식. 얼핏 보면 유사해 보이는 이 단어들은 우리 사회에서 오랫동안 다루지 않았던 주제들이다. '쉼(pause)'이란 단어 그대로 '하던 일을 잠시 멈추는 것'을 의미한다. 쉼은 '멈춤'이다. 육체적으로만 멈추는 것이 아니라 두뇌도, 번뇌도, 마음도 잠시 멈추는 것을 말한다. 단순히 에너지를 쓰지 않는 것이 아니라 채우는 과정이기도 하다. 고갈된 에너지를 다시 채

위야 제대로 충전되고 회복될 수 있기 때문이다.

'휴식(休息, rest)'은 쉼과 비슷하다. 하던 일을 멈추고 잠시 쉬는 것을 말한다. 휴식은 쉴 '휴(休)', 쉴 '식(息)'으로 구성되어 있다. 한자 의미 그대로, 나무 그늘에서 쉬는 것처럼 스스로 편안한 시간을 갖는 것이다. 휴식의 '식(息)'은 쉰다는 의미 이외에 호흡, 생존의 뜻도 포함하고 있다. 그래서 휴식이란 하던 일을 멈추고 잠깐 쉬는 것이자, 긴 호흡의 시간이다. 호흡처럼 우리 삶에 꼭 필요한 시간이다. 어떤 상황이든 결코 생략되면 안 되는 시간이다. 일과 공부, 성공, 내일과 미래만큼 중요한 시간이다. 스스로 멈추어 회복하고자 노력하는 현재의 나를 위한 시간이기도 하다. 마땅히 쉴 자격이 있는 지금의 나를 위한 시간이기도 하다.

'최고의 쉼'은 '숙면'이다. 이는 수많은 연구에서 입증된 명백한 사실이다. 따라서 잘 쉬기 위해서는 일단 잘 자야 한다. 숙면을 제외한 쉼에는 여러 유형이 있는데, '신체의 쉼'이 있고 '정신의 쉼'이 있다. '뇌의 쉼'도 있다. 잘 멈추기 위한 '멈춤의 쉼'도 있고 고갈된 에너지를 잘 보충하는 '채우는 쉼'도 있다. 생각보다 쉼이 필요한 영역이 다양하다.

따라서 개인의 상황에 따라 스스로에게 지금 어떤 쉼이 더 필요한지 판단할 필요가 있다. 육체적으로 힘들다면 신체의 쉼에, 머리 쓰는 일을 많이 했다면 뇌의 쉼에, 마음이 지쳤을 때는 정신의 쉼에 무게를 두어야 한다. 어떤 일에 지속적으로 시달렸다면 멈춤의 쉼에, 에너지가 고갈되었다고 느낄 때는 채움의 쉼으로 무게추를 옮겨야 한다. 그러기 위해서는 현재 자신이 무엇 때문에 쉼이 필요한지 진단해야 한다. 그리고 자신에게 더 필요한 쉼의 방법을 찾아야 한다. 그래야 '진정한 쉼'을 이룰 수 있다. 그래야 '진정한 힐링'도 가능하다.

우리는 이제 몸을 위해 매끼 단백질을 챙기듯, 매일, 매시간 나에게 쉼의 시간을 챙겨주어야 한다. 잘 쉬기 위해, 잘 멈추기 위한 용기가 필요함을 인정해야 한다. 지금의 멈춤과 쉼이 결코 내일의 것만이 아님을 받아들여야 한다. 현재 멈추고 있는 지금 이 시간 자체가 의미 있음을 이해해야 한다. 쉼이 다음 무엇의 수단이기만 하면, 현재의 쉼을 온전히 즐길 수 없다. 쉬면서도 끊임없이 다음을 준비하기 때문이다. 월요일의 일을 잘하기 위해, 일의 능률을 높이기 위해 일요일의 쉼을 수단으로 삼으면 안 된다. 휴일의 시간을 온전히 쉼의 시간으로 즐기는 연습이 필요하다. 물론 멈추는 용기가 전제되어야 한다.

멈추고 잠시 숨을 고르는 시간 자체를 잘 보내야 한다. 어떤 멈춤이든 자신의 선호와 선택에 기반해야 한다. 누군가의 방법을 무작정 따라 하는 것이 아니라, 내 몸에 맞는, 내 상황에 맞는 쉼과 멈춤의 방법을 찾아가야 한다. 내가 좋아하는 것에서, 내가 몰입할 수 있는 대상에서 나만의 방법을 찾는 것도 좋다.

쉼에서도 나다울 수 있는 방법을 찾는다면 더할 나위 없이 훌륭하다. 잘 쉬는 것이 곧 잘 사는 비결이 되기 때문이다. 우리 삶의 행복은 대부분 '쉼의 시간', '멈춤의 시간' 안에 있다. 행복하기 위해, 삶의 질을 높이기 위해 쉼을 제대로 이해해야 하는 이유다.

여행, 신체와 정신의 쉼 & 뇌의 쉼

그렇다면 '신체의 쉼', '정신의 쉼', '뇌의 쉼'이란 무엇인가? 어떻게 하면 신체와 정신, 뇌가 잘 쉴 수 있을까?

'신체의 쉼'은 우리 몸에 영양소와 산소를 보충하는 것을 말한다. 영양소를 공급하는 것은 당연히 양질의 음식을 섭취함으로써 가능하다. 제때 골고루 잘 먹는 것도 잘 쉬는 방법인 셈이다. 신체에 산소를 공급하기 위해서는 가벼운 유산소 운동이 도움이 된다. 이는 전문가들이 매우 강조하는 쉼의 유형 중 하나다. 온종일 소파에 앉아 TV를 보거나 침대에 누워 있는 것은 좋은 쉼이 아니다. 오히려 30분 미만의 가벼운 걷기나 체조처럼 조금씩 움직이는 것이 좋다. 체력의 40%에서 70% 정도만 쓰는 가벼운 움직임이다. 진정한 신체의 휴식은 아무것도 하지 않는 것이 아니라 적절하게 에너지를 쓰는 것이다.

가볍게 동네 한 바퀴 돌며, 콧바람 쏘이는 것도 좋다. 휴일에 일부러 편의점에 나가 음료수 한 병 사 오는 것도 좋다. 반려견과 가볍게 마실을 다녀와도 좋다. 반려견만 노즈워킹(nose walking)이 필요한 것이 아니다. 사람도 가끔 오감을 이용해 주변 환경의 새로움을 탐색하는 '오감워킹'이 필요하다. 이때는 평소 많이 사용하는 시각의 비중을 의식적으로 줄이는 노력이 필요하다. 앞장에서 말했듯이, 듣고, 냄새 맡고, 만지는 행위, 즉 청각과 후각, 촉각을 적극적으로 활용할 필요가 있다. 소소하지만 소중한 일상의 '보통여행'도 훌륭한 '신체의 쉼'이 된다. 우리의 보통여행이 위대한 이유 중 하나다.

'정신의 쉼'은 곧 '마음 쓰임'의 쉼이라고 할 수 있다. 늘 마음 쓰던 것, 욕망하던 것, 걱정하던 것을 잠시 내려놓는 것을 말한다. 오랫동안 인간의 욕망을 연구한 멜린다 데이비스(Melinda Davis)는 『욕망의 진화』라는 책에서 "내면 깊은 곳의 혼란을 제대로 극복할 수 있는가"가 현대인들의 가장 중요한 문제라고 주장한다.[105] 그녀는 과거 인간의 욕망이 의식주와 권력에 집중되어 있었다면, 현대인의 욕망은 '내면의 조화로운 상태'에 있다고 주장한다. 현대인들이 물질적으로 풍요롭지만, 정신적으로 피폐한 삶을 살아가는 이유가 내면의 조화와 균형이 깨지고 있기 때문이라고 설명한다. 과한 욕심을 내려놓는 것, 과한 걱정과 불안을 내려놓는 것, 과거에 대한 후회와 미래에 대한 불안을 접어두고 '지금-여기'에 집중하는 것이 내면의 조화와 균형을 찾아가는 대안이 될 수 있다.

현대인들의 여러 증상 중 '슈드비 콤플렉스(should be complex)'라는 것이 있다. 일상에서 무엇인가를 반드시 해야 한다는 강박 증상을 말한다. 이 콤플렉스를 가지고 있는 사람들은 쉴 때조차 아무것도 하지 않음을 자책한다. 깨어 있는 모든 시간을, 쉬는 시간조차, 밀도 있게, 효율적으로 쓰고자 노력한다. 인맥을 위해, 명성을 위해, 누군가에게 잘 보이기 위해, 다음 일을 잘하기 위해 쉼의 시간을 기꺼이 헌납하는 사람들이다.

슈드비 콤플렉스를 가지고 있는 사람들은 효율과 생산을 위한 시간 사이사이에 제대로 쉬는 연습이 필요하다. 주말이든, 저녁이든, 점심시간이든, 쉴 때는 아무것도 안 해도 된다고, 생산적이지 않아도 된다고 자신에게 말해줄 필요가 있다. 쉬는 것은 시간 낭비도 퇴보도 아님을 명심해야 한다. 쉬는 시간 자체가 의미 있다고, 그 시간을 온전히 자기답게, 자신이 좋아하는 무엇을 하며 보내는 연습이 필요하다. 자신이 충분히 쉼을 누릴 자격이 있음도 잊지 말아야 한다.

'뇌의 쉼' 역시 중요하다. 우리 뇌는 체중의 2%에 불과하지만, 몸 전체 에너지의 20%나 사용한다. 신체적으로 아무것도 하지 않아도, 마음 쓰임이 없어도, 우리 뇌는 끊임없이 일이라는 것을 한다. 심지어 최고의 휴식인 숙면 중에도 뇌는 활발하게 일한다. 하루의 기억을 평가하고 재배치하며, 버릴 기억과 저장할 가치가 있는 기억을 분리하느라 바쁘다. 신체와 정신의 쉼과 뇌의 쉼을 구분해야 하는 이유다.

「국민여가 활동조사」 결과를 보면, 한국인의 쉼 단면을 읽을 수 있다. 2020년 조사는 만 15세 이상 남녀 10,088명을 대상으로 하였는데, 한국인이 가장 많이 하는 여가활동 1위는 TV 시청(37.7%)이다. 아주 오랫동안 압도적으로 1위를 차지하고 있다. 다음으로 인터넷 검색/SNS 등(8.9%), 산책 및 걷기(7.3%), 모바일 콘텐츠 및 동영상 시청 등(6.7%), 게임(5.2%) 순이다.[106] 조사 결과를 보면, 한국인들의 여가활동 중 가볍게 몸을 움직이는 산책과 걷기는 여전히 빈도가 낮다. 반면 TV나 스마트폰 등의 디지털매체 활용빈도는 과도하게 높다. 웹서핑, 모바일 메신저, SNS, 인터넷 방송시청, 게임, 음악감상, 드라마나 영화감상, 웹소설이나 웹툰감상, 쇼핑 등이 여기에 해당한다.

흥미로운 점은 만족도가 가장 높은 여가활동이 산책 혹은 걷기라는 점이다. 산책이나 걷기는 가장 만족도가 높지만, 많이 실천하지 않는 여가활동인 셈이다. 반면 한국인이 많은 여가시간을 보내는 스마트 기기를 활용한 여가활동의 만족도는 매우 낮다.[107] 만족스럽지도 않은 여가활동에 황금 같은 여가시간 대부분을 할애하고 있는 셈이다. 안타까운 우리 쉼의 단면이다.

우리 여가시간 중 대부분을 차지하는 누워서 TV 시청, 핸드폰 보기, 게임은 뇌의 입장에서 봤을 때 결코 휴식이 아니다. 오히려 평소보다 더 많은 일을 한다. 평일 동안 피곤이 누적된 뇌가 휴일에 수많은 디지털 정보를 처리하느라 더 혹사되고 있는 셈이다. 쉬어도 쉬어도 머리가 무겁고 정신이 맑지 않은 이유일 수 있다.

그래서 전문가들은 뇌의 쉼을 위해 자주 '멍 때리기'를 하라고 조언한다. 아무 생각 없이, 아무것도 하려 하지 말고, 정신을 이완하는 것이다. 특히 평일 내내 책상에 앉아 있는 직장인들은 뇌의 쉼에 더 주목할 필요가 있다. 그런데 막상 '멍 때리기'를 해보면 잘되지 않는다. 늘 생각하고 고민하고 다음을 준비하는 것이 일상인 우리는 생각을 '일시 멈춤'하는 것이 얼마나 어려운 일인가 잘 알고 있다.

그래서 멍 때리기를 위한 자신만의 방법을 찾을 필요가 있다. 일하다 바깥 풍경을 멍하니 바라보는 것도 좋다. 햇빛을 보며 광합성 하듯 편안히 앉아 있거나, 짧은 낮잠도 좋다. 취향에 맞는다면 명상하며 생각을 내려놓는 연습도 좋다. 산책하며 고민과 번뇌를 비우는 것도 방법이다. 평소에 뇌를 많이 쓰는 일을 한다면 텃밭 가꾸기, 정원 가꾸기, 목공 등 단순한 육체노동도 도움이 많이 된다. 별생각 없이 반복적으로 손발을 움직이는 일들이 오히려 뇌를 쉬게 한다.

일상뿐 아니라 여행에서도 잘 쉬어야 한다. 잘 멈추어야 한다. 여행 중에도 신체의 쉼과 정신의 쉼, 뇌의 쉼이 필요하다. 여행 중 우리의 몸과 정신, 뇌는 더 바빠진다. 새로운 곳으로 이동하여 새로운 경험을 하기 때문이다. 새로운 자극을 받아들이고 정보를 이해해야 하기 때문이다. 어디로 갈지, 무엇을 할지, 어디서 묵을지, 다음엔 뭐 할지 등 의사결정의 순간이 너무나 많다. 조율해야 할 것도 많다. 그래서 자칫하면 여행이 쉼과 멈춤의 시간이 아닌, 일의 연장이 되기도 한다. 여행이 '해야 할 일(to-do-list)'처럼 느껴지기도 한다.

어떤 여행자도 자신의 여행이 그렇게 되길 원하지 않는다. 그러려면 잘 멈추고 잘 쉬어야 한다. 여행마다 자신에게 어떤 쉼이 더 필요한지 들여다보아야 한다. 자기 자신에게 더 관심을 가져야 한다.

지금 내가 체력적으로 힘에 부치는 상황이라면, 여행 중 무조건 잘 먹고 가볍게 몸을 움직이길 권한다. 정신적으로 지쳐 내면의 균형이 깨져 있다고 느낀다면, 하던 일을 일단 멈추고 여행의 시간, '지금-여기'에 집중하길 권한다. 멈추고 '바로 그곳'에 집중하길 권한다. 바람에 한들거리는 버드나무 가지를 눈으로 따라가 보든, 뭉게구름이 솟아오르는 모습을 관찰하든, 참새들의 소리에 집중하든, 커피 향을 음미하든, 그 현재의 시간에 집중하길 권한다.

뇌가 쉬지 못해 머리가 무겁다고 느낀다면, 여행 중 마음에

드는 곳에서, 마음에 드는 시간에, 자기만의 '멍 때리기'를 해보길 추천한다. 어떤 '멍'도 좋다. 그냥 휴대폰을 잠시 내려두고, 책도 접어두고, 기록도 멈추고, 말과 생각도 멈추고, 타인의 시선을 의식하지 않고, 그저 별생각 없이 좋아하는 것을 한참 들여다보길 추천한다. 눈 감고 '무념무상(無念無想)'이 되어도 좋다. 어떤 쉼이든, 꽤 연습이 필요하다. 그 연습이 당신의 여행을 진정한 쉼의 시간으로 이끌 것이다.

여행, 멈춤과 채움의 쉼

저녁이 있는 삶이 당연해지고 있다. 일과 삶의 균형을 의미하는 '워라밸(Work+Life balance)'은 갈 길이 멀지만, 우리 사회의 당면과제가 되었다. 학생들의 '스라밸(Study+Life balance)'도 도입되기 시작했다. 주 5일 근무제를 넘어 주 4일 근무제에 대한 논의도 시작되었다. 이러한 논의들은 우리가 더 자주, 더 오래, 더 잘, 더 균형 있게, 멈추어야 함을 의미한다. 삶의 균형점을 찾아가기 위해 하던 일을, 하던 공부를 제대로 그리고 제때 멈추어야 함을 의미한다. 멈춤이 일상이 되어야 함을 의미한다.

더는 멈춤이 퇴보와 시간 낭비로 치부되어서는 안 된다. 저녁에, 주말에, 휴일에, 잘 멈추는 것이 삶의 마땅한 사이클이 되어야 한다. 멈춤의 시간을 현재의 나를 위해, 온전히 그 시간으로 보내는 연습이 필요하다. 현재의 멈춤을 미래의 준비와 충전의 시간으로만 보내기엔 그 시간이 너무나 귀하다.

'멈춤의 쉼'은 제때 딱, 제대로 멈추는 쉼이다. 쉼의 기본이다. 일하다 보면 제때 잘 멈추는 것이 얼마나 어려운 일인가 알게 된다. 우리는 자주 하던 일만 끝내고 멈추자고 생각한다. 자주 자신의 쉼을 뒤로 미루는 결정을 한다. 모든 쉼에는 '멈추는 용기'가 필요하다. 미래를 위해, 일을 더 잘하기 위해 애쓰고 싶은 자신의 마음을 잠시 내려놓는 용기가 필요하다. 10분, 20분의 휴식을 기꺼이 자신에게 선물하는 용기가 필요하다.

문제는 제때 쉴 타이밍을 결정하는 것이 생각보다 어렵다는 것이다. 일의 연속성이 낮은 경우 50분 일하고 10분 쉬는 것처럼 쉬는 시간을 정해두는 것이 도움이 된다. 반면 공부나 보고서 작성, 글쓰기 등의 일은 '연속적인 시간을 얼마나 밀도 있게 쓰는가'에 달려 있다고 해도 과언이 아니다. 이 경우 일을 마무리하고 다른 일에 방해가 되지 않는 선에서 비교적 긴 쉼을 선택하는 것이 도움이 된다. 예를 들어 2시간 집중해서 일하고 20분 이상 제대로 쉬는 것이다.

전문가들은 쉴 때 업무공간을 가급적 벗어나는 것이 좋다고 조언한다. 우리 뇌가 리프레시될 수 있도록, 업무의 압박에서 전환될 수 있도록, 책상을 떠나야 한다. 사무실을 벗어나야 한다. 복도를 좀 걸어도 좋고, 화장실에서 하는 가벼운 체조도 좋다. 창문에서 외부 경관을 잠시 바라봐도 좋다. 수고한 나를 위해 천천히 차를 내리고 그 차를 들고 나가는 것도 좋다. 밖으로 나가 5분 동안 바람을 느껴도 좋다. 그 작은 변화와 이동이 업무의 중압감을 잠시 내려놓는 쉼이 된다.

정신과 전문의 구가야 아키라는 『최고의 휴식』이라는 책에서 현대인들의 만성피로 원인으로 '지친 뇌'를 지목했다. 신체와 정신을 관장하는 뇌가 지쳤기 때문에 피로가 해결되지 않고 계속 쌓여간다는 것이다. 앨빈 토플러(Alvin Toffler)와 하이디 토플러(Heidi Toffler)의 말처럼, '무용지식의 함정(obsoledge trap)'*에 빠져,[108] 불필요한 정보를 받아들이고 처리하느라 뇌가 늘 긴장되어 있다는 것이다.

그래서 구가야 아키라는 '마인드풀니스(mindfulness)'라는 과정이 뇌의 휴식에 도움이 된다고 주장한다. 마인드풀니스란 단어 그대로 마음을 채우는 것이다. 마인드풀니스의 과정에서는 어떤 평가나 판단 없이, '지금-여기'의 경험에 주의를 기울이는 연습이 중요하다.[109] 능동적이고 자발적으로 '현재'에 집중하는 것이다. '지금-여기', 바로 현재에 집중하고 그 경험을 통해 마음

---

* '무용지식의 함정'이라는 말은 엘빈 토플러와 하이디 토플러의 『부의 미래』에 기술된 용어다. 이는 현대인들이 자기 삶에 전혀 도움이 되지 않는 불필요한 정보를 습득하느라 너무 많은 시간과 노력을 허비하고 있음을 비판한 말이다.

을 채우는 것을 말한다. 채워져서 충만해지고 충만해져서 무엇
인가 뿌듯한 마음이 드는 것을 말한다. 이것이 '채움의 쉼'이다.
'정신의 쉼'이기도 하다.

마음도 디톡스가 필요하다. 독을 빼주는 시간이 필요하다. 독
을 빼기 위해서는 잘 채워야 한다. 그래서 전문가들은 마인드
풀니스를 위해 명상과 독서, 운동과 음악감상 등을 권한다. 그
렇지만 이들은 개인의 선호에 따라 달라진다. 활발하게 움직이
는 것을 좋아하는 사람에게 명상은 쉼이 되지 못한다. 텍스트
읽는 것이 어려운 사람들에게 독서 역시 쉼이 아니다. 정적인
것을 좋아하는 사람들이 과격하게 운동하는 것도 쉼이 아니다.
음악 역시 개인 취향에 좌우된다.

그래서 마음의 디톡스를 위해서는 자신이 좋아하는 것에서
마음을 채우는 방법을 찾을 필요가 있다. 자기만의 취향이 반
영된 '진짜 좋아하는 것'을 찾는 것이 마음 디톡스와 마인드풀
니스, 채우는 쉼의 전제조건이 된다. 물론 자주 선택할 수 있고
지속할 수 있는 것이라야 한다. 그래야 자주, 제대로, 계속 쉬
고 채워나갈 수 있기 때문이다. 여행도 그중 하나다.

많은 이들에게 여행은 '멈춤의 쉼'을 허락하는 기회다. 자신
의 일상을 잠시 멈추고, 관계를 멈추고, 압박과 의무를 멈추고,
오롯이 자신에게 집중하는 시간이다. 스스로 멈추는 시간이다.
일상에서도 잘 멈추어야 하지만, 여행에서는 더 잘 멈추어야

한다. 일과 과제에 매여 여행하고 싶은 사람은 없다. 관계와 시간에 끌려다니며 여행하는 것도 여행답지 못하다. 어쩔 수 없는 상황들이 있지만, 되도록 제대로 멈춘 후 여행의 시간을 보내야 한다. 때론 그 멈춤에 용기가 필요함은 당연하다.

여행은 새로운 환경을 경험하고 새로움을 탐구하는 여정이다. 따라서 잘 멈춰야 잘 보인다. 자주 멈추면 더 많이 보인다. 오래 멈춰 서면 더 제대로 보인다. 현재에 몰입하기 위해서도 잘 멈춰야 한다. 눈앞의 아름다운 풍경도, 누군가의 미소도, 시원한 바람도, 바스락거리는 소리도, 새로운 음식 맛도, 길섶 박하 향도 멈춰야 나에게 들어온다. 멈추지 않으면 그냥 지나가는 그저 그런 경험이 된다. 인지되지도 않고 기억되지도 않는다.

여행은 또한 '채움의 쉼'이자 '마인드풀니스'의 시간이다. 타인의 평가나 판단 없이 '지금-여기'를 경험하고, '지금-여기'에 능동적으로 몰입하는 시간이다. 여행 자체가 채우는 시간이고 충만함을 경험하는 시간이다. 여행 자체가 자신이 좋아하는 선택들을 모아놓은 경험이기 때문이다. 바닥을 드러낸 연못에 천천히 물을 대듯, 여행의 시간은 마른 연못 같은 내 마음에 좋아하는 경험을 차분히 채우는 시간이다. 내가 좋아하는 것을 스스로 선택하고 능동적으로 경험하는 그 모든 과정이 마인드풀니스다. 그래서 여행에서는 자신의 선호와 선택을 아낌없이 반영해야 한다. 그래야 채워지고 충만해지기 때문이다. 그래야 진정 여행다워지기 때문이다.

　채우는 쉼을 위해서는 조금 천천히 여행하는 것도 좋다. 여행을 좋아하는 사람들이 '천천히, 제발 천천히'를 외치는 이유가 있다. 빠르게 이동하면 '지금-여기'에 몰입하기 어렵다. 여행하는 그 순간에 몰입하기 어렵다. '지금-여기'가 그저 빠르게 스쳐 지나갈 뿐이고, 곧 기억에서 사라진다. 빠르게 이동하는 것 자체가 현재가 아닌 다음 어딘가, 다음 무언가를 위한 행동이기 때문이다.

　이동 속도는 경험의 양과 질에 반비례한다. 자동차를 타고 빠르게 이동하면 경험하는 것이 적고 질도 낮다. 걸어 다니며 천천히 이동하면 속도는 느리지만 더 많이 보고 더 오래 기억한다. 산책길도 들꽃도 개울물 소리도 바람도 향기도 제대로 보이고 제대로 느껴진다. 더 많은 경험이 각인된다. '내가 좋아하는 것들' 리스트에 더 많은 무엇들이 기록된다. 시간이 지날수록 좋아함의 대상들이 누적되고, 좋아하는 대상들이 늘어나니 즐거움을 주는 대상도 늘어난다. 차곡차곡 마음이 채워진다.

　우리의 여행이 '채움의 쉼'이 되기 위한, '마인드풀니스'의 시간이 되기 위한 조건은 생각보다 간단하다. 진짜 좋아하는 것을 찾아 잘 멈출 것. 그리고 천천히 다닐 것.

몇 년 전, 알베르토 자코메티(Alberto Giacometti)의 『걷는 남자(Walking man)』가 한국에 왔다. 스위스 태생인 자코메티는 철학자이자 작가인 장 폴 사르트르와 오랫동안 우정을 쌓은 것으로 알려져 있다. 철학자의 친구답게 그의 작품도 상당히 철학적인데, 고뇌와 고독으로 가득한 현대인들을 형상화한 것으로 유명하다.

그의 작품, 『걷는 남자』가 한국에 전시되었을 때 작품 앞에 이런 문구가 적혀 있었다. "마침내 나는 일어섰다. 그리고 한 발 내디더 걷는다." 고독한 현대인들에게 두 발로 바닥을 짚어가며 걷는다는 것이 어떤 의미인가, 그 한 걸음이 얼마나 중요한가를 말해주는 것 같았다. 이 작품에서 걷기는 그저 목적지로 가는 이동 과정과 수단으로만 이해되지 않는다. 여러 어려움에도 불구하고 다시 일어서는 시작점임을 의미한다. 수많은 상념을 훌훌 떨치고 일어서는, 다시 해보자는 용기 있는 결단임을 의미한다.

우리 사회에도 걷기에 대한 예찬이 넘친다. 몇 년 전 방영된 SBS의 「걷기의 시크릿」이나 걷기와 관련된 연구들은 저마다의 관점에서 걷기를 찬양한다. 정신과 의사이자 작가인 문요한이나 구가야 아키라 등도 여러 책에서 걷기에 대한 정신의학적 효과를 설명하고 있다.[110] 이들은 걷기라는 이 단순한 동작이, 이 평범한 움직임이, 즐거움의 호르몬인 도파민과 안정호르몬인 세로토닌 분비를 촉진한다고 설명한다. 걷기는 곧 천연 항우울제로, 우울증 환자들에게 햇빛 속에서 걷기만큼 좋은 운동은 없다고 강조한다. 좌뇌와 우뇌의 불균형을 해소해주고, 인지 속도를 높여 치매 등의 뇌질환도 예방한다고 한다. 노년기에 접어들수록 더 자주 걸어야 하는 이유다.

걷는 행위는 새로운 아이디어도 샘솟게 한다. 창의적 생각을 떠오르게 한다. 많은 학자와 작가들이 자주 일을 멈추고 밖으로 나가 걷는 이유기도 하다. 걷다 보면 막혔던 글의 실마리가 보이고, 더 좋은 연구 방법들이 떠오르는 순간들이 있다. 영국의 대표 작가인 버지니아 울프(Virginia Woolf) 역시 도시의 도보여행자라 불렸을 만큼 매일 런던을 걸었다고 한다. 밖으로 나가기 위해 연필을 사야 한다는 등의 작은 핑곗거리를 스스로 만들어냈다고 한다. 걷기 좋아하는 특별한 시간대도 있었다. 걷는 도중 만난 사람들과의 소소한 에피소드가 글이 되는 경우도 많았다. 평생 정신질환에 시달렸던 그녀는 걷는 시간이 곧 힐링의 시간이었다고 고백하기도 했다.

우리 삶 역시 걷기로 시작해서 걷기로 끝난다. 물론 유아기에는 먼저 앉고 기고 일어서는 과정이 있어야 걸을 수 있고, 노년기의 걷기는 몸이 허락하는 축복일 수 있다. 걷기로 영위되는 우리 삶은 두 다리에 의존한다. 집에서도 걷고, 버스를 타기 위해서도 걷는다. 회사에 가기 위해서도 걷고 집에 돌아가기 위해서도 걸어야 한다. 학교 안에서도 걸어야 한다. 산책할 때도 걷고 취미 생활을 할 때도 걷는다. 걷는 양과 속도, 방향이 다를 뿐 우리는 늘 걷고 있다.

걷는 이동은 속도가 느리다. 속도가 느리면 더 많이 보고 더 많이 경험한다. 걷는 순간 우리의 생각은 단순해지고 오감에 집중한다. 길 위의 작지만 용맹한 생명에게 따뜻한 시선을 보내게 된다. 걷다 보면 풀 향기, 꽃향기, 축축한 낙엽 냄새, 바람 냄새, 어스름한 초저녁 냄새, 비 오기 전 흙먼지 냄새, 이웃집 밥 냄새 등 다양한 후각도 경험하게 된다. 찌륵찌륵, 짹짹, 까악까악, 끼끼, 구구, 뻐꾹, 소쩍 등 글로 표현하기 어려운 저마다 다른 새소리와 개울물 소리, 이웃집 사람 사는 소리까지 더 잘 들린다. 동네 길고양이들의 털 무늬와 성격을 구별하고 그들의 안부를 궁금해한다. 우리 동네 자목련이 피는 시기, 벚꽃잎이 흩날리는 시기, 겹벚꽃이 피는 시기, 개망초가 피는 시기, 밤 산책하기 딱 좋은 시간, 화살나무 단풍이 가장 아름다운 그 특별한 시간을 기억하게 하고 기다리게 한다.

걷다 보면, 관심 가는 대상을 만져보고 싶다는 생각도 자주 든다. 나무마다 잎 모양이 다르듯 줄기의 질감과 촉감도 다르다는 것을 알게 된다. 열매도 만져보고 흙도 만져본다. 호기심과 궁금증도 생긴다. 나뭇잎을 보다가 잎을 뒤집어 들여다보기도 한다. 관심이 생긴다. 관심이 생기니 이름이 궁금해진다. 그냥 통틀어 나무가 아니라, 수수꽃다리, 배롱, 쥐똥, 남천, 회양목, 영산홍, 명자, 왕벚, 산벚, 이팝, 조팝, 박태기, 아까시, 산수유, 목련, 생강, 팥배, 말채, 화살, 갯버들, 양버즘, 계수, 주목…. 저마다의 이름들을 알게 된다.

풀도 마찬가지다. 그냥 이름 모를 잡초가 아니라, 꽃마리, 꽃다지, 애기똥풀, 달맞이꽃, 광대나물, 쇠뜨기, 냉이, 질경이, 제비꽃, 개망초, 지칭개, 초롱꽃, 부지깽이, 돌단풍, 명아주, 바위취, 원추리, 비비추…. 저마다 불리는 이름들을 알게 된다. 우리 주변에 늘 있었던 나무와 풀들의 이름을 하나씩 알아간다. 이름을 아니 더 애정을 갖고 보게 된다. 척박한 땅에 뿌리를 내리고 꿋꿋하게 생을 이어가는 그 작은 생명들이 위대하게 느껴진다. 매년 그 자리에 그 녀석들이, 그 녀석들의 다음 세대들이 빼꼼히 또 나오길 기다린다. 걷기는 이렇게 주변 환경에 대한 이해와 관심, 애정과 존중으로 이어지는 경우가 많다.

걷기는 일상을 지탱하는 중요한 축이다. 여행에서도 마찬가지다. 우리는 여행 중 평소보다 훨씬 더 많이 걷는다는 것을 경험으로 알고 있다. 일상에서는 하루 만 보 걷기가 쉽지 않은데, 여행 중에는 이만 보를 훌쩍 넘기기도 한다. 도보여행이 아닌데도 말이다. 우리 삶이 그렇듯, 우리의 여행도 걷는 것으로 시작해서 걷는 것으로 끝난다. 걸으며 경험하고 이해한다. 걸으며 궁금해하고 생각한다. 걸으며 설레고 기억한다. 걸으며 관심 가는 것을 발견하고 좋아하는 것을 실행으로 옮긴다. 걸으며 상처도 회복하고 치유 받는다. 걷기라는 이 평범한 움직임이 힐링과 회복의 시간이 된다. 여행을 '걷는 명상', 혹은 선을 행하는 과정, '행선(行禪)'이라 추켜세우는 이유다.

간혹 프랑스부터 스페인까지의 산티아고 순례길(Camino de Santiago)이나 히말라야 트레킹(Himalaya trekking)을 꿈꾸는 도보여행자들을 만난다. 누군가는 제주 올레 21코스를 모두 걸어보겠다고 다짐한다. 나도 그들 중 하나다.

그러나 먼 곳에서의 긴 걷기도 좋지만, 걷는 여행은 일상과 가까울수록 더 좋다. 일상에서 자주 누릴 수 있는 가장 소소하고 소중한 여행이기 때문이다. '소소여행'이기 때문이다. 운동화를 신고 나가기만 하면 누릴 수 있는 자기만의 힐링시간이기 때문이다. 작은 마음만 먹으면 언제든 할 수 있는 쉼과 휴식의 시간이기 때문이다.

걸을 때는 몸도 정신도, 뇌도 쉰다. 멈추는 시간이자 채우는 시간이기도 하다. 동네 산책길, 골목길, 둘레길, 시장길, 하천길, 학교 운동장, 등산이라고 부르기에는 살짝 부족한 뒷동산길, 우리 주변의 보통의 길 등, 안전하다면 어떤 길이어도 좋다. 안전하다면 어떤 시간이어도 좋다. 그 길의 모든 걸음이 곧 힐링이 된다. 걷지 않을 이유가 없다.

여행, 쾌망의 기회

　　부모들이 자녀를 키울 때 자주 당황하는 순간이 있다. 아이가 큰 잘못을 하여 부모는 속이 부글부글 끓고 있는데, 몇 분 뒤 아이가 아무렇지 않게 웃으며 다가오면 어찌할 바를 모르겠다는 것이다. 아이가 나를 놀리나 싶기도 하고, 부모의 상처받은 마음이 존중받지 못하는 것 같아 더 화가 나기도 한다.

　이는 어른과 아이의 '잊는 능력'이 달라서 생긴다. 부모는 잊어버리는 데 오랜 시간이 걸리고 아이는 몇 분 만에 다 잊어버린다. 어른들은 몇 주, 혹은 몇 달 동안 화가 지속되는 일도 많다. 물론 상처의 크기에 따라, 개인의 성향에 따라 다르지만, 어른이 아이보다 잘 잊지 못함은 분명하다.

　'쾌망(快忘) 능력', 흔쾌히 잘 잊어버리는 능력이다.[111] 잊어버리는 것이 무슨 능력인가 싶을 수 있지만, 이 또한 명백한 능력이다. 잘 잊어야 잘 쉴 수 있고, 잘 쉬어야 상처도 금세 회복되기 때문이다. 앞서 말한 것처럼 쉼에는 뇌와 정신의 쉼이 포함되어 있다. 상처가 잊히지 않으면 우리 뇌와 마음은 계속 그 일을 곱씹으며 문제를 해결하려고 노력한다. 왜 나에게 이런 일이 일어났는지, 내가 잘못한 것이 있는지, 혹시 내가 다른 선택을 했다면 그런 일이 안 일어날 수도 있지 않았을까 끊임없이 곱씹는다. 진정한 쉼과는 거리가 먼 상황이 지속된다. 그래서 쾌망 능력은 우리의 휴식과 치유에 중요한 선결조건이라고 할 수 있다.

전문가들은 공간의 변화가, 공간의 이동이 쾌망 능력을 높여준다고 말한다. 힐링의 힘을 준다고 말한다.[112] 안 좋은 일이 벌어진 어떤 공간을 떠나는 것만으로도 힐링에 도움이 된다는 것이다. 시간이 지나면 물론 어느 정도 잊히겠지만, 공간의 변화만으로 더 빠른 쾌망 능력을 기대할 수 있다. 그래서 누군가에게 가족이 상처가 된다면, 고향에서의 경험이 트라우마가 되었다면 과감히 그 공간을 벗어나는 결정을 해야 할 수 있다. 군대 생활이 괴로웠다면 군대가 있던 곳을 향해 오줌도 누지 않는다는 말도 일리가 있다. 그 공간에서의 아픈 경험을 굳이 상기하지 않기 위한 나름의 노력인 셈이다.

이는 결코 이기적인 선택이 아니다. 오롯이 자신을 위한, 자신의 삶을 위한 용감한 결정일 뿐이다. 그래서 루키우스 안나이우스 세네카(Lucius Annaeus Seneca)는 "여행과 공간의 변화는 마음에 활력을 선사한다"라고 말했다. 아픈 공간을 떠나는 것만으로도, 그쪽을 향하지 않는 것만으로도, 쾌망 능력이 높아지고 삶에 활력을 가져올 수 있다는 것이다.

공간의 변화뿐 아니라 갈등 관계에 있는 사람 곁을 떠나는 것만으로도 힐링에 도움이 된다. 친구라는 이름으로, 연인이라는 이름으로, 가족이라는 이름으로 끊임없이 나를 고단하게 하는 이들이 있다면, 자기 뜻대로 나를 끌고 가려는 이들이 있다면, 과감히 관계를 정리하는 것이 도움이 될 수 있다. 온전히 떠날 수 없다면 거리라도 두어야 한다. 만나는 횟수를 줄이고 만나는 시간을 줄여야 한다. 고향에서 시작된 관계들이 자신을 후벼 파고 상처 준다면 그들로부터도 거리두기가 필요하다.

뿐만 아니라 자신과 주변에 대한 변화도 쾌망 능력을 높여준다. 방의 구조를 바꾼다든지, 책장의 책을 정리하는 것만으로도 마음이 후련해질 수 있다. 미용실에서 머리 스타일을 바꿨을 때, 옷 입는 스타일을 바꿨을 때, 늘 갖고 다니던 작은 것에 변화를 줬을 때도 마찬가지다. 나 자신과 주변에 대한 작은 변화가 기분전환에만 효과가 있는 것이 아니다. 잘 잊는 데에도 꽤 도움이 된다.

김경일의 『지혜의 심리학』에는 조엔 마이어스 레비(Joan Meyers-Levy) 교수의 연구가 소개되어 있다. 연구 결과 건물 내 천장이 높으면 자유로운 생각과 폭넓은 사고가 촉발된다고 한다. 천장이 높으면 서로 다르게만 보였던 사물들을 하나로 통합할 수 있는, 소위 말해 '숲을 볼 줄 아는' 거시적 안목이 더 잘 생긴다고 한다.[113] 우리는 문제를 볼 때 자기 입장에서만, 그때의 상황에서만 보는 경우가 많다. 그런데 많은 문제는 원인과 결과의 관점에서 구조적으로 서로 연결되어 있다. 하나의 사건은 어떤 일의 결과일 수 있고 다음 일의 원인일 수 있는 것이다. 천장만 높아졌을 뿐인데 사고의 틀이 확장되고 구조적으로 보는 능력이 더 높아진다는 것이다.

천장이 높은 실내가 그러한데 하늘을 볼 수 있는 넓은 실외는 어떠하랴. 산책할 때, 여행할 때, 우리는 자신의 고민과 문제들을 조금 다른 시선에서 볼 수 있는 기회를 얻는다. 나를, 내 상황을, 내 과거와 미래를, 현재의 나를 한 발짝 뒤로 물러서서 조망하게 된다. 서로 다른 문제라고 생각했던 것들이 일순간 연결되는 경험도 한다. 문제 하나에 몰두하느라 보지 못했던 전체를 보기도 한다. 눈앞에 닥친 어떤 일과 괴로움을 삶 전체의 관점에서 바라보게 된다. 그 상처가 결국 '작은 일부'에 지나지 않을 수 있음을 깨닫게 된다. 결과인 줄 알았던 어떤 일이 그저 지나가는 과정일 뿐이라는 것도 깨닫게 된다. 지금의 이 험난한 과정이 마무리되는 시점이 곧 오리라는 것도 알게 된다.

여행은 내가 나에게 부여하는 '쾌망의 기회'다. 여행은 공간의 이동을 통해 변화를 모색하는 시간이다. 갈등 관계로부터 한 발짝 떨어지는 거리두기의 시간이다. 안 해본 것을 시도하는 여행자 자신과 그 과정에서 자연스럽게 따라오는 주변 환경의 변화를 통해, 현재의 나와 주변에 몰입하게 한다. 그 몰입이

망각을 불러온다. 그래서 여행은 스스로 쾌망의 기회를 부여하여 치유와 힐링의 시간으로 여행자를 인도한다. 물론 상처가 갑자기 100에서 0으로 줄어들지는 않는다. 상처의 정도가 어느 날 갑자기 무(無)가 되지 않는다. 그러나 여행자 자신도 모르는 사이에 100에서 90으로, 90에서 80으로 서서히 줄어든다. 어떤 상처는 분명 평생 안고 가야 하지만, 그 생채기가 서서히 아물어가는 것은 분명하다.

문요한은 『여행하는 인간』에서 여행 중 상처가 떠오른다면 그 기억을 더 들춰도 된다고 말한다. 상처란 '젖은 빨래'와도 같아서, 언제 어디서나 물이 뚝뚝 떨어지는 것 같다고 이야기한다. 여행이 상처 자체를 없애지는 못하지만, 상처의 독은 빼준다고 말한다.[114] 여행이 아무 때고 물이 떨어지던 젖은 빨래 같은 상처를 조금 말려준다고 말한다. 상처의 독이 빠지면 흔적은 남겠지만 그저 지나간 일이 될 뿐이다. 아무 때고 뚝뚝뚝 떨어지던 젖은 빨래의 물이, 어느 순간 뚝뚝, 그러다 가끔 뚝 떨어지는 일로 바뀌게 된다. 여행의 시간이 회복과 치유 그 자체인 이유다.

여행, '오티움'의 시간

사람들은 여행을 힐링의 시간으로 이해한다. 여행을

다녀오면 뭔가 회복되는 것 같은, 치유되는 것 같은 느낌이 든다고 말한다. 여행이 주는 위대한 힘이다. '힐링(healing)'은 정신적, 신체적 상태가 회복되는 것을 말한다. 아픔을 낫게 한다는 의미의 치유(治癒)와 유사하다. 여행은 결국 상처를 낫게 하는 '회복의 과정', 상처를 보듬는 '치유의 시간'일 수 있다.

제대로 회복하고 치유하기 위해서는 잘 쉬어야 한다. 제대로 잘 멈추는 '쉼'이 전제되어야 한다. 잘 멈추지 못하면, 제대로 쉬지 못하면, 상처와 아픔을 회복하고 치유할 수 없다. 감기만 걸려도 일과 공부를 잠시 내려두고 무조건 자신에게 쉼을 허락하는 것처럼, 지쳤을 때도 모든 것을 잠시 내려두고 자신에게 집중해야 한다. 신체의 쉼과 정신의 쉼, 뇌의 쉼, 멈춤의 쉼과 채움의 쉼을 자신에게 허락해야 힐링할 수 있다. 당연한 말이지만, 참 지키기 쉽지 않다.

그러면 어떻게 여행해야 그 시간이 진정한 힐링의 시간이 될 수 있을까? 어떻게 여행해야 그 여행이 회복과 치유의 시간이 될 수 있을까? 잘 멈추고, 잘 쉬는 것 외에 또 다른 방법은 없을까?

이에 대해 전문가들은 능동적이고 놀이 같은 휴식이 중요하다고 말한다. 자신이 좋아하고 몰입할 수 있는 휴식은 그 과정 전체가 힐링이 된다고 말한다. 나에게 유용하고 도움이 되는 대상이 아니라 그저 좋아하는 것, 시간 가는 줄 모르고 몰두할 수 있는 대상이 회복에 도움이 된다고 조언한다. 이는 채움의 쉼과도 밀접하다. 몰입할 수 있는 놀이와도 밀접하다.

문요한은 『오티움』이라는 책에서 '오티움'의 개념을 소개했다. '오티움(ōtīum)'은 라틴어로 "내 영혼을 기쁘게 하는 능동적 여가활동"을 말한다.[115] TV나 영화감상, 독서, 스마트폰을 들여다보는 수동적 여가가 아니라 능동적 여가를 말한다. 정보를 수용하고 공감하는 데 그치지 않고 좋아하는 일을 선택하여 적극적으로 참여하는 것을 말한다. 간접 경험에 그치지 않고 직접 경험을 통해 실체적 경험을 쌓는 것을 말한다. 좋아하는 일에 기꺼이 자신의 시간과 노력, 비용, 관심과 열정을 쏟는 것을 말한다.

만약 어떤 이가 식물을 이용하여 인테리어를 하는 플랜테리어(planterrior)에 관심이 있다면, 온라인으로 다른 이들의 영상만 보는 것이 아니라, 직접 화원을 찾아 집에 들일 화초를 고르고 집을 꾸미는 것을 말한다. 도시농업에 관심이 있다면, 직접 텃밭에 좋아하는 작물을 심고 생산의 기쁨을 누리는 것을 말한다. 흙 놀이하듯, 텃밭 놀이하듯 자신의 여가시간을 좋아하는 놀이로 채우는 것을 말한다. 운동을 좋아한다면, 좀 더 적극적으로 배워보고 연습하는 것을 말한다. 뜨개질이나 봉제를 좋아한다면 좋아하는 천을 고르고, 패턴을 짜고, 부지런히 손을 움직이는 것을 말한다. 직접 몸을 움직여 능동적이고 적극적인 활동을 하는 것이 바로 오티움이다.

오티움이 힐링에 도움이 되는 것은 그 대상에 오롯이 자신의 선호가 반영되어 있기 때문이다. 좋아하기 때문에 기꺼이 시간과 노력을 들이고 모든 과정을 행복한 시간으로 받아들이기 때문이다. 그 시간에, 지금-여기에, 바로 나에 몰입하게 하고 몰입을 통해 회복과 치유의 시간을 갖기 때문이다. 무엇보다 오티움의 시간은 스스로가 스스로에게 주는 선물 같은 시간이다. 기특한 나에게, 마땅히 누릴만한 자격이 있는 나에게, 내가 주는 상이다. 스스로가 스스로를 아끼고 배려하는 시간이다.

오티움은 그 시간 자체로도 의미 있지만, 일상의 다른 영역으로 긍정적 연쇄반응을 일으킨다. 자전거 라이딩을 하거나 목공예를 하는 것이, 밭에서 땀 흘려 농사짓고, 좋아하는 운동을 하고, 좋아하는 사람들과 실컷 수다 떨고 노는 것이 또 다른 일상의 에너지가 된다. 신체 에너지가 회복되고 마음이 충만해지는 채움의 쉼을 경험하게 한다. 그 느낌이 또 다른 날의 연료가 된다. 고단하고 지친 일상에 따뜻한 호롱불을 켜게 한다.

나도 그렇다. 주말에 텃밭에 나가 한참 일하면, 뒷마당을 온종일 이리저리 다니면, 다음 월요일이 더 활기차다. 몸은 좀 고되고 여기저기 근육이 뭉치기도 하지만 마음에 무언가가 꽉 들어찬 기분이 든다. 내가 좋아하는 일을, 내가 원하는 만큼, 자유롭게, 내 속도대로, 누구의 방해도 받지 않고, 맘껏 즐겼기 때문이다. 남들의 시선은 전혀 상관없다. 허름한 옷을 입고 흙 묻은 장화를 신고 손톱 아래 흙이 좀 들어가도 개의치 않는다. 나에게 텃밭과 가드닝은 내가 좋아하는, 나의 선호를 오롯이 반영한 '최고의 놀이'이기 때문이다. 평일을 열심히 사는 이유 이자, 매주 주말을 기다리게 하는 설렘이기 때문이다.

오티움이 중요한 또 다른 이유는 행동 주체의 시간을 대하는 태도가 달라지기 때문이다. 자신이 좋아하는 일에 몰입하다 보면 필연적으로 '시간의 주도권'을 자신이 갖게 된다. 9시부터 6시까지 근무해야 하고, 10시 수업에 반드시 들어가야 하고, 몇 시에 꼭 회의에 참석해야 하고, 몇 분에 누구를 만나야 하는 상황은 일종의 시간에 대한 구속이다. 시간에 끌려가는 것과 매한가지다. 그 시간에는 계획되거나 약속된 무엇을 꼭 해야 하기 때문이다. 그 시간이 아니면 안 되는, 그 시간에 부여된 자신의 의무이기 때문이다.

그런데 오티움의 시간에는 행동 주체가 시간에 끌려다니기보다 시간과 나란히 가고 있다고 느낀다. 시간 자체를 망각하는 일도 허다하다. 시간이 별로 중요한 문제가 아니게 된다. 한참 몰입하다 문득 시계를 보고 '벌써 시간이 이렇게 되었나' 하며 자주 놀란다. 그래서 문요한은 『여행하는 인간』에서 "진정한 휴식은 시간에 대한 주도권을 찾을 때 가능하다"라고 말한다.[116] 시간에 구속되어 이리저리 끌려다니는 일상에서는 진정한 휴식을 기대하기 어려운 이유기도 하다.

시간에 대한 주도권은 주어진 시간에 무엇을 하고 싶은지 본인이 결정하는 것이다. 철저하게 자신이 중심이 되어 시간을 사용하는 것이다. 물론 휴식시간에도 가족과 공동체를 위한 시간이 필요하다. 그러나 그 이외의 시간만큼은 오롯이 나를 위해 사용한다. 아주 잠깐이라도 나를 위한 시간을 만들어야 한다. 내가 좋아하고 나를 충만하게 채울 수 있는 어떤 일을 스스로 찾아야 한다. 물론 오티움의 대상을 찾는 데 긴 시간과 노력이 필요하다는 사실도 잊으면 안 된다.

또한 오티움의 시간에는 '시간의 리듬' 역시 행동 주체가 결정한다. 행위의 주체자가 시간을 마음대로 쓸 수 있어야 하고, 속도 역시 스스로 조절한다. 파울로 코엘료의 『순례자』의 유명한 구절처럼, "시간의 리듬을 결정하는 것은 바로 나"이기 때문이다.[117] 일상에서 우리는 시간의 리듬을 스스로 결정하기 어렵다. 상대방이 빠른 일 처리를 원하면 빠르게 해내야 한다. 마감이 정해져 있다면 그 마감에 맞추어 일의 속도와 리듬을 결정해야 한다.

그러나 오티움의 시간에서는 시간의 리듬을 스스로 결정한다. 텃밭에서 일하며 10분에 몇 주의 잡초를 뽑아야 할지, 얼마나 빨리 뽑아야 할지 고민하지 않는다. 고구마는 몇 시 몇 분까지 수확을 마쳐야 할지 계산하지 않는다. 못하면 그만이다. 다음에 하면 된다. 다른 오티움의 시간도 마찬가지다. 혹 오티움의 시간조차 시간의 주도권이 나에게 없다면, 시간의 리듬을 내가 결정하고 있지 못하다면, 정말 그 시간이 오티움의 시간이 맞는가, 오티움의 시간을 제대로 보내고 있는가, 되짚어볼 필요가 있다.

여행도 마찬가지다. 여행은 동시대 많은 이들에게 오티움의 시간이다. 몸도 좀 고되고 신경 쓰이는 일도 많지만, 자주 헤매고 자주 실수하지만, 스스로 선택하여 과감히 행동하는 우리들의 오티움이다. 스스로 만든 몰입의 시간이자 자신에게 마땅히 허락한 놀이의 시간이다. 그래서 여행에서만큼은 시간에 대한 주도권을 내가 갖고, 시간의 리듬 역시 되도록 내가 결정하는 연습이 필요하다.

여행에서만큼은 느리게 걷고 싶으면 느리게 걷고 천천히 보고 싶으면 한참 들여다보는 시간을 허락해야 한다. 가만히 앉아 쉬고 싶을 때는 그렇게 쉬어야 한다. 머물고 싶은 곳에 한참 머무를 수 있어야 한다. 정해진 시간 안에 다 봐야 한다는 강박과 함께 시간에 끌려가듯 다니는 여행은 오티움의 시간이 아니다. 정해진 시간에 무엇을 꼭 해야 한다는 의무감이 많이 섞인 여행도 오티움이 아니다.

여행은 일이 아니다. 여행의 시간은 일의 시간, 의무의 시간, 구속의 시간, 끌려다니는 시간과 달라야 한다. 온전히 자신의 선호와 선택이 반영된 리듬으로 여행해야 한다. 자신의 속도대로 여행해야 한다. 그래야 우리의 여행이 진정한 오티움의 시간으로 남을 수 있다.

여행,
행복으로의 여정

행복하고 싶다면, 행복을 먼저 이해할 것

행복. 행복. 되뇌기만 해도 입꼬리가 올라간다. 우리
대부분은 행복한 삶을 원한다. 늘 행복을 꿈꾼다. 새해 인사에서
도 누군가의 행복을 빌어주고, 소중한 누군가가 지금 행복한지
살핀다. 우리 헌법 제10조에 명시된 대로, 대한민국 국민이라면
행복을 추구할 권리, 즉 '행복추구권(The right to pursue our happiness)'
을 가진다. 우리는 마땅히 그리고 당연히 행복할 권리가 있다.
행복할 자격이 충분하다.

그러나 우리가 행복을 제대로 이해하고 있는지는 의문이다.
누구나 행복하길 바라지만, 행복이 무엇인지 잘 모르는 것 같
다. 맛있는 음식을 먹고 싶지만, 그 음식의 이름과 맛을 잘 모
르는 것과 매한가지다. 어디론가 가고 있지만, 그곳이 어딘지

잘 모르는 것과도 비슷하다. 일상생활에서 행복에 대해 듣고 쓰고 꿈꾸지만, 진지하게 그 의미와 속성에 대해 고민하지 못했다. 어디선가 배우기도 했지만, 우리 삶에 직접 적용해볼 기회도 적었다. 심리학과 행복학의 어려운 학문 경계를 넘어, 우리 일상 영역 안에서 행복을 이해하고 구체화해야 한다. 그래야 우리가 꿈꾸는 행복이 우리 삶 가까이에서, 더 촘촘하게, 더 선명하게, 더 오래 빛날 수 있기 때문이다.

행복(幸福)이라는 단어는 다행 '행(幸)', 복 '복(福)'으로 구성되어 있다. 사전적으로 행복이란 복되고 좋은 운수 혹은 '다행'인 삶을 말한다. '만족'과 '보람'을 느끼는 '흐뭇'한 상태를 말하기도 한다. 사람들은 행복을 거창한 어떤 도달 상태라고 생각하는 경향이 있다. 주어진 것이 아니라 힘들게 노력해서 얻어내야 하는 결과물이라고 생각한다. 그렇지 않다. 행복은 다행, 만족, 보람, 흐뭇함처럼 일상에서 자주 느끼는 감정이다. 결과뿐 아니라 일상의 모든 과정에서 느낄 수 있는 감정이다. 오늘 할 일을 딱 마쳤을 때, 작은 성취를 이뤘을 때, 누군가를 도왔을 때, 강아지와 산책했을 때, 나에게 작은 선물을 했을 때처럼 일상에서 자주 느낄 수 있는 소소한 감정이다.

그러나 사람들은 이것이 행복과 가장 맞닿은 감정이라는 것을 잘 알지 못한다. 행복을 '거창하고 특별한 어떤 것' 혹은 '어떤 도달 상태나 결과'라고 착각하기 때문이다. 행복이 무엇인지 이해하면, 일상의 작은 행복이 눈에 더 많이 들어온다. 일상에서 다행, 만족, 보람, 흐뭇함을 느끼는 순간들이 행복의 순간들로 다가온다. 우리가 바라마지 않던 그 행복이 일상 속 작은 감정에서 시작됨을 알게 된다. 그 '작은 행복의 합(sum)'이 곧 '행복한 삶'임을 알게 된다. 행복이 생각보다 우리 삶 가까이 있었음을, 지금도 가까이 있음을 알게 된다. 그 행복을 제대로 알아보지 못하는 것은, 누구도 아닌 바로 나 자신임을 깨닫게 된다.

행복의 키워드 중 '만족'이라는 단어는 특히 더 눈여겨보아야 한다. 인지심리학자 김경일 교수는 『지혜의 심리학』에서 "비교는 후회와 연관되어 있고 만족은 대상 자체로부터 가능하다"라고 했다.[118] 산책을 좋아하는 이는 산책 그 자체에 만족하는 것이다. 산책하는 그 시간을, 산책하는 그 길을, 산책하기 위해 무거운 몸을 이기고 기꺼이 운동화를 신고 나온 자기 자신에게 만족하는 것이다. 어제 산책보다 오늘 산책이 더 좋다거나, 비 오는 날보다 맑은 날이 더 좋다는 비교의 감정은 만족과 거리가 멀다. 결국 대상 자체로부터의 작은 만족이 행복이 된다. 일상에서 선택한 작은 만족의 대상들이 행복의 단초가 된다.

심리학에서 행복은 '주관적 안녕감'으로 정의된다. 정서적 혹은 감정적 웰빙(well-being) 상태를 의미한다. 긍정적이거나 즐거운 감정을 포함한다. 행복은 지극히 주관적인 감정이다. 저마다의 행복 감정이 다를 수 있다. 마음으로 느끼는 저마다의 즐거움이 행복인 것이다. 이는 행복이 어느 정도 마음먹기에 달렸고, 환경을 바라보는 시각에 좌우된다는 것을 의미한다. 매일 루틴하게 실행하는 어떤 것을 행복으로 여긴다면 그것이 행복이 될 수 있다는 것이다. 즐겁지 않은 어떤 것을 즐겁게 받아들이면 어느 순간 그것이 행복의 매개가 될 수도 있다는 것이다. 물론 쉽지 않은 일이지만 말이다.

사람들은 머리로 행복한 삶을, 행복하기 위한 조건을, 행복하지 못한 이유를 '생각'한다. 스스로가 행복하기 위해서는 어떤 조건들이 충족되어야 한다고 '판단'한다. 지금 그 조건들이 부족하여 스스로가 행복하지 않다고 단정한다. 그런데 많은 행복학자나 심리학자들은 행복이 관념이 아님을 강조한다. 행복은 생각하는 것이 아니라는 것이다. 고민의 결과는 더더욱 아니라는 것이다. 행복은 머리에서 나오는 것이 아니다. 이성적으로 판단해서 도출할 수 있는 어떤 상태가 아니다. 행복은 철저하게 주관적인 '느낌'이다.

행복은 '의지'의 영역도 아니다. 유명한 노랫말처럼 '행복하자'고 '다짐'해야 하는 대상이 아니다. 의지와 다짐은 느낌이 아니기 때문이다. 감정이 아니기 때문이다. 의지와 다짐은 이성의 영역인 경우가 많다. 그래서 행복하자고 다짐하고 굳은 의지를 피력하면 피력할수록 반대의 결과에 봉착되는 경우가 많다. 어떤 때는 행복해지고 싶은 의지와 다짐이 오히려 그래야만 한다는 강박과 그러지 못한 상황에 대한 자괴감으로 이어지기도 한다. 행복하고 싶다면, 행복해야 한다는 강박과 함께 행복하자는 의지와 다짐도 내려놓아야 한다.

세계 100대 행복학자인 서인국 교수는 행복이 '감정적 경험'이라고 주장한다. 즐거워지고 싶다는 생각과 욕구 대신, 직접 몸으로 부딪쳐 경험하는 감정의 결과가 행복이라는 것이다. 그저 즐거운 감정을 기대하고 욕망하는 것이 아니라, 직접 두 팔을 걷어붙이고 실행하여 얻어내는 실질적 감정이라는 것이다. 행복은 즐거운 감정을 생기게 하는 실질적 경험, 잘살고 있다는 느낌을 주는 '실체적 경험'이다.

행복은 '행동'을 통해 가능하다. 즐거운 감정이 생기는 실체적 행동을 취해야 행복을 느낄 수 있다. 그래서 행복은 '실천적 삶'에 기반한다. 행복은 가만히 앉아 생각하고 고민하는 대상이 아니다. 이는 김경일 교수의 『지혜의 심리학』에 기술된 댄 길버트(Dan Gilbert)의 '생성된 행복(synthetic happiness)' 개념과 유사하다. [119]

행복은 자발적 선택과 직접행동을 통해 '생성'되는 것이다. 자신이 직접 만들어내는 정직한 감정이다. 노력을 필요로 한다. 자발적으로 선택해야 가능한 감정이다. 헌법에 보장되어 있지만, 그냥 앉아 있다고 무상으로 주어지는 달콤한 기본권이 아니다. 내가 지금 행복하길 바란다면, 무엇인가를 지금 바로, 직접 선택하고 실행해야 한다. 산책을 좋아한다면, 그 시간이 행복하다면, 운동화를 고쳐 신고 문밖으로 나가는 선택과 행동을 해야 한다. 그게 어렵다면 복도라도 걷고 건물이라도 한 바퀴 휘돌아보는 대안을 선택해야 한다.

김경일 교수는 많은 강연에서 행복하기 위해 말하는 것도 중요하다고 강조한다. 말할 때 명사보다 '동사'를 많이 사용하면 도움이 된다는 것이다. 이는 행복이 행동과 실행에서 비롯되는 감정이며, 명사보다 동사로 말하면 실행 가능성이 높아진다는 연구 결과와 연동된다. 예를 들어 자신의 버킷리스트에 '산티아고 순례길 도보여행'이 있다고 말하는 것보다, 산티아고 순례길을 '걷고', '기록하고', 삶의 방향성에 대해 다시 한번 진지하게 '성찰하는' 것이라고 말하는 것이 훨씬 더 실현 가능성이 크다는 것이다. 당연히 동사를 많이 사용하기 위해서는 우리의 행복이 구체화되어야 한다. 세분화되어야 한다. 이미지로 머릿속에 그려져야 한다.

1950년대 이후 70년 동안 신문의 빅데이터를 분석한 연구가 있다. 해방 이후 주요 대중미디어였던 신문의 내용을 시계열적으로 분석한 연구다. 연구 결과 2000년대 이후 행복 관련 키워드가 급속하게 증가한 것으로 나타났다. 연구자들은 행복 키워드의 증가가 현재 삶을 중시하는 사회 변화와 연관되어 있다고 주장한다.[120] 결국 행복에 대한 욕구는 현재 삶에 대한 나의 시선과 선택, 행동에 달려 있다고 볼 수 있다.

결국 행복은 '현재 중심의 삶'을 통해 가능하다. 과거에 대한 후회도, 불안정한 미래에 대한 두려움도 아닌, 오직 현재에 집중하는 감정이다. 만족이 대상 자체를 수용하는 것에서 시작되고 이를 위해서는 현재의 시점에서 바라봐야 하기 때문이다. 예를 들어 친구에 대한 만족은 그 친구의 과거나 미래 모습이 아닌 현재의 있는 모습 그대로를 봐야 가능한 것이다. 이는 현재만 중시하는 삶을 의미하는 것이 아니다. 과거와 미래를 버리라는 뜻도 아니다. 미래를 위해 현재를 일부 희생하는 지혜와 현재의 행복을 무시하는 어리석음은 구분되어야 한다.[121]

행복하기 위해서는 타자들과의 '관계의 질' 역시 중요하다. 티베트에는 "말을 백 마리나 가진 사람도 채찍 하나가 없어 남의 신세를 져야 할 때가 있다"라는 말이 있다. 타자들과의 사회적 연결이 우리 삶에 얼마나 중요한가를 잘 대변하는 말이다.

하버드대학교의 로버트 윌딩어(Robert Waldinger) 교수는 75년간 진행된 행복에 대한 연구 결과를 발표했는데,[122] 가장 행복한 삶을 산 사람들은 의지할 가족과 친구, 공동체가 있는 사람들이라고 주장한다. 또한 친구가 얼마나 많은가 혹은 얼마나 많은 사회적 연결을 맺고 있는가보다 '관계의 질'이 중요하다고 강조한다. 관계 맺는 사람의 수가 아닌, 좋아하는 사람들과 얼마나 깊은 관계를 맺고 있는지, 그들과 얼마나 진정성 있게 소통하고 공감하고 있는지가 훨씬 더 중요하다고 강조한다.

이상의 행복 키워드들을 종합해보면, 행복은 다행, 만족, 보람, 흐뭇함과 같은 일상적이고 소소한 느낌, 주관적 안녕감, 즐거움의 감정, 행동을 통한 감정적 경험, 실천적 경험, 현재 중심의 삶, 관계의 질에 초점을 둔 개념으로 이해된다. 행복은 지극히 주관적 감정이다. 거창한 목표 혹은 미래, 이상향이 아니다. 일상의 영역에서 얼마든지 느낄 수 있는 평범한 감정이다. 또한 행복은 생각과 의지, 다짐의 대상이 아님을 다시 강조한다. 행복하기 위한 소망을 갖고 있다면 당신의 행복을 구체화하고 세분화하는 연습도 필요하다. 아무리 뛰어나도 혼자서는 결코 행복할 수 없다. 행복하기 위해 소중한 이들과의 관계 맺기에 많은 공을 들여야 하는 이유다.

그대, 행복하길 원하는가? 그렇다면 행복에 대한 오해와 편견을 내려두고 행복을 제대로 이해하는 것이 먼저다.

행복의 속성과 여행

행복의 개념을 이해하는 것만큼, 행복의 속성 역시 제대로 이해될 필요가 있다. 행복은 명백히 일시적인 감정이다. 살아 있는 모든 순간이 행복할 수 없고 그래서도 안 된다. 영원히 지속되는 행복도 없고, 또 그래서도 안 된다. 그래서 일시적인 행복을 내 삶에 녹여두기 위한 자기만의 레시피가 필요하다. 행복을 조금 더 오래 붙들어놓고 더 자주 경험하기 위한 자기만의 대안이 필요하다. 물론 자신에게 맞는 방법으로 말이다.

심리학자들이 공통으로 강조하는 행복의 속성 중 하나는 강도보다 '빈도'라는 점이다. 이는 행복에만 적용되는 것이 아니라 사회 전반에 두루 나타나는 현상이다. 큰 행복 하나보다 작은 행복 여러 개가 우리를 더 행복하게 한다. 평생 꼭 한번 하고 싶은 무엇보다, 일상에서 자주 행할 수 있는 '소소하지만 소중한' 혹은 '작지만 확실한' 무엇이 우리를 더 행복하게 한다는 것이다.

윌슨과 길버트(Wilson & Gilbert)는 거창한 소유보다 여행과 같은 지속적인 경험이 우리를 더 행복하게 한다고 주장한다.[123] 현대와 같은 경험경제(experience economy) 사회에서는 돈을 내고 경험이라는 상품과 서비스를 구매한다. 경험이라는 것은 눈에 보이지도 않고 자주 망각된다. 경험 주체인 나에게만 의미가 있다. 그럼에도 그 경험에 많은 가치를 두면 행복한 삶을 살 수 있다고 주장한다. 나의 삶은 한 번뿐이므로, 나의 현재가 중요하므로, 현재의 경험에 많은 시간과 비용을 투자하는 것이다. 경험경제 사회에서 여행은 대표 경험 소비 상품이다. 대부분의 여행은 경제적 지불을 통해 스스로 경험할 기회를 사는 것이기 때문이다.

행복은 '순서 효과(order effect)'와도 밀접하다. 순서 효과는 여러 순서가 있을 때 제일 처음 나온 것과 제일 마지막에 나온 것을 더 잘 기억하는 것을 말한다. 처음 것을 잘 기억하는 것을 최초 효과(초두 효과), 가장 나중이자 최근 것을 잘 기억하는 것을 최근 효과라고 한다. 이 중 주목할 점은 제일 처음 경험한 행복은 어쨌든 먼 과거가 된다는 사실이다. 세월이 흐를수록 더 먼 과거가 된다. 기억에 남아 있지만 오래전 일일 뿐이다. 현재의 행복에 미치는 영향은 미미하다. 그렇지만 최근에 경험한 행복은 가까운 과거이면서 기억에도 많이 남아 있다. 행복한 경험이 생생하게 살아 있다. 지금 행복하기 위해 '최근 효과'에 더 주목해야 하는 이유다. 최근의 경험은 자주 생성되어 업데이트될 수 있고, 이는 결국 행복경험의 빈도를 증가시킨다.

여행도 마찬가지다. 한참 전 첫 해외여행보다, 강도가 높았던 전국 배낭여행보다, 최근에 다녀온 반나절 서울숲여행이 우리를 더 행복하게 할 수 있다. 서울숲 주변 우연히 찾은 카페의 디저트가, 강변에 살랑거리던 연둣빛 버드나무가 오늘의 우리를 더 행복하게 할 수 있다. 멀리 가지 않아도, 오래 머물지 않아도, 특별한 무엇을 하지 않아도 좋다. 우리의 보통여행을 주목해야 하는 또 하나의 이유다.

그래서 행복은 '습관'을 필요로 한다. 일상에서 자주, 쉽게 적용할 수 있는 작은 습관들이 우리의 행복지수를 결정한다. 경험

강도는 낮지만, 일상에서 지속적으로 실행할 수 있는, 자기만의 무엇을 찾아야 한다. 심리학에서는 행복 결정 요인 중 하나로 '유전적 요인'을 뽑는다. 태어날 때부터 각자의 행복 유전자가 정해져 있다는 것이다. 활발하고 외향적인 사람들이 평균적으로 더 행복한 것으로 알려져 있다. 외향적인 사람들은 새로움을 더 많이 추구하고, 행복의 전제조건인 실행 능력이 높기 때문이다. 사회적 관계도 더 원만하다. 어떤 의미에서는 매우 유감스럽고 불편한 연구 결과다. 그런데 유전적 요인보다 더 중요한 것이 우리의 작은 습관이다. 유전자는 반복되고 지속되는 습관을 이기지 못한다. 쉽게 그리고 자주 선택하는 작은 습관과 그 습관의 누적 효과가 훨씬 더 중요하다. 여행도 그렇다.

심리학에서 '즐거움'은 행복의 가장 중요한 축이다. 김경일 교수는 『지혜의 심리학』에서 즐거운 삶은 우리 자신의 경험에 기반하며, 자주 경험할수록 더 잘 경험하기 위한 '기술'도 향상된다고 설명한다.[124] 자신이 좋아하는 일을 경험하면 즐거운 감정이 늘어나고, 즐거워서 더 많이 경험하게 된다. 그 과정에서 좋아하는 일을 잘하기 위한 경험기술도 향상된다는 것이다. 일종의 선순환이다.

여행도 마찬가지다. 여행을 좋아하는 사람은 여행의 소소한 기술들, 길을 잘 찾거나 어려움이 닥쳤을 때 해결하는 방법을 경험으로 알고 있다. 그 경험기술은 여행의 횟수만큼 늘어나고, 그 기술들이 여행을 더 풍부하게 한다. 더 행복한 여행을 위해 더 많은 여행 경험과 여행 기술이 필요하다. 많이 여행할수록, 더 즐겁게 여행하는 노하우를 터득하게 된다.

'기억'은 행복의 결정적 변수다. 행복한 기억이 많으면 행복을 더 많이 느낀다. 행복은 기억되어야 그 느낌을 유지할 수 있다. 대니엘 카너먼(Daniel Kahneman)은 '경험하는 나'와 '기억하는 나'가 분리되어 있다고 주장한다.[125] 즉 경험 주체와 기억 주체의 판단이 다를 수 있다는 것이다. 이는 실제 여행 경험과 이를 기억하는 여행이 다를 수 있음을 의미한다. 기억하는 여행을 실제 여행보다 더 행복하게 미화시킬 수도 있음을 의미한다. 기억하는 여행을 더 아름답게 포장해서 오래 회상할 수도 있음을 의미한다. 여행 경험 중 특별히 더 행복했던 경험을 선택적으로 더 오래 기억하는 것도 가능하다.

그래서 심리학자 서인국 교수는 우리가 사는 공간에, 일하는 공간에, 마주치면 자동적으로 즐거움이 떠오르는 것을 곳곳에 두라고 조언한다. 언제든 눈에 밟히도록 말이다. 가능한 한 많이 말이다. 행복감을 오래 유지하기 위해서는 별도의 '기억장치'가 필요하다. 따라서 여행의 행복한 경험을 오래 기억하기 위해 제일 좋았던 순간의 증거품을 자주 들여다볼 수 있도록 하는 것이 중요하다. 냉장고에 여행지 마그네틱을 붙여두고 문을 열 때마다 눈길을 주는 것도 좋다. 여행지에서 찍은 사진들을 책상 한편에 두고 행복했던 여행시간을 자주 재소환하는 것도 좋다. 저마다의 방식으로, 저마다의 행복 기억장치들을 일상 공간에 허락할 필요가 있다. 그렇지 않으면 행복했던 기억도 잊히고 희석될 것이다.

행복은 '구체적인 실체'로 우리 가까이에 놓여야 한다. 일상에서의 공간, 시간, 상황에 따라 구체화되고 유연하게 선택되어야 한다. 구체화된 행동의 경험들은 자신만의 데이터베이스로 구축되어야 한다. 언제 어디서나 쉽게 선택될 수 있어야 하기 때문이다. 예를 들어, 산책할 때 행복하다면, 공간적으로 산책 동선을 다양화할 필요가 있다. 뒷동산 길, 하천길, 공원길, 도심 골목길, 번화가길, 동네 마실길, 회사 근처의 짧은 산책길처럼 이동 루트를 다양화하고 구체화한다. 산책하는 시간도 세분화하면 좋다. 아침, 점심, 오후, 어스름한 저녁 무렵, 잠자기 전 동네 산책처럼 다양한 시간대의 즐거움이 기억장치에 저장되도록 하는 것이다.

산책하며 좋아하는 카페에 들른다든지, 좋아하는 나무 아래에서 책을 읽는다든지, 사진을 찍는다든지, 중간중간 내가 선택하는 행동 역시 다양화하는 것도 방법이다. 봄, 여름, 가을, 겨울 계절별 산책의 즐거움이 따로따로 기억되어야 한다. 맑은 날, 비 오는 날, 눈 오는 날, 벚꽃잎이 흩날리는 날, 좋아하는 개복숭아꽃이 나오는 날, 도랑물이 졸졸 소리를 많이 내는 날,

친구와 함께 걷기 좋은 날 등 저마다의 상황에 맞는 산책의 즐거움이 쌓여야 한다. 이렇게 자신만의 데이터베이스에 구체적인 실체로 기억된 행복의 순간들은, 언제 어디서나 쉽게 꺼내질 수 있다. 다시 반복될 수 있다. 지속되기도 쉽다.

다만 다시 강조하고 싶은 것이 있다. 행복은 필시 '일시적'이라는 것이다. 행복은 만병통치약이 아니다. 매 순간이 모두 행복할 수 없다. 상황에 따라 행복의 느낌이 '가변적'이라는 것도 인정해야 한다. 얼마 전에는 분명 즐거운 감정이 들었던 행복의 대상이, 갑자기 확 바뀔 수 있다. 새로움을 느꼈던 대상이 어느 순간 식상해질 수 있다. 여행도 일순간 그렇게 될 수 있다. 이는 행복이 자신의 상황에 따른 '주관적 감정'이기 때문이다. 우리 자신이 계속 변하고 있기 때문이다. 감정과 행동의 주체인 우리가 변하므로 대상을 바라보는 시선이 변하는 것은 당연한 이치다. 우리는 그저 계속 찾고 선택하고 경험하고 수정하면 된다.

마지막으로 행복은 '자신만의 선택적 정의'로 우리 삶에 녹아 있어야 한다. '나에게 행복이란 ( ) 이다'라는 이 짧은 문장을 스스로 완성할 수 있어야 한다. 자기만의 문장을 만들어, 행복의 개념을 '자기것화' 하는 것이다. 이 괄호에는 만족, 보람, 주관적 안녕감, 감정적 경험, 현재 중심의 시선, 관계의 질 등의 키워드들이 들어갈 수 있다. 강도보다 빈도, 습관과 기술, 기억장치 등과 관련된 키워드들이 들어갈 수도 있다.

어떤 키워드로 문장을 완성하든, 자기만의 행복 정의를 스스로 선택하는 것이 중요하다. 저마다 자기만의 삶에서 자기만의 행복 정의를 내리는 것이 중요하다. 특별히 어떤 장소, 어떤 시간이 행복한지, 어떤 것을 할 때 행복한지, 누구와 있을 때 행복한지, 어떤 감정이 특별히 더 행복한지, 어떤 기억이 행복한지 등 다양한 키워드가 선택될 수 있다. 여행도 여기에 들어갈 수 있는 행복 키워드다.

여행, 행복으로의 여정

영화 「교실 안의 야크」는 행복에 대한 중요한 가치들을 담고 있다. 늘 불평불만에 가득 차 있던 신임교사 '유겐'은 외딴 오지의 작은 학교에 발령받는다. 이 학교는 부탄의 히말라야 산간벽지 작은 마을에 있는데, 마을 인구는 60명도 채 안 된다. 전기도 들어오지 않는다. 기후변화로 마을의 자연경관도 위태롭게 변해가고 있다.[126] 유겐은 자연과 함께 생활하며 아이들을 가르친다. 그리고 행복의 진짜 의미를 깨닫는다. "행복은 목적지가 아닌 여정 그 자체"라는 유명한 문구처럼, 사는 동안 걸어가는 모든 길이 여행이고 우리는 늘 어떤 길 위에 서 있음을 강조한다. 우리 삶의 목적지가 어디인지는 그다지 중요하지 않다고 말한다. 다만·내가 지금 어떤 길 위에 있는지, 얼마나 그 길을 즐기고 있는지가 중요할 뿐이다.

행복과 여행을 연관 지은 책도 많다. 프랑스와 를로르의 『꾸뻬 씨의 행복 여행』이 대표적이다. 이 책은 소설 속 정신과 의사였던 '꾸뻬'가 전 세계를 여행하며 행복에 대한 배움을 기록하는 내용이다. 이후 영화로도 제작되었다. 책 마지막에는 긴 여행을 통한 행복의 깨달음이 '배움'이라는 이름으로 기술되어 있다. 주인공이 깨달은 행복의 배움에는 "비교하지 않고 경쟁하지 않는 것, 행복을 목표로 여기고 행복이 미래에 있다고 생각하는 것은 잘못된 생각이라는 것, 행복은 다른 사람의 의견을 너무 중요하게 생각하지 않는 것, 행복은 때때로 뜻밖에 찾아오는 것, 행복은 자신이 좋아하는 일을 하는 것, 좋아하는 사람과 함께 있고 다른 이들에게 쓸모가 있다고 느끼는 것, 살아 있음을 느끼는 것"[127]이라는 내용이 포함되어 있다. 소설 속 배움이지만, 행복에 대한 의미 있는 고찰들을 포함하고 있다. 이 중 당신의 마음에 쏙 들어온 '행복 배움'이 있는가? 그 배움을 삶에 새기고 녹이는 것은 이제 당신 몫이다.

라즈 라후나탄의 『왜 똑똑한 사람들은 행복하지 않을까』라는 책도 있다. 이 책은 가성비, 즉 자신이 투입한 것(input)과 얻은 것(output)을 습관적으로 계산하는, 소위 '똑똑한 사람'들이 왜 행복하지 않은가에 주목하고 있다. 앞에서도 강조한 것처럼 행복은 이성의 영역이 아니라 감정의 영역이다. 생각과 판단의 결과가 아니다. 비교는 명백하게 행복의 대척점에 있다.

똑똑한 사람들은 행복조차도 투입한 것과 얻은 것의 비교를 통해 계산하는데, 그 습관이 자신의 행복에 걸림돌이 된다. 자신에게 주는 작은 선물을 하나 살 때도 그 물건의 효용가치를 습관적으로 따지는 것은 행복에 전혀 도움이 되지 않는다. 남에게 하나를 주면 또 다른 하나를 기필코 받아내야 하는 '기브 앤드 테이크(give and take)' 정신이 너무 투철한 것도 그다지 도움이 되지 않는다. 반면 행복을 자주 느끼는 사람들은 행복을 실현하는 과정 자체에서, 대상 자체에서 만족감을 얻는다. 자신에게 줄 선물을 고르는 그 시간에서, 타인에게 선물하는 자신의 이타적인 마음 그 자체에서 행복을 느낀다.

이 책에는 행복을 놓치지 않기 위한 몇 가지 방법을 소개하고 있는데, "최근에 가장 행복했던 경험을 떠올리고 나만의 행복을 정의할 것, 비교하지 말고 즐거운 일을 찾아 몰입할 것, 타자에게 너그러워질 것, 마음 근육을 길러 내적 통제력을 키울 것, 결과를 쉽게 단정하지 말고, 이성에만 중독되지 말 것"[128] 등이 그것이다.

이 두 권의 책은 행복하기 위해 현재를 즐길 것, 살아 있음을 자주 느낄 것, 타인의 행복을 고려할 것, 너그러울 것, 즐거움을 찾아 몰입할 것, 행복은 서프라이즈처럼 다가올 수 있음을 이해할 것, 결과가 아닌 과정으로 행복을 받아들일 것, 자신만의 행복을 정의할 것을 강조한다.

더불어 불행하지 않기 위한 조건들도 제시하고 있다. 비교하지 말 것, 과하게 경쟁하지 말 것, 행복이 미래의 목표가 아님을 이해할 것, 쉽게 미래를 단정하지 말 것, 이성에만 집중하지 말 것, 다른 사람의 의견을 너무 중요하게 생각하지 말 것, 과하게 계산하지 말 것 등이 포함된다. 이는 행복의 가장 큰 걸림돌이 비교와 경쟁임을, 이성적인 생각에만 몰두하는 것임을, 행복을 삶의 목표로 두는 것임을, 내 삶의 주도권을 타인에게 넘기는 것임을, 미래에 대한 과도한 단정임을, 늘 따지고 계산하는 습관임을 의미한다. 이들은 우리가 행복하기 위해 가장 먼저 버려야 하는 변수들인 셈이다.

이 책들이 강조하는 행복의 조건은 여행과도 맞닿아 있다. 여행 중 우리는 현재에 집중하고 현재를 사는 방법을 배우고 연습한다. 오감을 통해 나라는 한 인간이 진정 살아 있음을 느낀다. 다양한 타자들을 만나고 그들로부터 배운다. 누구든, 무엇이든, 그럴 수 있음을 인정하고 너그러이 타자들을 바라본다. 어떤 여행이든 여행은 즐거움을 찾는 과정이며 몰입의 순간이 있다. 여행 중에는 자주 예기치 않은 일들을 만나게 되는데, 그 과정 자체가 여행의 스토리가 된다. 더불어 더없이 행복한 여행을 위해 비교, 경쟁, 과시, 미래지향적 여행, 타인의 의견을 줄여가는 노력도 필요하다. 나 자신답게, 오롯이 나의 선호와 선택을 반영하여, 좋아하는 것에 몰입하면 여행이 행복의 시간으로 귀결될 수 있다. 여행 자체가 행복을 위한 여정이 될 수 있다.

지금, 우리의 행복지수

헬조선, 비교사회, 경쟁사회, 속도와 성과 위주의 사회, 고속성장사회, 의존성이 강한 나라, 개인이 행복하지 못한 나라…. 이는 모두 동시대 대한민국을 지칭하는 단어들이다. 우리 삶을 대변하는 단어들이기도 하다. 최근에는 결혼, 연애, 취업, 집 등 포기할 것이 너무 많다고 명명된 'N포 세대'의 등장까지, 대한민국의 '삶의 질(quality of life)'은 그다지 높지 못하다. GDP(국내총생산) 세계 10위의 국가, 드디어 선진국 반열에 오른 국가라는 칭찬이 무색하다.

특히 이 시대를 살아가는 청춘들의 삶은 더 팍팍해지고 있다. 앞서 소개한 70년 동안의 신문 빅데이터 연구를 살펴보면, 대한민국 청년들을 대변하는 주요 키워드의 변화가 눈에 띈다.[129] 시대별 청년들의 키워드는 자유와 민주주의에 대한 열망에서 취업과 창업, 일자리, 실업과 고용 등으로 변했다.* 국가 혹은 제도 개선에 대한 열망이 개인의 열망으로 옮겨온 점도 눈에 띈다.

안타까운 것은 개인의 열망이 대부분 취업과 같은 경제활동과 연관되어 있다는 점이다. 더불어 청춘들의 삶을 대변하는 키워드에 행복 관련 내용이 거의 보이지 않는다는 점도 그렇다. 부정적 혹은 무감정의 키워드들이 유달리 많이 보이는 점도 안타깝다. 청춘들이 꿈꾸는 대신 먹고사는 문제에 얼마나 내몰려 있었는가, 우리 사회가 그들의 행복과 삶의 질에 얼마나 무관심하였는가를 적나라하게 보여주고 있다.

이미 기성세대가 된 이들의 과거 청춘도 별반 다르지 않았다. 행복한 청춘을 경험하지 못했던 기성세대들이 자신들의 불행했던 청춘의 시간을 지금의 청춘들에게 은근히 강요하고 있는 듯 보이기도 한다. 사회 분위기상 개인의 행복에 관심을 두지 못했던 옛날 청춘들이 지금의 청춘들에게도 비슷한 가치관을 전달하고 있다. 젊음은 원래 힘들고 고생스러운 것이라 말한다. 젊어 고생은 사서도 한다고 말한다. 아프니까 청춘이라고 말한다. 청춘은 현재가 아닌 미래를 위해 투자하는 시간이라고만

---

* 1960년대 청년들을 대변하는 주요 키워드는 경찰, 반공, 당원, 집, 조직, 운동. 1970년대는 서울, 경찰, 집, 현금, 당원. 1980년대는 학생, 축전, 조직, 운동, 경찰. 1990년대는 학생, 조직, 운동, 단체, 경찰, 통일. 2000년대는 실업, 일자리, 취업, 고용, 채용. 2010년대는 일자리, 창업, 취업, 캠프, 실업, 고용, 대학, 기업, 멘토링 등으로 나타났다(김일환·이도길, 2018).

말한다.

이제 그런 말들은 그만 대물림되어야 한다. 푸를 '청(靑)'에 봄 '춘(春)'이라는 '청춘(靑春)'의 본뜻답게, 푸르른 봄처럼 더할 나위 없이 아름다운 현재의 시간이 바로 청춘이어야 한다고 말해주어야 한다. 아름다운 청춘의 기억이 평생을 살아가는 버팀목이 될 수도 있다고 전해줘야 한다. 기성세대들은 그러지 못했지만, 청춘다운 청춘의 시절을 경험할 기회를 더 많이 주어야 한다. 이제 청춘이라는 그 아름다운 이름값이 복원되어야 한다.

그래서 악순환의 고리를 끊어내기 위해, 그동안 우리 사회가 왜 그다지 행복하지 않았는가 살펴볼 필요가 있다. 먹고살기는 분명 더 좋아졌는데 왜 여전히 정신적으로 피폐한가 짚어보아야 한다. 그래야 우리가 조금 더 행복해질 방안을 찾아갈 수 있다.

행복과 관련된 여러 공식지수가 있다. 그중 여기에서는 UN의 '세계행복지수(World happiness index)'를 소개한다. 이는 전 세계적으로 가장 많은 국가를 대상으로 하는 비교적 객관적으로 측정되는 국가별 행복지수다. 다만 코로나 팬데믹 시기는 일반적인 보통의 상황이라고 보기 어려우므로, 코로나 이전의 데이터로 설명을 이어간다.

UN 세계행복지수는 매년 공표되며, 과거 3년간의 평균값으로 산정된다. 2020년의 행복지수는 2017년부터 2019년까지의 평균값으로 산정된다. 2020년 기준 세계행복지수 1위는 핀

란드다. 2위 덴마크, 3위 스위스, 4위 아이슬란드, 5위 노르웨이 순이다. [130] 이들 상위 국가는 매해 순위가 조금씩 바뀌기는 하지만 대부분 상위에 랭크되어 있는 '공식적으로' 그리고 '상대적으로' 행복한 국가들이다.

그러면 대한민국의 세계행복지수는 어느 정도일까? 짐작하는 것처럼 그다지 높지 못하다. 2020년 61위(5.872점), 2019년 54위(5.895점), 2018년 57위(5.888점)다. 매해 조금씩 차이가 있지만 대략 50위 중후반대에서 60위 초반의 범위 안에 있다. 2020년 기준 아시아 국가 중에는 대만이 25위로 가장 행복도가 높았고, 싱가포르 31위, 필리핀 52위로 나타났다. 이들 국가는 우리보다 행복도가 높다. GDP 세계 10위, 한강의 기적을 이룬 경제선진국 대한민국의 행복지수로는 너무나 초라한 성적이다.

어떤 의미에서는 부끄러운 결과이기도 하다. 헌법에 보장된 국민의 '행복추구권'이 잘 지켜지고 있지 않음을 여실히 드러내는 결과이기 때문이다. 잘사는 나라를 만드느라 국민의 행복을 소홀히 했음이 여실히 드러나는 결과이기 때문이다. 그럼에도 언론들은 행복지수가 발표될 때마다 우리가 일본이나 중국보다 수치상 행복하다고 자위한다. 도긴개긴끼리의 부끄러운 비교다.

행복지수의 세부 지표는 GDP(GDP per capita), 사회적 지원(social support), 건강기대수명(healthy life expectancy), 삶의 자기결정권(freedom

to make life choices), 관용(generosity), 부패인지(perceptions of corruption) 등
으로 구성되어 있다.[131] 이 중 GDP, 교육이나 의료 등의 사회
적 지원, 건강기대수명은 객관적 지표로 행복에 중요한 전제조
건이 된다. 행복하기 위해 적정한 경제 수준과 건강, 탄탄한 사
회 지원은 매우 중요하다. 특히 경제 수준은 어느 지점까지는
개인의 행복도를 높여준다고 알려져 있다. 그러나 특정 지점을
넘어서는 순간 경제적 수준과 행복의 상관성이 현저히 떨어진
다. 대한민국의 이들 세 지표는 상위 국가들만큼 양호하다. 그
러나 나머지 지표들, 삶의 자기결정권, 관용, 부패인지 항목은
상위 국가들과 비교할 수 없을 정도로 월등히 낮다. 이들 지표
가 우리의 초라한 행복지수의 원인인 셈이다. 이들 세 지표를
높인다면 우리의 행복도 역시 높아질 수 있음을 의미한다.

  '삶의 자기결정권'은 단어 그대로 삶의 중요한 선택을 스스
로 직접 하는 것을 말한다. 행복에 있어 스스로의 선택과 행동
이 얼마나 중요한지 알 수 있는 대목이다. 그도 그럴 것이 남이
시켜서 하는 일 중 즐거운 일은 극히 드물다. 중고등학교의 공
부가, 회사의 일이, 해야 하는 어떤 의무가 행복하지 않은 이유
기도 하다. 따라서 우리가 행복하기 위해 제일 먼저 해야 할 일
은, 바로 '선택'이다. 비록 실패할지라도 자신의 선호가 반영된
스스로의 선택과 결정이 가장 중요하다. 혹시 지금 행복하지
않다면, 삶의 자기결정권을 스스로 점검해볼 필요가 있다.

'관용'은 일종의 너그러움이다. 나 이외의 타자들에 대한 배려 역시 행복의 중요한 조건 중 하나다. 가족에게, 반려동물에게, 타인에게, 다른 생명에게, 자연에게, 혹은 다른 문화에 대해 약간의 너그러움을 베푸는 것은 베푸는 자를 더 행복하게 한다. 봉사활동을 많이 하는 사람들을 보면 알 수 있다. 거창한 봉사 말고도, 길고양이 밥만 챙겨줘도 가슴이 따뜻하다. 지나가다 쓰레기 하나만 주워도 뭔가 괜찮은 일을 한 것 같다. 비온 후 보도로 잘못 나온 지렁이 몇 마리만 흙으로 살살 옮겨줘도 그렇다. 작은 생명을 구했다는 뿌듯함이 차오른다.

관용성이 높은 사람은 자기 생각만을 고집하고 우기기보다 상대의 입장을 잘 고려한다. '그럴 수도 있지'라는 말을 자주 한다. 타자에게 너그러움을 베푸는 자신을 썩 괜찮은 사람이라고 생각한다. 자신에 대한 신뢰도와 효능감이 높을 수밖에 없다. 자신을 신뢰하고 스스로를 괜찮은 사람이라고 생각하면, 자신의 선택도 존중한다. 자신의 결정과 행동도 신뢰한다. 관용과 자기결정권은 서로 연결되어 있다.

부패인지는 무엇이 잘못되었는지 아는 것을 말한다. 이 역시 행복에서 매우 중요하다. 사람들은 부패인지가 어떻게 행복에 영향을 미치는지 의아해한다. 그러나 무엇이 잘못되었는지 인지해야 고치기 위한 노력을 할 수 있다. 그 노력이 쌓여 더 행복한 삶을 만들기 때문이다. 잘못이 잘못인지도 모른 채 부당한 대우를 받으며 살아가는 것은 행복과 거리가 멀다. 차별이 있는 삶은 행복할 수 없는 것과 같은 이치이다.

지금 당신 주변을 돌아보라. 부당한 대우를 받고 있는가? 공평한 대우를 받고 있지 못하는가? 그것이 바로 당신을 불행하게 하는 요인 중 하나이며 행복하기 위해 고쳐야 하는 부분이다. 행복하기 위해 무엇을 바꾸어야 할지는 스스로 결정해야 한다. 우선순위를 정하고 자신이 할 수 있는 방안을 찾아봐야 한다.

여행, 삶의 자기결정권, 관용성 & 부패인지

사람들은 여행이 행복하다고 말한다. 여행 전 기대하고 준비하는 단계에서도 행복하고, 여행 후 기억을 복기하면서 다시 행복을 경험한다고 말한다. 물론 여행하는 과정에서도 많은 행복을 느낀다. 학문적으로도 여행과 행복은 밀접한 상관관계가 있다. 여행을 많이 하면 할수록 삶을 더 행복하게 느낀다. 특히 코로나 팬데믹 같은, 인간의 힘으로 어쩔 수 없는 상황에서의 여행은, 여행자의 자기 회복 능력과 행복을 모두 높이는 것으로 나타났다.[132] 여행을 통해 스스로를 회복하고 치유하는 능력이 높아지고, 이는 결국 여행자의 행복도를 향상시킨다는 것이다.

그렇다면 우리의 여행이 우리를 행복하게 하는 이유는 무엇일까? 앞서 소개한 세계행복지수의 지표 중 우리의 행복도를 낮게 만드는 '삶의 자기결정권', '관용성', '부패인지'와 연결해볼 수 있을 것이다. 일상에서 우리를 행복하게 하지 못하는 세 요인이 여행에서는 어떻게 변하는지 이해한다면, 여행이 우리를 행복하게 하는 단서를 짚어볼 수 있을 것이다.

여행과 '삶의 자기결정권'은 어떤 관련이 있을까? 여행은 철저히 자신의 선택으로 이루어진다. 여행을 갈지 말지, 어디로 갈지, 누구와 갈지, 어떤 이동 수단을 이용할지, 얼마나 머물지, 가서 무엇을 할지, 무엇을 먹을지, 어디서 묵을지, 어떤 동선으로 움직일지, 무엇을 사고 무엇을 체험할지 등, 여행의 전 과정은 여행자의 '자발적 선택'이다. 그 자발적 선택의 과정과 결과가 여행의 경험이자 여행의 기억이다.

어떤 이들은 여행 중 자신의 실제 모습을 발견했다고 말한다. 일상에서는 수동적이고 도전을 좋아하지 않는다고 생각했는데, 여행에서는 자신이 능동적인 사람임을 발견했다는 것이다. 새로움을 접하는 모든 도전이 즐거웠다고도 말한다. 비록 길을 잃고 헤맸을지라도, 맛집이 진정한 맛집이 아니었더라도, 내 눈앞의 뷰가 사진과 달랐더라도, 그 과정, 그 경험 자체가 즐겁다고 말한다.

이는 여행의 시간이 자신의 선택에 기초했기 때문이다. 자신이 가고 싶었던 곳이었기 때문이다. 철저히 자신의 선호가 반영되었기 때문이다. 결국 여행 중 행복하다고 느끼는 이유는 내가 나를 들여다보고, 내가 좋아하는 것을 찾아내고, 나 스스로 용감하게 선택했기 때문이다. 내가 나를 위하는 귀한 시간이었기 때문이다.

그런 의미에서 여행은 내가 나를 스스로 아끼는 시간이라고 할 수 있다. 내가 나의 선호와 선택을 존중하는 시간이라고도 할 수 있다. 그래서 더 행복한 여행을 원한다면, 더 많이 선택해야 한다. 더 많이 자신의 선호를 반영해야 한다. 자신의 취향을 더 존중하고 귀하게 여겨야 한다. 실패해도 된다. 뭐 어떤가. 어차피 나의 여행 아닌가. 나의 시선으로 보고 느끼면 그것만으로도 충만한 여행이다. 아니, 어쩌면 여행에 실패란 존재하지 않을 수도 있다. 시도해보는 것 자체가 경험이자 배움이니 말이다.

여행과 '관용성'은 어떠한가? 여행은 결국 나 이외의 타자를 만나는 시간이라고 할 수 있다. 타자와 관계를 맺는 경험이다. 얼마나 멀리 가는가 혹은 얼마나 오래 머무는가는 중요하지 않다. 다른 사람, 다른 문화, 다른 환경, 다른 동식물 등 다양한 '타자들의 다름'을 발견하고 경험하는 기회다. 나와 타자의 차이를 인정하는 시간이다. 그 가운데 저마다의 삶에 비슷한 점이 더러 있다는 것도 알게 된다. 이렇듯 여행을 통해 다름과 다양성, 유사성의 수용이 삶을 살아가는 기본토대가 됨을 체득한다. 상대에 대한 인정과 존중도 자연스럽게 배우게 된다.

여행은 여행자들을 너그럽게 한다. 너그럽게 타자들을 대하게 한다. 점원이 좀 느려도, 길이 좀 막혀도, 줄이 좀 길어도, 조금 비싸도, 다소 실망스러워도 너그럽게 받아들인다. 여행지 주민들의 기준에서 본다면, 여행자인 나는 그들에게 또 다른 '타자'가 된다. 모르는 것이 많은 '새로운 방문객'인 나의 실수를 그들이 너그럽게 웃어넘기는 것처럼, 나도 그들에게 너그러워진다. 여행이 관용과 연관된 이유다.

그래서 더 행복한 여행을 하고 싶다면, 지금보다 조금 더 너그러워져야 한다. 불평불만을 뱉어낼 시간이 없다. 우리의 여행에 대해 너무 따지고 평가하지 말아야 한다. 여행에 투입한 나의 시간과 돈이 여행 만족도보다 큰가 작은가 재지 말아야 한다. '별 다섯 개 중 별 몇 개', '10점 만점에 몇 점'을 붙이는 습관은 여행의 진정한 즐거움을 감소시킨다. 여행에 대한 평가가 『꾸뻬 씨의 행복 여행』, 『왜 똑똑한 사람들은 행복하지 않을까』에서 언급한 것처럼, 행복의 장애물이나 진배없는 비교와 이성적 판단에 기초하고 있다는 것을 이해할 필요가 있다.

이는 요즘 말로 호구, 호갱이 되라는 뜻이 아니다. 여행도 일처럼, 분석처럼, 평가처럼 하면 안 된다는 것이다. 엄격한 이성의 잣대를 들이대는 습관이, 무의식적으로 비교하는 습관이,

투입된 자원과 산출된 결과로 바라보는 시선이, 여행의 행복을 달아나게 할 수도 있다는 것이다. 여행에서만큼은 긴장된 이성의 끈을 잠시 느슨하게 하고, 여행의 순간을 느끼고 경험해야 한다. 여행지의 타자들을 있는 그대로 받아들여야 한다. 타자들의 다름을 있는 그대로 수용해야 한다. 여행이라는 것이 애당초 타자들로부터 삶의 지혜를 배우는 시간이 아닌가. 그러려면 타자에 대한 존중과 배려가 선행되어야 한다. 그들을 좀 더 관대하게 바라볼 수 있어야 한다.

더불어 여행에서는 서툰 나 자신에게도 관대할 필요가 있다. 서툰 여행자인 내가, 이방인인 내가, 초행길인 내가, 헤매고 실수하는 것은 당연하다. 때로 나의 선택이 만족스럽지 않은 것도 당연하다. 톱니바퀴 맞추듯 완벽하게 맞아떨어지는 여행은 드물다. 그래서 문제가 생겼을 때, 실수했을 때, 잘못된 선택을 했다며 자책하지 말아야 한다. A 말고 B로 할걸, 이라며 후회하는 것도 아무 도움이 안 된다. 여행의 시간과 여행자의 감정을 허비할 뿐이다. 나의 모든 선택 역시 존중받아야 마땅하다. 적어도 나의 여행에서는.

여행과 '부패인지'는 어떠한가? 여행의 긍정적 효과 중 하나는 '공유할만한 가치'가 있는 양질의 문화가 전 세계로 확산한다는 것이다. 인권, 성평등, 학습권, 노동의 질, 삶의 질, 아동노동, 행복추구권, 이동권 등의 기본가치들이 여행이라는 이동을 통해 전 세계로 확산된다. 다른 나라 관광지 입구에서 구걸하는 아이들을 볼 때, 남녀가 심각하게 평등하지 않은 상황을 볼 때, 총을 든 군인들이 거리를 활보하는 것을 볼 때, 우리 삶이 얼마나 축복받은 것인지 알게 된다. 반대로 운전 중에 클랙슨(klaxon)을 잘 울리지 않는 교통문화를 경험할 때, 보행자를 철저히 우선하는 운전문화를 볼 때, 우리의 운전이 얼마나 성급한가, 보행자에 대한 배려가 얼마나 부족한가 되돌아보게 한다.

즉 여행은 우리 삶에 어떤 축복이 있는지, 무엇이 잘못되었는지 깨달을 수 있는 기회를 준다. 우물 안에만 있을 때는 잘 보지 못했던 '틀림'을 보게 한다. 꼭 멀리 가지 않아도 된다. 도시에서 농촌으로만 나가도, 농촌에서 도시로만 이동해도 보이는 것들이 있다. 심지어 옆 동네 산책만 나가도 깨닫는 것들이 있다.

어떤 의미에서 여행은 떠나온 일상을 객관적 시선으로 되돌아보는 시간이다. 스스로 자청하여 관찰자가 되고, 조금 멀찍이서 자신을 관찰하는 시간이라고도 할 수 있다. 그 되돌아봄과 관찰자적 경험이 나의 삶을 옥죄던 문제를 더 잘 발견하게 한다. 게으름, 운동 부족, 독서 부족, 끈기 부족, 불평불만, 스스로를 아끼는 시간의 부족, 선택의 어려움 등 나만 아는 나의 문제들을 직시하게 한다.

우리는 그저 일상으로 돌아온 후, 그중 하나를 차근차근 바꿔가면 된다. 한 번의 여행으로 완전히 고치기 어려운 것은 당연하다. 그렇지만 나의 문제들을 객관적으로 돌아보고 아주 조금씩 바꿔가면 된다. 여행 중 발견한 나의 문제들을 하나씩 돌아보고 고치기 위한 노력을 하는 것, 그것 역시 행복과 연결되어 있다. 하나씩 차근차근 고쳐나가다 보면, 자신에게 실망하는 일이 점점 줄어들 테니 말이다. 스스로가 조금씩 자랑스러워지고, 자신의 선택에 더 만족하게 될 테니 말이다. 결국 여행은 더 나은 나를 위한 새로운 시작점이다. 그 과정에 당연히 행복도 동행한다.

여행,
위대한 성장

어쩌다, 서툰 어른

우리는 대부분 느닷없이, 갑자기 어른이 되었다. 말 그대로 어느 날 아침에 일어나 보니 나이를 한 살 더 먹었고 그때부터 어른이라는 말을 들었다. '어쩌다 어른'인 셈이다. 아직 어른의 문턱에 들어서지 않은 독자들이 있다면, 기존 어른들과 비슷하게 또 다른 '어쩌다 어른'이 될 터다.

어른은 '다 자라서 자기 일에 책임을 질 수 있는 사람'이라는 뜻으로, 성행위를 의미하는 '어루다'가 그 어원이다. 그래서 과거의 어른은 독립된 가족을 이루고 자녀를 낳고 자기 일에 책임을 지는 사람을 의미했다. '결혼하지 않으면, 자식을 낳지 않으면 진짜 어른이 아니다'라는 말들이 나오게 된 배경이기도 하다.

그런데 동시대 '어른'의 의미는 과거의 '어른'과 분명 다르다.

결혼과 자녀 양육 여부는 더 이상 어른의 필수조건이 아니기 때문이다. 그러나 여전히 어른은 '성장 이후 본가에서 독립하여 자기 일에 책임을 지는 사람'으로 인식된다. 그 책임에는 경제적 책임도 포함된다. '어른'의 이미지가 자립, 자기결정, 책임, 의무, 자유 등의 단어로 자연스럽게 귀결되는 이유기도 하다. 어른이 되어 자유롭게 누릴 수 있는 일도 늘어나지만, 여전히 어른은 무거운 단어다.

우리 사회에는 생물학적으로, 법적으로 분명 어른이지만, 여전히 누군가의 도움으로 살아가는 어른들이 많다. 정서적 독립을 하지 못한 어른들도 늘어나고 있다. 자발적 선택과 의사결정이 어려운 이들도 많다. 과거로의 회귀를 꿈꾸며 현재를 나답게 살아가지 못하는 어른들도 허다하다. 성인으로서의 자유와 삶의 기쁨을 누리지 못하는 이들도 많다. 일명 '서툰 어른들'이 점점 늘어나고 있다.

이는 결코 개인들만의 문제가 아니다. 어른이 되면 어느 날 완벽한 사람으로 짠 변신할 수 있는 것이 아니기 때문이다. 개인의 영역을 넘어 사회적 시선으로 서툰 어른들의 증가 이유를 되짚어보아야 한다. 왜 우리 사회는 어른들이 사회를 지탱하는 중요 구성원이라고 강조하면서, 그들 대부분이 '어쩌다 어른'이 되도록 방치했는가? 왜 '서툰 어른들'이 조금 덜 서툰 어른이 되는 것에 무관심했는가?

우리 사회는 청소년에서 어른으로 넘어가는 과정이 생략되었다. 어른이라는 의미와 그 마음가짐에 대해 공유하는 과정이 증발되었다. 어느 날 동사무소에서 주민등록증을 만들고, 어느 날 술집에 들어갈 수 있는 나이가 되면 어른이 되었다고 단정한다. 생물학적인 나이만으로 '어른 됨'을 결정한다.

어른으로의 의미와 마음가짐은 제대로 전해주지 못한 채, 어른의 의무와 책임을 먼저 가르친다. 자유에는 대가가 따르는 법이며 나잇값을 해야 한다고 조언한다. 어른이 무엇인지도 잘 모르겠는데 어른다워져야 한다고 강요한다. '서툰 어른들'이 늘어날 수밖에 없다. 기성세대인 어른들도 어른이 되는 과정을 제대로 경험하지 못했기에, 다음 세대에게 잘 전해주기 어려웠다. 우리 시대 어른이라는 타이틀로 사는 서툰 어른들의 슬픈 자화상이다. 곧 어른이 될 우리 아이들의 미래기도 하다.

대부분의 문화권에는 청소년이 어른으로 넘어가는 과정에 특별한 의식이 있다. '성인식(coming-of-age ceremony)'이다. 성인식은 청소년이 어른이 되는 것에 의미를 부여하고 그 과정을 기념하고 축복하는 의식이다. 일종의 '성장 기념식'인 셈이다.

과거 아프리카에서는 소 등 뛰어넘기, 송곳니 갈기, 머리 뜯기기 등의 성인식이 있었다고 한다. 육체적 고통을 얼마나 잘 참고 넘기는가가 어른의 관건이었다. 사냥이 주요 생존 수단이었던 그들 사회에서는 고통을 참아내는 것이 중요했기 때문이다. 미얀마에서는 머리를 밀고 2주간 승려로 생활하며 어른으로서의 의미를 배운다. 어른의 책임과 의무를 어깨에 얹기 전에, 어른의 마음가짐을 먼저 전수했다.

뉴질랜드 바누아투 족은 30m 높이에서 줄을 감고 뛰어내리는 성인식을 치렀다. 일종의 담력 시험으로 머리카락이 바닥에 닿아야 어른으로 인정해주었다고 한다. 두려움을 극복하고 용감하게 도전하는 것이 중요했던 부족의 성인식이었다. 재미있는 것은 이 성인식이 번지점프의 기원이 되었다는 점이다. 번지점프가 목숨을 담보로 한 아찔한 성인식에 기원하고 있음이 흥미롭다.

이스라엘은 통곡의 벽에서 역사의식을 거행하며 민족의 역사를 가슴에 새긴다. 옳고 그름의 문제를 넘어, 수난의 역사를 사회적으로 공유하고 삶의 방향성을 고민하는 것이다. 미국은 매년 3월 셋째 주 일요일, 성년을 축하하는 파티를 연다. 중국과 일본도 전통의상을 입고 그들만의 성인식을 치른다. 역사적, 종교적, 민족적 의미는 적을지라도, 그들 나름대로 어른 됨을 기념하고 그 의미를 공유한다. 사회가 청소년이 어른이 되는 과정에 관심을 갖고, 그 순간을 축복하고 기념하는 것이다.

그런데 우리의 성인식은 어떤가? 안타깝지만 이렇다 할 문화가 남아 있지 않다. 과거 관혼상제(冠婚喪祭) 중 '관례'가 '성년례(成年禮)'와 유사했다고 전해지나, 현재는 거의 존재하지 않는다. 삼

한시대 마한에서는 소년들의 등에 줄을 꿰고 통나무를 끌면서 훈련받을 집을 지었다고는 하나, 문헌상 확실히 나타난 것은 고려 광종(965년) 때 세자에게 원복을 입히고 성년을 기념했다는 기록이다. 조선시대에는 혼인하기 전, 남성은 상투를 짜고, 여성은 쪽을 찌는 예식을 치렀다고 알려져 있다. 그러나 모두 소멸된 성인식이다. 기록에만 남은 성인식이다. 운 좋게 남아 있다고 해도 상투를 짤 수도, 쪽을 찔 수도 없으니, 지속될 수 없었던 성인식이다.

현재 우리 사회의 '성년의 날'은 매년 3월 셋째 주 월요일이다. 미국의 성인식 날짜인 3월 셋째 주 일요일을 월요일로만 변경한 것으로 1973년 지정된 법정기념일이다. 성년에 날에는 주로 장미와 향수, 키스를 선물한다고 알려져 있다. 유래도 불분명한 부끄러운 성년의 날이다. 문화적 의미도 없다. 소비행위를 조장하는 뿌리도 불분명한 상업적 행사가 우리 사회 성인식의 단면인 셈이다.

이렇게 우리 사회의 어른들은 국적도, 문화도, 그 기원도 불분명한 '애매한 성년의 날'을 지나 어른이 되었다. 그 애매한 성인식조차 생략한 이들도 태반이다. 동시대 '서툰 어른들'이 늘어날 수밖에 없는 사회적 이유다.

다행스럽게도 우리에게는 비공식적인 성인식이 하나 있기는 하다. 바로 여행이다. 많은 청소년들은 고등학교 졸업 후 버킷리스트에 여행을 넣어놓는다. 배낭여행이든, 나 홀로 여행이든, 도보여행이든, 첫 해외여행이든, 국토 순례든, 국내 도시 탐방이든, 여행의 모습은 제각각이지만 '어쨌든 여행'을 선택한다. 멀리 가지 않아도 스스로 선택하고 행동하는 자발적 여행이다. 부모의 품을 떠나, 자신이 가고 싶은 곳으로, 자기 모습 그대로, 자유롭게 여행한다.

10대 후반의 청소년들이 자신에게 성장의 기회를 부여하는 것이다. 스스로 어른이 되는 기회를 주는 것이다. 그래서 우리 사회의 여행은, 기특하지만 씁쓸한 또 다른 성인식이다. 사회가 주지 못한 성인식을, 스스로 선택해서 실행하는 가여운 '셀프 성인식'이기도 하다.

인간은 꽤 괜찮은 어른이 되고 싶은 DNA, 성장하고 싶은 DNA를 가지고 있다. 그래서 여행은 성장하기 위해 자발적으로 치르는 성인식일 수 있다. 스스로가 스스로에게 어른이 되는 시간과 기회를 선물하는 것이다. 체 게바라(Che Guevara)의 말처럼, "청춘은 여행이다. 찢어진 주머니에 두 손을 내리 꽂은 채, 그저 길을 떠나도 좋은 것이다." 그저 길을 떠났을 뿐인데 여행 자체가 경험이 되고, 실패가 자기만의 스토리가 된다. 지혜를 배우는 시간이 된다. 성장의 시간이 된다. 여행은 라이프 사이클(life cycle) 어느 때도 좋지만, 특히 청춘일 때, 특히 청소년에서 어른으로 넘어갈 때의 여행은 더할 나위 없이 값지다.

'서툰 어른들' 역시 여행을 통해 계속 성장해나갈 수 있다. 한스 크리스티안 안데르센(Hans Christian Andersen)의 말처럼 "여행은 정신을 다시 젊어지게 하는 샘"이기 때문이다. 다시 젊어진다는 것은 다시 시작하고 다시 일어나는 힘, 새로움에 도전하고 경계를 벗어나는 용기를 의미하지 않을까 싶다. 여행을 통해 그 힘을 경험하고 연습하는 것이다. 여행에서 얻은 젊음을 차곡차곡 삶에 축적하는 것이다. 그래서 조금 '덜 서툰 어른'으로, 조금 더 '어른다운 어른'으로 성장해나가는 것이다.

위대한 성장, '그랜드 투어(Grand tour)'

'그랜드 투어(Grand tour)'는 단어 그대로 '위대한 여행'이라는 뜻이다. 설혜심 교수의 『그랜드 투어』에 의하면 리처드 러셀스(Richard Lassels)의 『이탈리아 여행(The Voyage of Italy)』(1670)에서 이 단어가 처음 사용되었다고 한다. 첫 번째 위대한 여행자인 '그랜드 투어리스트(Grand tourist)'는 16세기 중반, 필립 시드니(Philip Sidney)로 알려져 있다.[133] 그러니까 필립 시드니가 위대한 여행의 첫발을 뗀 후, 약 100년 후 그랜드 투어라는 단어가 만들어진 셈이다.

그랜드 투어는 17세기부터 19세기까지 영국 귀족들을 중심으로 성행했던 장거리 유럽여행이었다. 영국 귀족들은 자녀들이 어느 정도 성장했을 때 유럽 본토의 다양한 문화를 경험할 수 있는 기회를 주었다. 지금과 달리 교통과 통신, 여행시설이 발달하지 않았던 때라 그들의 여행은 고된 시간이었다. 보통 2년에서 3년 정도 여행한 것으로 알려져 있다. 유럽문화의 발상지인 그리스, 이탈리아를 비롯하여 프랑스, 네덜란드, 벨기에, 독일, 오스트리아, 스위스, 폴란드, 터키 등 유럽 전역을 두루 여행했다. 어린 귀족 자제들은 다양한 문화를 배우고 많은 이들과 소통하는 기회를 얻었다. 그랜드 투어는 청소년 혹은 청년들의 '성장여행'이었다.

이 위대한 여행은 약 200여 년간 지속되었다. 여행의 성과가 매우 훌륭했기 때문이다. 우리가 교과서에서 보았던 근대 유럽의 인물 중 다수는 그랜드 투어를 경험한 '그랜드 투어리스트'들이다. 상당수는 귀국 후 정치 지도자가 되었다. 애덤 스미스나 괴테, 존 로크, 바이런 등은 당대 최고의 지성인으로 활약했다. 근대학문과 문학의 발전에도 크게 기여했다. 그랜드 투어는 여행자 개인의 성장을 넘어 사회와 문화의 발전으로도 이어졌다. 이때의 여행을 '위대한 여행'이라 명명한 이유기도 하다.

그랜드 투어는 유럽의 변방에 지나지 않았던 영국을 유럽 무대의 중심으로 올려놓는 데에 크게 이바지했다. 고립되고 폐쇄적이었던 영국의 개방화와 근대화에 기여했다고도 평가받는다. 영국의 그랜드 투어리스트들은 유럽문화의 발상지를 경험하고 유럽 국가의 사회체계와 학문, 사상, 예술 등을 흡수했다. 단순히 여행지를 방문한 것에 그치지 않고, 사교계에 들어가 저명인사들과 교류하고 소통했기에 가능한 것이었다. 그래서 일부 학자들은 그랜드 투어가 영국에서 촉발된 산업혁명의 여러 요인 중 하나라고 주장하기도 한다.

그랜드 투어의 효과는 비단 영국에만 국한되지 않았다. 그들의 여행은 유행처럼 하나의 현상이 되어 유럽 전역으로 확산되었다. 어른으로 성장하기 전 그랜드 투어를 다녀오는 것이 하나의 문화가 되었다. 러시아의 표트르 1세 역시 그랜드 투어리스트였다. 그는 유럽을 탐방하며 선진문화와 기술을 익혔고, 이는 러시아의 근대화에 기초가 되었다. 국가 간 교류를 통해 공유할만한 사상과 정책, 학문과 문학, 선진기술이 공유되었고, 이는 유럽 전역의 근대화에 초석이 되었다.

또한 그랜드 투어의 성행은 여행과 관광산업의 시작점이 되었다. 영국에서 세계 최초 여행사인 '토마스 쿡 앤드 선(Thomas Cook & Son Ltd)'이 창업되었고, 1841년 패키지여행 상품이 개발되었다. 돈을 싸 들고 여행하는 불편함을 해결하기 위해 '여행자 수표(traveler's check)'가 만들어지기도 했다. 그랜드 투어리스트로 넘쳐나던 여관들은 숙박과 식사, 안내 등의 서비스를 종합적으로 제공하는 '그랜드 호텔(Grand hotel)'로 이어졌다.

그들이 들고 다니던 여행 책자와 지도는 더 정밀해졌다. 무엇보다 그랜드 투어리스트의 여행 일정과 경로는 산업화 이후 후대 여행자들에 의해 답습되었다. 여행 일정과 동선이 유사하다는 것은 여행 경험 역시 유사하다는 것을 의미한다. 몇백 년간 서로 다른 시대의 여행자들이 유사한 여행 경험을 했다는 것이 흥미롭다. 시대를 초월해 여행의 경험이 누적된 것이다.

그뿐만 아니라 그랜드 투어는 자연경관에 대한 가치관도 바꿔놓았다. 그랜드 투어리스트들이 그리스나 이탈리아를 가기 위해서는 알프스산맥을 넘어야 했다. 그전까지만 해도 유럽인들에게 광대한 알프스산맥은 두려움의 상징이었다. 그러나 그랜드 투어리스트들은 그 험난한 산을 통과해야 목적지에 도착할 수 있었다. 마차를 두고 걷거나 말을 타야 했다. 내려올 때는 썰매도 탔다고 한다. 현대의 '세르파'도 이때 생겨났다.

그러면서 두려움의 상징이었던 알프스가 신비롭고 경외감을 불러일으키는 아름다운 자연으로 인식되기 시작했다. 그림같이 아름다운 자연경관을 의미하는 '픽처레스크(picturesque)' 열풍이 이때 시작되었다. 이는 18세기 후반 자연으로 회귀하자는

---

* '픽처레스크'라는 말은 그랜드 투어가 성행하던 18세기, '윌리엄 길핀(William Gilpin)'이라는 목사가 만들어낸 말이다. 그는 인위적이지 않은 자연 그대로의 아름다움을 찬미하며 '그림같이 아름다운'이라는 의미의 픽처레스크 단어를 사용하였다. 이후 그는 자연을 찬미하는 여행기를 출간하기도 했다.

계몽주의의 철학적 기조에도 영향을 미쳤다. [134]

알프스에 대한 인식의 변화는 변방의 소국에 지나지 않았던 스위스의 발전에도 지대한 영향을 미쳤다. 그랜드 투어리스트들은 여행 중 알프스산맥의 작은 마을에서 머물러야 했다. 여독을 풀고 체력을 보충해야 했다. 날씨가 안 좋을 때는 날이 좋아지기를 기다려야 했다. 그러던 중 마을 주민들은 장엄한 폭포와 만년설로 뒤덮인 자연을 탐방하는 일종의 '당일 여행 패키지' 프로그램을 개발했다. 이 패키지는 이후 여행자들의 필수코스가 될 정도로 많은 인기를 끌었고, 수많은 여행자가 소도시에 불과했던 취리히와 제네바로 몰려들었다. [135] 한 국가의 발전에도 이 위대한 여행이 있었다.

그랜드 투어는 개인의 성장과 사회의 발전, 문화의 공유, 경험의 누적, 가치관의 변화, 한 사회의 태동을 이끌었다. 그랜드 투어의 첫발을 뗀, 필립 시드니의 용감한 선택이, 선택보다 더 용감한 실행이 새삼 위대하게 느껴진다. 필립 시드니조차 이런 결과를 감히 예상하지 못했을 것이다. 그러나 그 한 걸음이 여행을 우리 삶에 더 가까이 두게 했음은 분명하다.

어디를 가서 얼마나 머물든, 우리의 모든 여행은 위대하다. '나'라는 한 인간을 성장시키고 가치관의 확장을 가져온다. 여행에서의 경험과 깨달음은 나의 성장에만 국한되지 않는다. 내가 속한 가족, 학교, 직장, 커뮤니티에 작은 파동을 만들어낸다. 나 자신의 변화가 결코 나에게만 국한되지 않기 때문이다. 여행자로부터 확장된 파동의 총합은 측정 불가다. 그러니 어찌 우리의 모든 여행이 위대하지 않겠는가?

위대한 성인식, '그랜드 투어(Grand tour)'

설혜심 교수의 『그랜드 투어』에는 그랜드 투어리스트들의 다양한 일화가 기술되어 있다. 애덤 스미스(Adam Smith)도 그중 하나다. 지금도 읽히는 그의 대표 저서 『국부론』에는 "젊은 사람들이 학교를 졸업하면 바로 대학에 가지 않고, 외국을 여행하는 것이 하나의 문화현상이 되어가고 있다. 젊은이들이 이 여행을 통해 대단히 발전하여 귀국한다"라고 기술하고 있다.[136] 여기서 주목할 점은 그랜드 투어리스트들이 '대학에 바로 가지 않고', '외국을 여행하는 것이 하나의 문화현상'이 되었다는 점, 그리고 그들이 대단히 '성장하여 돌아왔다는 점'이다. 그의 문장에서 당시 영국에서 그랜드 투어 현상을 어떻게 이해하고 있었는지 엿볼 수 있다.

그 당시 기껏해야 10대 중반에서 후반, 늦으면 20대 초반의 어린 귀족 자제들을 2~3년간 외국으로 여행 보낸다는 것은 결코 쉬운 일이 아니었다. 영아사망률이 높던 시대에 10대 중후

반까지 살아남는 자식이 얼마나 귀했을지 짐작할 수 있다. 부모 입장에서는 그 귀한 자식을 다시 못 볼 수도 있었을 것이다.

그들의 여행은 대단히 위험했지만 용감한 선택이었다. 위험한 선택임에도 살아 돌아온다면 분명 성장의 시간이었을 것이다. 그런 의미에서 그랜드 투어는 당시 영국 젊은이들의 '성인식'이기도 했다. 어른이 되기 위한 일종의 통과의례이기도 했다. 물론 여행에서 살아온다는 전제하에서 말이다.

그랜드 투어리스트들의 주요 이동 수단은 '승합마차'였다. 귀족 자제뿐 아니라 운전사와 하인, 가정교사, 의사, 화가, 반려견 등도 동행했다. 가장 호화로운 여행자라고 알려진 바이런의 승합마차 안에는 침실, 식당, 도서관, 작은 동물원이 포함되어 있었다고 전해진다.[137] 상황에 따라 말동무이자 현지 길잡이인 '컴패니언(companion)'이 동행하기도 했다. 이들은 현지 사정을 잘 알고 여행지의 언어를 구사했다. 아마도 현대의 관광 가이드 혹은 통역가와 비슷한 역할을 했을 것이다. 그랜드 투어리스트들은 여행지 사교계에 입성하여 다양한 모임에 참석하였으므로, 별도의 이동식 옷장도 싣고 다녔다. 언뜻 보면 도와주는 사람들과 함께하는 호화로운 여행이었다고 생각할 수 있지만, 실상은 그렇지 못했다.

그랜드 투어 지침서, 혹은 여행 가이드북도 등장했지만, 여행자들은 작은 책자, 부정확한 지도 몇 장으로 장기간의 여행을 떠났다. 종이로 된 지도 몇 장 들고 유럽여행을 떠났다고 상상해보라. 그들이 얼마나 길을 헤매고 그 길 위에서 얼마나 두려웠을지 짐작조차 되지 않는다. 또한 여행자들은 전용 나이프와 포크, 식기도 가지고 다녔다. 당시 숙박시설의 위생이 좋지 않았고, 전염병이 자주 돌았기 때문이다. 여관이 많지 않았으므로 여관마다 여행자들이 넘치고 이와 벼룩도 득실댔다. 형편이 나은 여행자들은 의사를 대동하기도 했지만, 대부분의 여행자들은 작은 약 상자만 가지고 다녔다.[138]

곳곳에 강도도 출몰했다. 여행자들은 잘 때 베개 아래 피스톨, 즉 작은 권총을 두고 잤다. "혼자 여행하지 말 것, 밤에 다니지 말 것, 여관에 도착하면 도둑을 막기 위해 주변을 확인할 것, 허름하게 입고 다닐 것" 등의 충고가 선대 여행자들에게서 후대 여행자들로 전해졌다.[139]

여행 경비 역시 자주 문제가 되었다. 현대 여행자들에게 무거운 돈을 싸 들고 여행하는 것은 상상이 안 되는 일이다. 그 돈이 지폐가 아니라 무거운 금속이라면, 그 여행이 가능한가 싶을 것이다. 그 당시가 그랬다. 여행자들은 무거운 돈 가방 혹은 돈 상자를 들고 다닐 수밖에 없었다. 그래서 여행지에서 돈이 떨어지면 목숨도 위험해졌다. 가지고 온 물건을 팔거나 영국에서 운 좋게 돈이 제때 조달되어야 살아남을 수 있었다.

그랜드 투어는 위대했지만 매우 위험한 여행이었다. 그들이 타고 다니는 '승합마차'는 도적 떼의 주요 타겟이 되었고, 섬나라 영국을 벗어나기 위해 반드시 건너야 하는 도버해협의 배에서도 목숨을 걸어야 했다. 침몰과 해적의 약탈이 빈번했기 때문이다. 그랜드 투어리스트들이 자주 지나는 길목에는 노숙자들의 구걸도 심했다. 늑대, 여우, 곰, 굶주린 개 등 동물들의 공격도 빈번했다. 더 무서운 것은 질병이었다. 여행을 떠난 어린 청년들의 다수는 전염병으로 여행지에서 사망했다. 많은 이들이 집으로 돌아가지 못했다.

그럼에도 영국 귀족들은 200여 년간 귀한 자식들에게 여행의 기회를 부여했다. 혹은 자식들이 자발적으로 여행을 떠났다. 더 넓은 곳을 보기 위해, 새로운 곳을 경험하기 위해, 더 많이 배우고 깨닫기 위해, 어른으로 성장할 기회를 얻기 위해, 기꺼이 첫발을 내디뎠다.

일종의 '성장여행'인 그랜드 투어는 동시대 서툰 어른들 혹은 곧 어른이 될 많은 이들에게 큰 울림을 준다. 우리는 지금, 이 위대한 여행이 성행했던 17~19세기보다 모든 것이 발전한 시대에 살고 있다. 교통, 통신, 시설, 정보, 화폐, 안전, 위생 등 모든 여행의 조건이 비교 불가하다. 물론 지금도 여행이 쉽지 않은 시기가 있다. 기후변화와 전염병 등 여행을 저해하는 요인들이 늘어나고 있는 것도 사실이다.

그러나 분명한 것은 그 당시 영국보다 지금의 여행이 훨씬 더 용이하다는 점이다. 여행의 기회가 활짝 열려 있다. 신분, 성별, 연령의 제한도 없다. 귀족이 아니어도, 남성이 아니어도, 생물학적으로 젊지 않아도 누구든 여행할 수 있다. 이동의 자유가 보장된다. 정보도 쉽게 얻을 수 있고, 강도나 질병, 각종 사고 비율 역시 현격히 줄어들었다. 상대적으로 덜 위험함은 분명하다. 언어소통도 비교적 용이하다. 번역기만 있으면 어디서든 원하는 질문을 하고 답을 얻을 수 있다. 마음만 먹으면 얼마든지 타자와 소통할 수 있다. 길을 몰라도 스마트폰 하나면 도시 구석구석을 다 다녀볼 수 있다. 작은 골목길도 문제없다. 맛집도 얼마든지 찾아다닐 수 있다. 인터넷만 열면, 책 한 권만 구하면, 여행 정보가 차고 넘친다.

그대, 여행하지 못할 이유가 있는가? 그 이유가 그랜드 투어의 여행 위험에 견줄만한가? 지금 우리는 그저 여행 갈 마음만 먹으면 된다. 멀리 가는 것만이 여행이 아님을 알면 된다. 우리의 모든 보통여행이 성장의 시간임을, 제법 괜찮은 어른이 되는 기회임을, 위대한 성인식과 같은 과정임을 이해하기만 하면 된다.

여행은 내가 나에게 성장의 기회를 주는 것이다. 선물을 주는 것이다. 가까운 곳에서도 얼마든지 성장의 시간, 선물 같은 보통여행의 시간을 보낼 수 있다. 어디든, 어떤 여행이든, 좋아하는 시간과 장소를 골라, 스스로 선택하고, 첫발을 떼고, 실행하면 된다. 때로는 큰마음, 때로는 작은 마음을 먹고, 여행의 축복을 자신에게 허락하면 된다. 여행의 위대함을 믿고 나를 믿으면 된다. 그대의 첫발을 길 위로 올리기만 하면 된다.

여행, 두려움을 마주하는 성장의 시간

「독수리 에디(Eddie the Eagle)」(2016)라는 영화가 있다. 1988년 캘거리 동계올림픽에 출전했던 에디 에드워즈의 실화를 바탕으로 한 영화다. 건강이 좋지 못한 어눌한 청년 에디는 스키점프 선수를 꿈꾼다. 당시 영국은 스키점프팀도, 협회도 없어서 모든 것을 처음부터 시작해야 했다. 모든 것이 도전이었다.

이 영화에는 매우 인상적인 장면이 있다. 스키점프대의 높이가 한 단계씩 높아질 때마다 주인공이 느끼는 공포와 두려움을 표현한 장면이 그것이다. 에디는 그 살벌한 높이가 주는 공포감을 극복했다. 그리고 마침내 스키점프대의 정상에 섰을 때, 스스로가 스스로를 넘어섰다. 두려움을 극복하고 지금까지 경험한 적 없는 최고의 희열을 느꼈다.

문요한은 『여행하는 인간』에서 인간의 두려움과 즐거움은 매우 가까운 감정이라고 말한다. 인간은 두려움을 회피하는 동시에 두려움 속에 뛰어들 때 가장 큰 쾌감을 느낀다고 한다. 극한 상황에서는 긴장호르몬인 아드레날린이 급증하는데, 이를 완화시키기 위해 즐거움을 유발하는 엔도르핀을 동시에 분비하기 때문이다.[140] 스카이다이빙이나 번지점프, 롤러코스터, 익스트림 스포츠 등은 모두 극한의 두려움과 즐거움이 공존하는 경험이다.

운동이나 등산을 할 때, '러너스 하이(runner's high)', '클라이머스 하이(climber's high)'처럼 숨이 턱턱 차는, 딱 포기하고 싶은 순간이 있다. 이를 '사점(dead point)'이라고도 하는데, 그 사점을 넘어서야 마침내 즐거움이 찾아온다. 희열이 찾아온다. 사점을 넘어 목표한 바를 이루는 순간, 해냈다는 자신감이 솟는다. 두려움을 이겨낸 자신에 대한 흐뭇함도 밀려든다. 두려움을 피하지 않고 용감하게 직면한 자신이 대견하게 느껴진다. 모두 두려움을, 자신의 한계를 넘었기 때문에 가능한 감정이다.

여행 역시 두려움과 즐거움이 공존하는 경험이다. 극한의 레저스포츠와는 다른 형태의 두려움이지만, 대부분의 여행은 두렵다. 여행 전 그리고 여행 중 두려움이 밀려드는 순간은 너무나 많다. 여행을 떠나기 전, 이동 수단은 안전할지, 숙소는 괜찮을지, 음식은 입에 맞을지, 치안은 괜찮을지, 동행자와는 잘 지낼 수 있을지, 나의 선택이 제대로일지 두려움과 걱정이 뒤섞인 감정을 느낀다. 여행 중에도 마찬가지다. 길을 잃고 헤맬 때, 기차시간이 다가오는데 역이 안 보일 때, 모르는 사람이 다가올 때, 가도 가도 끝이 안 보일 때, 앞에 무엇이 있는지 알 수 없을 때, 여행이 두려움으로 다가온다.

여행이 두려운 이유는 대부분의 여행이 새로움을 접하는 경험이기 때문이다. 도전의 과정이기 때문이다. 자신의 한계를 스스로 넘는 선택이기 때문이다. 경험한 적 없으므로 어떤 어려움이 있을지 예측조차 안 되기 때문이다. 결국 여행의 두려움은 '불확실성'을 마주하기 때문에 생기는 감정이다. 여행은 그 불확실성을 마주하고 불확실성이 주는 두려움을 극복하는 시간이다. 스스로 용기 내는 시간이다.

멀리 떠나지 않더라도 마찬가지다. 새로운 카페를 찾아 문 열고 들어가는 것에도 용기가 필요한 사람이 있다. 새로운 길을 처음 가보는 것도 나름 용기가 필요하다. 모르는 것을 주변 사람들에게 물어봐야 할 때도 마찬가지다. 전화로 물을 때도 마찬가지다. 새로운 음식을 경험해보거나 새로운 문화를 접할 때도 그렇다.

개인의 성향에 따라, 상황에 따라 정도의 차이만 있을 뿐, 모든 여행은 새로운 환경이라는 불확실성과 예측의 어려움, 나의 선택에 대한 두려움이 공존한다. 그 두려움을 극복했을 때 여행이 즐거움과 희열의 감정으로 다가온다. 불확실성을 마주한 대가가 늘 긍정적인 것은 아니지만, 실패해도 별 상관없다고 느껴진다. 스스로 선택한 여행이기 때문이다.

두려움을 넘어본 이들이 자주 하는 말이 있다. 막상 해보니 별거 아니었다고, 별로 두렵지 않았다고, 괜히 미리 걱정했었다고 말이다. 여행의 두려움을 극복하다 보면 그 말이 무슨 뜻인지 이해하게 된다. 몰랐기 때문에, 안 해봤기 때문에 두려운 경우가 많다. 결과가 어떠하든, 여행은 두려움을 마주하고 극복하고자 노력했던 기특한 '나 자신'을 남긴다. 용감하게 선택했던 '용기 있는 나'를 경험하게 한다. 여행의 시간은 가보지 않은 경계를 넘기 위해 준비하고 직접 경계를 넘고자 선택한 '성장의 시간'이 된다.

간혹 여행자에게 이런 질문을 하는 사람들이 있다. "다시 돌아올 것을 뭐 하러 사서 고생하는가?"라고 말이다. 등산을 즐기는 사람들에게도 비슷한 질문을 한다. "곧 다시 내려올 것을 뭐 하러 힘들게 올라가는가?"라고 묻는다. 얼핏 들으면 맞는 말 같지만, 이는 사실 '틀린 질문'이다.

이런 생각을 하고 이런 질문을 하는 사람들은 우리가 사는 세상을 2D로 본다. 단순하게 평면으로만 본다. 너비와 폭만 있는, 높이 값이 빠진 공간으로만 본다. 그렇기에 떠난 지점으로 다시 돌아오면, 올라가기 시작한 지점으로 다시 내려오면 같은 지점이라고 생각하는 것이다. 그러나 시간 축을 고려하면 이들은 서로 다른 지점이 된다. 또한 여기에는 여행 주체의 선택과 행동으로 인한 자발적 변화도 누락되어 있다. 여행자의 경험, 생각,

감정이 달라졌음을, 여행자가 성장했음을 고려하지 않았다.

우리가 사는 세상은 입체다. 우리 삶도 입체다. 3D다. 너비
와 폭, 그리고 높이 값이 존재한다. '시간 지리학(Time Geography)'
의 관점처럼 삶의 가로축을 공간으로, 세로축을 시간으로 규정
해도 좋다. 그러면 시간이 항상 변하기 때문에 어떤 공간도 같
은 적이 없게 된다. 오전의 공원 벤치와 오후의 벤치는 명백히
다르다. 햇빛의 양이 다르고 부는 바람의 방향도 다르다. 지난
주 버드나무와 이번 주 버드나무도 명백히 다르다. 잎의 색도
변했고 늘어진 가지가 바람에 흔들리는 모습도 달라졌다. 작년
봄과 올봄도 다르다. 밭에는 다년생 어린 순들이 작년보다 더
많이 고개를 내밀었고, 밥을 챙겨주는 길냥이들도 한 살 더 먹
었다. 물론 작년의 나와 올해의 나도 명백히 달라졌다.

우리가 같다고 생각하는 것일 뿐, 우리가 사는 모든 공간은
같았던 적이 없었다. 그래서 우리 삶에 시간 축을 적용하면, 새
로움의 양이 급속하게 증가한다. 여행 후 다시 돌아온 지점은
같은 지점이 아니게 된다. 문요한의 말처럼, 여행자들은 '출발
점'이 아닌 '출발점 위'로 되돌아온다.[141] 그 출발점이 변했고 두
려움을 이기고 기꺼이 떠났던 여행자 자신도 변했다. 마땅히
성장하여 되돌아왔다. 더 많이 보고 더 많이 경험하고 더 많이
성장하여 출발점 위로 회귀했다. 달라진 내가 출발점 위로 당
당하게 돌아온 것이다.

삶, 가장 위대한 여행

파울로 코엘료(Paulo Coelho)의 『순례자(The Pilgrimage)』에는 이런 문장이 있다. "산티아고 순례길은 평범한 사람들의 길이다."[142] 800km가 넘는 긴 길을 걸은 후 코엘료가 깨달은 가장 중요한 배움 중 하나다.

산티아고의 그 긴 길을 걸은 자들은 결코 비범한 사람들이 아니다. 순례자들 모두 지극히 평범했으며, 지극히 평범한 길을 걸었다. 대단한 성공을 이룬 자들의 여행이 아니었다. 압도적인 자연경관을 마주하거나 몇천 년 역사의 흔적을 목도하는 여행도 아니었다. 그저 평범한 보통 사람들이 그들만큼 평범한 길을 '자신의 속도'대로 걸었을 뿐이다. 자신의 시선으로 평범한 바깥세상을 경험하고 이해했을 뿐이다. 그들과 같은 평범한 사람들을 길 위에서 만나고 늘 그렇듯 서로를 조용히 응원했을 뿐이다.

그러나 그 길 위에 서 있는 모든 시간은 특별했다. 우리 삶의 모든 여행도 그러하다. 보통의 우리가 평범한 길 위에서 선택하는 모든 여행의 경험은 결코 평범할 수 없다. 여행자인 우리 자신은 지극히 평범할지라도, 우리가 경험하는 여행길이 어디서나 볼 수 있는 흔한 길일지라도, 그 길 위에서의 여행은 더할 나위 없이 위대하다.

여행은 시시각각 다가오는 불확실성을 직면하는 시간이기 때문이다. 두려움을 넘어 낯섦을 마주하기 때문이다. 용감하게 선택하고 실행하기 때문이다. 어려움의 순간도, 실패의 기억도, 모두 '나만의 스토리'가 되기 때문이다. 여행 자체가 무엇인가를 이겨낸 '나만의 스토리텔링'의 시간이기 때문이다. 기특한 나를 발견하는 시간이기 때문이다. 기꺼이 다양한 타자를 만나 배우고 깨닫기 때문이다. 감춰둔 나의 상처를 어루만지고 회복하여 더 행복한 나를 꿈꾸게 하기 때문이다.

여행은 우리 삶도 풍요롭게 한다. 코엘료의 말처럼 "목표에 도달하는 최선의 방법을 가르쳐주는 건 언제나 길이고, 그 길은 우리가 걸은 만큼 우리를 풍성하게 해준다."[143] 어떤 길 위에 있든, 우리는 보고 느끼고 경험할 수 있다. 선택하고 실행할 수 있다. 배우고 깨달을 수 있다. 성장할 수 있다. 그 성장의 경험이, 괜찮은 인간이 되고 싶은 본능이 우리를 기꺼이 길 위로 이끈다. 여행 앞에 마땅히 '위대한'이라는 형용사를 붙이는 이유다.

멀리 가는 여행은 그 여행대로 좋지만, 보통의 삶 속에서 깨어 있기만 한다면, 내가 사는 여기 이곳에서도 '위대한 보통여행'을 계속할 수 있다. 바로 지금, 어디서든, 무엇이든, 누구에게든 배울 수 있다. 한 걸음, 한 걸음, 어디든 나아갈 수 있다. 꿈꿀 수 있다. 큰 꿈이든 작은 꿈이든, 오래 걸리든 금방 이룰 수 있는 것이든, 바라고 소망할 수 있다. 그 꿈이 우리를 설레게 하고, 다시 다른 길 위로 이끌 것이다. 실로 위대한 우리들의 '보통여행'이다.

이상은의 「삶은 여행」이라는 노래를 다시 소환한다. 노래 제목처럼 우리 삶은 곧 여행이다. 진정 긴 여행이다. 그 여행의 모든 길이 선택이며, 그 길 위에서의 모든 여행은 위대하다. 시시하고 보잘것없는 여행은 단 하나도 없다. 남과 같은 여행도 없다. 조금 돌아가도, 길이 좀 좁아도, 덜컹거려도, 가끔 어두워도, 걸음이 느려도 괜찮다. 그 여행길 위에서, 지금 내가, 바로 내가, 불확실성을 이겨내며 두려움을 직면하고 직접 서 있다는 것이 중요하다. 오롯이 내가 나답게 선택하고, 한 걸음 한 걸음 무거운 발을 떼가며 나아가고 있음이 중요하다. 각자에게 주어진 길을 완주해나가고 있음이 중요하다. 주어진 우리의 여행을 완성해나가고 있음이 중요하다.

우리는 서 있는 모든 길 위에서 깨닫게 된다. 「삶은 여행」 속 노랫말처럼, 삶이라는 긴 여정 속에서 두려움을 넘어 "혼자 비바람 속을 걸어갈 수" 있어야 한다는 것을 말이다.[144] 우리는 그저 우리에게 주어진 길을 나에게 맞는 속도로, 내 리듬대로 차분히 걸어가면 된다. 나의 길을 나답게 선택하며 나아가면 된다. 혼자여도, 비바람을 맞아도, 꿋꿋이 그 길 위에서 우리만의 '위대한 여행'을 이어가면 된다.

길을 떠나본 이들은 알게 된다. 어딘가를 출발해서 어딘가로 향하는 과정만 여행인 줄 알았는데, 새로운 목적지로 향하는 것만 여행인 줄 알았는데, 결국 모든 여행은 '나에게로 돌아오는 여정'이었음을 말이다. 여행은 떠나는 것인 줄로만 알았는데, 결국 '돌아오는 것'이었음을 알게 된다. 타자를 보는 것이 여행인 줄 알았는데, 결국 타자라는 거울을 통해 '나를 들여다보는 시간'이었음도 알게 된다. 어떤 길을 떠나든 최종 목적지는 결국 '자기 자신'이었음을 깨닫게 된다.

그러니 그대, 지금 어떤 길 위에 있든, 어디로 가고 있든, 어떤 속도로 가고 있든, 그 길은 결국 그대 자신에게로 이어져 있음을 기억하자. 나에게 오는 길이므로 최선을 다해 나답게 선택하자. 용감하게 실행하자. 결국 나에게로 올 것이므로 너무 서두르지 말자. 조금 늦어도 상관없지 않은가? 너무 먼 곳에서만 길을 찾으려 애쓰지도 말자. 결국 나에게로 향할 것이니, 어디에 있는 길이든 상관없지 않은가? 남들 여행길을 내 길인 양 착각하며 따라다니지도 말자. 나에게 오는 길은 나만 갈 수 있는 나만의 길임을 명심하자.

어떤 길을 가든 결국 나에게로 닿을 것이니, 그 여행의 시간을 음미하듯 걸어가 보자. 미음완보(微吟緩步) 하듯, 작은 소리로 흥얼거리며 천천히 거닐 듯 여행하자. 그렇게 우리들의 '위대한 보통여행'을 완주해가자. 평범한 내가 평범한 길 위에 서 있으나, 나의 용기는, 나의 선택은, 나의 성장은, 내 여행의 모든 시간은, 결단코 평범하지 않음을 기억하자.

지금, 길 위에 서 있는 그대, 귀하고 귀한 그대, 삶이라는 긴 여행길을 묵묵히 가고 있는 그대, 두려움을 직면하고 있는 그대, 불확실성을 이겨내고 있는 그대, 묵은 상처들을 마주하고 있는 그대, 버거워도 두 다리로 버텨내고 있는 그대, 비바람 속에서도 홀로 견뎌내고 있는 그대, 치열하게 자기다움을 고민하고 있는 그대, 그대의 길을 잘 가고 있다. 잘 살아가고 있다. 멋지게 여행하고 있다.

그대 자신에게 향하는 그대만의 '위대한 보통여행'을 두 손 모아 응원한다. Bon voyage!

우리들의
'위대한 보통여행'을 마무리하며

평범한 우리들의 '위대한 보통여행'을 마무리한다. 이제 일
상으로 돌아왔다. 돌고 돌아 원래 있었던 자리로 되돌아왔다.
결국 나에게로 회귀했다. '여기저기, 이곳저곳' 다닌듯했지만,
결국 내 안을 여행했다. 내 마음과 생각, 기억과 상처, 관계들
을 돌아봤다. 지나온 삶의 궤적을 들여다보고 앞으로 만들어갈
새로운 궤적을 눈앞에 그렸다.

이 책의 시작점인 '치노힐스(Chino Hills)'를 떠나 2017년 일상으
로 돌아온 후, 나는 나의 특별했던 여행을 좀 더 특별하게 기억
하고 싶었다. '위대한 전환'이었던 나의 여행을 더 오래, 더 선
명하게, 더 충만하게, 더 나답게 기억하고 싶었다. 긴 고민 끝

에 내 손으로 나만의 여행 기념품을 만들기로 했다. 비록 훌륭한 작품이 되지는 못할지라도, 적어도 나에게만은 그 특별했던 여행의 의미 있는 증거가 되어주길 바랐다.

여행에서 가져온 것과 일상의 것을 섞어 만들면 좋겠다 싶었다. 여행지에서 산 '줄 스카프' 두 개와 집에 있던 흰 천을 모아 길이를 맞춰가며 잘랐다. 여행에서 온 것과 일상의 것을 한 번 묶어주고, 서로 교차해가며 아이들 머리카락 따 내려가듯 연결해나갔다. 그렇게 만들어진 짧은 줄들을 중간중간 다시 묶어 연결하니 제법 길고 단단한 줄이 되었다. 그 긴 줄을 종이에 둥그렇게 이어 붙이니 꽉 찬 원이 되었다. 만들고 보니 그 원이 우리 삶을 닮은 것 같기도 했다.

나는 그 기념품을 '매듭'이라 이름 지었다. 여행에서 온 것과 일상의 것을 섞고, 매듭과 매듭으로 연결한 소박한 '셀프 기념품'이었다. 나 혼자 보는, 나 스스로 의미를 부여한, 위대한 전환이었던 여행을 기념하는 나만의 기념품은 그렇게 탄생했다. 이 글을 쓰는 내내 그 기념품이 옆에 있었다.

우리 삶은 섞여가는 시간이다. 나와 타자, 과거와 현재, 슬픔과 기쁨, 일과 쉼, 이곳과 저곳처럼 서로 다른 것들이 끊임없이 뒤엉켜가는 시간이다. 섞임으로써 위대해지는 시간이다. 일상에서의 '나'와 새로운 곳에서의 '나'도 적절하게 섞여야 한다. 자발적으로 다른 방향으로 전환하는 여행이 있어야 우리 삶이 다채로워진다. 그 전환의 시간이 일상의 시간과 섞여가며 매듭으로 연결되어야 삶이 단단해진다. 제때 꽁꽁 동여매 주고 가지 못하면 삶이라는 긴 줄이 위태로워지니, 자주 또 단단히 매듭지으며 나아가야 한다. 스스로 전환의 시간을 갖고, 매듭 묶듯 여행해야 하는 이유다.

'매듭'은 '이음'이기도 하다. 매듭은 결국 잘 잇기 위함이다. 여행이라는 매듭은 스스로를 돌아보는 기회를 주고, 이는 다시 삶을 이어가는 시작점이 된다. 잘 매듭지어야 다시 잘 이어갈 수 있다. 여행은 '위대한 매듭'이자 '위대한 이음'의 시간이다.

지금 이 문장을 읽어 내려가고 있는 그대, 부디 그대만의 '위대한 매듭'으로 그대만의 위대한 삶을 단단하게 이어가 주길 바란다. 여행이라는 매개를 통해 자주 전환하고, 매듭지으며 나아가길 바란다. 더 단단하고 견고하게 삶을 이어가길 바란다. 멀리서 큰 매듭만 지으려 애쓰지 말고, 가까운 곳에서도, 자주 그리하길 바란다. 물리적 이동이 어려우면 심리적으로라도 작은 매듭들을 짱짱하게 묶어주길 바란다. 우리 삶이라는 긴 줄에는 매듭의 크기가 그리 중요하지 않음도 잊지 말길 바란다.

자, 이제 우리의 길었던 '위대한 보통여행'을 마무리한다. 부디 이 책을 읽는 동안, 지나온 여행의 매듭들을 다시 매만지고, 새로운 이음으로 잘 쓰일 수 있도록 돌아보았기를 바란다. 여행의 다양한 의미들을 곱씹으며 그대다운 여행의 가치를 발견했기를 바란다. 그대의 옛 여행들을 소환하며 다시 또 행복했기를, 다음 여행을 꿈꾸며 살짝 설레었기를 바란다. 그대만의 여행 이야기를 기록하는 시작점이 되었기를 바란다. 더 그대답게 선택하고 더 용감하게 실행하자고 마음먹었기를 바란다.

무엇보다, 바로 지금, 바로 여기에서, 그 누구도 아닌 바로 그대만의 '위대한 보통여행'을 시작하길 바란다. 바라고 또 바란다.

출처

1   한국관광학회(2009) 55인의 관광학 전문인이 집필한 관광학총론. 백산출판사. p.26.

2   Cambrige dictionary(https://dictionary.cambridge.org/ko).

3   한국관광학회(2009) 55인의 관광학 전문인이 집필한 관광학총론. 백산출판사. p.26.

4   알랭드 보통(2004) 여행의 기술. 정영목 옮김. 청미래. p.305-306.

5   빈프리트 뵈쉬브리크(2003) 여행의 역사. 이민수 옮김. 효형출판.

6   Geoldner, C. R. & Ritchie, J. R.(2011) 관광학. 신철 · 민창기 · 허양회 옮김. 시그마프레스. p.39.

7   Geoldner, C. R. & Ritchie, J. R.(2011) 관광학. 신철 · 민창기 · 허양회 옮김. 시그마프레스. p.38.

8   Geoldner, C. R. & Ritchie, J. R.(2011) 관광학. 신철 · 민창기 · 허양회 옮김. 시그마프레스. p.43.

9   관광객과 여행자(경향신문, 2014.07.25), '여행자'와 '관광객'의 차이 (경남일보, 2014.12.10).

10   설혜심(2014) 그랜드 투어(The Grand Tour). 웅진 지식하우스. p.360.

11   한국관광학회(2009) 55인의 관광학 전문인이 집필한 관광학총론. 백산출판사. p.25.

12   강원대학교 '여행과문화' 교양수업 중 여행의 의미에 대한 학생들의 답변을 일부 인용함.

13   MacCannell, D.(1989) The Tourist. New York: Schoken.
       Urry, J.(2002) Tourist gaze. London: Sage Publication.

14   임승빈(2007) 환경심리와 인간형태. 보문당. p.32.

15   임승빈(2007) 환경심리와 인간형태. 보문당. p.60.

16   Altheide, D. L.(1997) The news media, the problem frame, and the production of fear.
       The Sociological Quarterly, 38(4), p.647-668.
       Gerbner, G.(1977) Comparative cultural indicators. In G. Gerbner (Ed.),
       Mass media policies in changing cultures (pp. 199-205). New York: John Wiley & Sons.
       윤환 · 윤희정(2016) 매스미디어 노출에 따른 외국인 관광자들의 공간 이동패턴: 가평 쁘띠프랑스를 대상으로.
       관광연구저널, 30(9). p.61-72.

17   박양우(2006) 영상관광의 현황과 활성화 방안. 한국관광정책. 24. p.20-30.

18   하지영(1985) 여행을 떠나요. 작사 하지영. 작곡 조용필. 노래 조용필.

19   강승윤 · MINO(송민호) · 이승훈 · Rebecca Johnson(2017) ISLAND.
       작사 강승윤, MINO(송민호), 이승훈, Rebecca Johnson. 작곡 FUTURE BOUNCE, Rebecca Johnson, 강승윤.
       노래 WINNER.

20   김현철(1989) 춘천 가는 기차. 작사 김현철. 작곡 김현철. 노래 김현철.

21   안지영(2018) 여행. 작사 안지영. 작곡 안지영, 바닐라맨(바닐라 어쿠스틱). 노래 볼빨간 사춘기.

22   황유빈(2021) Weekend. 작사 황유빈. 작곡 RoseInPeace, Saimon, Willemijn Van Der Neut, Marcia 'MISHA'
       Sondeijker. 노래 태연.

23   선우정아 · 곽은정(2019) 도망가자. 작사 선우정아, 곽은정. 작곡 선우정아. 노래 선우정아.

24   박창학(2021 remastered) 출발. 작사 박창학. 작곡 김동률. 노래 김동률.

25   권순관 · 튠(TUNE)(2011) 낡은 배낭을 메고. 작사 권순관, 튠(TUNE). 작곡 권순관. 노래 노리플라이(No reply).

26   장범준(2012) 여수 밤바다. 작사 장범준. 작곡 장범준. 노래 버스커 버스커.

27   한경혜(2005) 나에게로 떠나는 여행. 작사 한경혜. 작곡 고석영. 노래 버즈.

28   이선미(2007) 바다여행. 작사 이선미. 작곡 티어라이너. 노래 이선균(커피프린스 1호점 OST).

29   페퍼톤스 · 이장원 · 신재평(2009) 공원여행. 작사 페퍼톤스, 이장원, 신재평. 작곡 페퍼톤스, 이장원, 신재평.
       노래 페퍼톤스.

30 이상은(2007) 삶은 여행. 작사 이상은. 작곡 이상은. 노래 이상은.

31 앙투안 드 생텍쥐페리(2021) 어린 왕자. 김미정 옮김. ㈜미르북컴퍼니.

32 리처드 바크(2013) 갈매기의 꿈. 류시화 옮김. 현문미디어.

33 설혜심(2014) 그랜드 투어(The Grand Tour). 웅진 지식하우스. p.53-56.

34 파울로 코엘료(2011) 순례자. 박명숙 옮김. 문학동네. p.10-11.

35 김민철(2016) 모든 요일의 여행. 북라이프.

36 엘빈 토플러, 하이디 토플러(2006) 부의 미래(Revolutionary Wealth). 김준웅 옮김. 청림출판.

37 https://www.sciencetimes.co.kr/news, https://www.mk.co.kr/opinion, https://namu.wiki

38 김영하(2019) 여행의 이유. 문학동네.

39 엘리자베스 마셜 토마스(2003) 세상의 모든 딸들(Reindeer moon). 이선희 옮김. 홍익출판사.

40 Crompton, L.(1979) Motivations for pleasure vacation. Annals of Tourism Research, 6(4), p.408-424.
Dann, G. M.(1981) Tourism motivations: An appraisal. Annals of Tourism Research, 8(2), p.189-219.
Iso-Ahola, S. E.(1982) Toward a social-psychological theory of tourism motivation: A rejoinder.
Annals of Tourism Research, 9(2), p.256-262.
이봉구(2014) 여행경력에 따른 장애인의 의사결정에 있어 관광동기의 역할 차이 고찰.
관광학연구, 38(5), p.229~252.

41 Crompton, L.(1979) Motivations for pleasure vacation. Annals of Tourism Research, 6(4), p.408-424.
Dann, G. M.(1981) Tourism motivations: An appraisal. Annals of Tourism Research, 8(2), p.189-219.
Hung, K., & Petrick, J. F.(2012) Testing the effects of congruity, travel constraints, and self-efficacy on
travel intentions: An alternative decision-making model. Tourism Management, 33, p.855-867.
Shi, L., Cole, S., & Chancellor, H. C.(2012) Understanding leisure travel motivations of travelers with
acquired mobility impairments. Tourism Management, 33, p.228-231.

42 Urry, J.(2002) Mobility and proximity. Sociology, 36(2), p.255-274. Shaw, G. & Williams, A. M.(2013)
관광과 관광공간(Tourism and Tourism Spaces). 김남조, 유광민, 민웅기 옮김. 백산출판사. p.21.

43 Shaw, G. & Williams, A. M.(2013) Tourism and Tourism Spaces. Sage publication.

44 헬레나 노르베리 호지(2007) 오래된 미래: 라다크로부터 배우나. 양희승 옮김. 중앙 Books.

45 알랭드 보통(2004) 여행의 기술. 정영목 옮김. 청미래. p.305.

46 알랭드 보통(2004) 여행의 기술. 정영목 옮김. 청미래. p.307-308.

47 알랭드 보통(2004) 여행의 기술. 정영목 옮김. 청미래. p.309-310.

48 알랭드 보통(2004) 여행의 기술. 정영목 옮김. 청미래. p.307.

49 Cosmo's Midnight, Joe Femi Griffith, RM, 슈가, 제이홉(2020)
내 방을 여행하는 법. 작사 Cosmo's Midnight, Joe Femi Griffith, RM, 슈가, 제이홉.
작곡 Cosmo's Midnight, Joe Femi Griffith, RM, 슈가, 제이홉. 노래 방탄소년단(BTS).

50 Urry, J.(2000) Mobile sociology1. The British Journal of Sociology, 51(1), p.185-203.
Urry, J.(2000) Sociology beyond Societies: Mobilities for the Twenty-first Century. London: Routledge.

51 문요한(2017) 여행하는 인간. 해냄. p.318.

52 문요한(2017) 여행하는 인간. 해냄. p.17.

53 문요한(2017) 여행하는 인간. 해냄. p.22

54 문요한(2017) 여행하는 인간. 해냄. p.21.

55 문요한(2017) 여행하는 인간. 해냄.

56 파울로 코엘료(2011) 순례자. 박명숙 옮김. 문학동네. p.35.

57 국가건강정보포털 의학정보.

58 국가건강정보포털 의학정보.

59 위니프레드 갤러거(2012) 『NEW: 돌도끼에서 스마트폰까지 새로움을 향한 인류 본능의 탐구』. 이한이 옮김. 오늘의책.

60 문요한(2017) 여행하는 인간. 해냄. p.25.

61 문요한(2017) 여행하는 인간. 해냄. p.29-31. 윤경일(2021) 네오필리아 vs 네오포비아. 정신의학신문.

62 한국관광공사(2020) 2019-2020 소셜빅데이터 활용 국내여행 트렌드 보고서. 한국관광공사.

63 파블로 네루다(2007) 네루다 시선. 박병규 옮김. 민음사. p.121.

64 파블로 네루다(2007) 네루다 시선. 박병규 옮김. 민음사. p.119.

65 파블로 네루다(2007) 네루다 시선. 박병규 옮김. 민음사. p.119.

66 파블로 네루다(2007) 네루다 시선. 박병규 옮김. 민음사. p.140-146.

67 https://brunch.co.kr/@pair9210/78.

68 정연복(2017) 자유인의 노래. 정연복 시인 블로그(https://m.blog.naver.com).

69 리처드 바크(2013) 갈매기의 꿈. 류시화 옮김. 현문미디어. p.32.

70 리처드 바크(2013) 갈매기의 꿈. 류시화 옮김. 현문미디어. p.11.

71 리처드 바크(2013) 갈매기의 꿈. 류시화 옮김. 현문미디어. p.43.

72 리처드 바크(2013) 갈매기의 꿈. 류시화 옮김. 현문미디어. p.88.

73 리처드 바크(2013) 갈매기의 꿈. 류시화 옮김. 현문미디어. p.88.

74 리처드 바크(2013) 갈매기의 꿈. 류시화 옮김. 현문미디어. p.86.

75 리처드 바크(2013) 갈매기의 꿈. 류시화 옮김. 현문미디어. p.32.

76 한명호 · 오양기(2008) 우리나라의 소리환경 보전의 의의와 방향: 일본의 소리풍경 100선과 비교를 중심으로. 한국생태환경건축학회 논문집. 8(3). p.43-50.

77 서울신문(https://www.seoul.co.kr/news) '잠녀들의 숨비소리, 가치 잃은 물질 소리, 잊혀지는 삶의 소리'.

78 삼국사기와 고구려 본기에 섭라(제주)에서 야명주(진주)를 진상했다는 기록이 있음.

79 홍석기(1961) 한국 해녀의 호흡생리학적 연구. 대한의학협회지. 4(11). p.45-56.

80 홍석기(1961) 한국 해녀의 호흡생리학적 연구. 대한의학협회지. 4(11). p.45-56.

81 http://www.jeju.go.kr.

82 Han, J. Y., Park, H. J., & Jeong, O. R.(2007) The Acoustic Characteristics in Women Diver's Soombijil Sound. In Proceedings of the KSPS conference. The Korean Society Of Phonetic Sciences And Speech Technology.

83 이혜원(2019) 궁극의 시를 찾는 숨비소리. 계간 시작. 18(3). p.256-263.

84 임승빈(2008) 환경심리와 인간행태: 친인간적 환경설계 연구. 보문당. p.161.

85 임승빈(2008) 환경심리와 인간행태: 친인간적 환경설계 연구. 보문당. p.156-157.

86 윤희정 · 김현주 · 신상현(2015) 도시공원 벤치 이용자들의 이용행태 및 개인적 거리-여의도 공원을 대상으로. 한국조경학회지. 43(6). p.52-61.

87 Sommer, R.(1969) Personal Space: The Behavioral Basis of Design. Prentice-Hall.

88 Hall, E.T.(1966) The Hidden Dimension. NY: Doubleday.

89 문요한(2017) 여행하는 인간. 해냄. p.76.

90 문요한(2017) 여행하는 인간. 해냄. p.73.

91 한국일보(2016.03.23) 먹이를 어렵게 구하는 동물이 더 행복하다고?

92 문요한(2017) 여행하는 인간. 해냄. p.74.

93 문요한(2017) 여행하는 인간. 해냄. p.77.

94 동아일보(2016.06.12) 오늘은 '세계아동노동 반대의 날', 아이들을 지켜주세요.

95 한겨레(2021.03.08) '스위스, 공공장소서 니캅, 부르카 착용 금지'
연합뉴스(2021.03.08) '스위스서도 공공장소 부르카ㆍ니캅 착용 금지된다.'

96 6.25 한국전쟁과 필리핀의 인연 (https://blog.naver.com/clove/222011331802).

97 https://ko.wikipedia.org.

98 런던 정경대(LSE) 그렌섬 연구소(2019) '세계 20대 항공사의 기후변화 대응현황 보고서'

99 오피니언뉴스(http://www.opinionnews.co.kr) '비행기 환경세' 추진하는 프랑스...'탄소 배출량, 기차의 20배'

100 오영욱(2012) 나에게 미안해서 비행기를 탔다. ㈜달.

101 https://www.un.org/sustainabledevelopment.

102 https://www.unwto.org.

103 Imaginepeace.or.kr.

104 Charles Schulz(1950) Peanuts.

105 멜린다 데이비스(2003) 욕망의 진화. 박윤식 옮김. 21세기북스.

106 문화체육관광부(2020) 2020 국민여가 활동조사. 한국문화관광연구원.

107 문화체육관광부(2020) 2020 국민여가 활동조사. 한국문화관광연구원.

108 Toffler, E. & Toffler, H.(2006) 부의 미래(Revolutionary Wealth). 김준웅 옮김. 청림출판. p.173.

109 구가야 아키라(2017) 최고의 휴식. 홍성민 옮김. 알에이치코리아.

110 문요한(2017) 여행하는 인간. 해냄. p.131-136. 구가야 아키라(2017) 최고의 휴식. 홍성민 옮김. 알에이치코리아.

111 문요한(2017) 여행하는 인간. 해냄. p.129.

112 문요한(2017) 여행하는 인간. 해냄. p.130.

113 김경일(2013) 지혜의 심리학. 진성북스. p.143. 김경일(2015) 이끌지 말고 따르게 하라. 진성북스.

114 문요한(2017) 여행하는 인간. 해냄. p.129.

115 문요한(2020) 오티움. 위즈덤하우스.

116 문요한(2017) 여행하는 인간. 해냄. p.55-56.

117 파울로 코엘료(2014) 순례자. 박명숙 역. 문학동네. p.79

118 김경일(2013) 지혜의 심리학. 진성북스. p.271.

119 김경일(2013) 지혜의 심리학. 진성북스. p.285.

120 김일환ㆍ이도길(2018) 신문 빅데이터를 이용한 거시적 트렌드 분석. 담화인지언어학회 학술대회논문집. p.79-92.

121 김경일(2013) 지혜의 심리학. 진성북스. p.266.

122 Waldinger, R.(2015) What makes a good life? Lessons from the longest study on happiness(TED).

123 Wilson, T. D., & Gilbert, D. T.(2008) Explaining away: A model of affective adaptation. Perspectives on Psychological Science, 3(5), p.370-386.

124 김경일(2013) 지혜의 심리학. 진성북스. p.282-284.

125 김경일(2013) 지혜의 심리학. 진성북스. p.277.

126 파우 초이닝 도르지(2019) 교실 안의 야크. 감독: 파우 초이닝 도르지 (https://movie.naver.com)

127 프랑스와 를로르(2013) 꾸뻬 씨의 행복 여행. 오유란 옮김. 오래된미래. p.156-185.

128 라즈 라후나탄(2017) 왜 똑똑한 사람들은 행복하지 않을까?. 문희경 역. 더퀘스트.

129 김일환·이도길(2018) 신문 빅데이터를 이용한 거시적 트랜드 분석. 담화인지언어학회 학술대회논문집. p.79-92.

130 http://worldhappiness.report.

131 http://worldhappiness.report.

132 정산설·김경배·이훈(2021) 코로나19 상황에서 자연기반 여행은 사람들의 여행행복을 증진시키는가?: 위험지각, 주의회복이론 및 여행행복을 중심으로. 관광학연구, 45(5), p.33-56.

133 설혜심(2014) 그랜드 투어. 웅진지식하우스. p.19-20.

134 설혜심(2014) 그랜드 투어. 웅진지식하우스. p.107-110.

135 설혜심(2014) 그랜드 투어. 웅진지식하우스. p.111-112.

136 설혜심(2014) 그랜드 투어. 웅진지식하우스. p.19.

137 설혜심(2014) 그랜드 투어. 웅진지식하우스. p.96, 351.

138 설혜심(2014) 그랜드 투어. 웅진지식하우스. p.59.

139 설혜심(2014) 그랜드 투어. 웅진지식하우스. p.71-72.

140 문요한(2017) 여행하는 인간. 해냄. p.166-169.

141 문요한(2017) 여행하는 인간. 해냄. p.332.

142 파울로 코엘료(2014) 순례자. 박명숙 옮김. 문학동네. p.284.

143 파울로 코엘료(2011) 순례자. 박명숙 옮김. 문학동네. p.57.

144 이상은(2007) 삶은 여행. 작사 이상은. 작곡 이상은. 노래 이상은.